Harald Krämer

D1728253

Museumsinformatik und Digitale Sammlung

WUV

Harald Krämer, Dr. phil., geb. 1963 in Trier/Mosel, Studium der Kunstgeschichte, Klassischen Archäologie und Geschichte an den Universitäten Trier und Wien; 1990–1992 Lehrgang für Museumskuratoren am Institut für Kulturwissenschaft, Wien; 1993 Gründung einer Consultingfirma für Museumsinformatik und Neue Medien, Wien; 1997–1998 Kooperation mit Science Wonder Productions; 1999 Gründung von *„die lockere* gesellschaft – Transfusionen"; 1999–2001 Universität zu Köln, SFB/FK 427 Medien und kulturelle Kommunikation, Projekt B4 „Dokumentation zeitgenössischer Kunst" (kraemer@transfusionen.de / www.transfusionen.de)

Die Deutsche Bibliothek – CIP-Einheitsaufnahme

Krämer, Harald:
Museumsinformatik und Digitale Sammlung / Harald Krämer. -
Wien : WUV-Univ.-Verl., 2001
    ISBN 3-85114-432-5

Umschlaggestaltung: A + H Haller
Satz: Graf+Zyx
Druck: WUV | Universitätsverlag
Printed in Austria
ISBN 3-85114-432-5

Die vorliegende Publikation ist die aktualisierte Fassung der Dissertation »Elektronische Datenverarbeitung und Museum: Voraussetzungen, Bedingungen, Perspektiven« (Fachbereich III Kunstgeschichte, Universität Trier, 14.02.2000)

Gedruckt mit Unterstützung durch das Bundesministerium für Bildung, Wissenschaft und Kultur und ICOM – International Council of Museums/Austrian National Committee.

» Sehen bedeutet nichts mehr.
Man kommt an, um abzureisen.«
Eugène Delacroix (6. Juni 1856)

Für Michaela

Inhalt

Einleitung

Der Einsatz digitaler Technologien bewirkt eine Veränderung der Parameter der wissenschaftlichen Sacherschließung und Dokumentation. Als eine Folge hieraus entsteht gegenwärtig der interdisziplinäre Wissenschaftsbereich der „Museumsinformatik". Diese setzt sich, vereinfacht gesagt, mit den Belangen und Möglichkeiten der Elektronischen Datenverarbeitung in der Museologie und den jeweiligen Wissenschaftsbereichen – im hier vorliegenden Fall – der Kunstwissenschaft, auseinander. Museen und kunstwissenschaftliche Institutionen sorgen für ein stetiges Wachstum von Datenbanken mit kunsthistorischen Inhalten, den „Digitalen Sammlungen". Durch diese Entwicklungen werden sich sowohl das Wesen der Museologie als auch die Aufgabenbereiche der kunstwissenschaftlichen Forschung und insbesondere der Lehre nachhaltig verändern.

Ziele der vorliegenden Publikation[1] sind, erstens, die Museumsinformatik und Digitale Sammlung als künftige Infrastruktur und strategisches Instrumentarium für die Kunstwissenschaft und Museologie sichtbar zu machen. Zweitens den Stellenwert der Notwendigkeit von Strukturanalysen als unbedingte Voraussetzung zu einem erfolgreichen, die Dokumentation, Forschung und Vermittlung unterstützenden Einsatz von Datenbank Management Systemen in Museen, den sogenannten „Collection Management Systemen", herauszuarbeiten.

Die Publikation gliedert sich in vier inhaltliche Schwerpunkte. Das erste Kapitel schafft die Grundlagen zum Verständnis der nachfolgenden Kapitel. Es versteht sich als Einführung in den museologischen Tätigkeitsbereich der Doku-

---

1   Der vorliegenden Publikation liegt die Inaugural Dissertation »Elektronische Datenverarbeitung und Museum: Voraussetzung, Bedingungen, Perspektiven« zur Erlangung des Doktorgrades der Philosophie im Fachbereich III Kunstgeschichte an der Universität Trier zugrunde. 1. Berichterstatter: Prof. Dr. Gerhard Wolf (Fachbereich III Kunstgeschichte Universität Trier), 2. Berichterstatter: Prof. Dr. Hubertus Kohle (Kunsthistorisches Institut der Ludwig Maximilians Universität München).

mentation und gibt grundlegende Informationen zu Collection Management Systemen, den Chancen und Grenzen der EDV-gestützten Dokumentation und einen Überblick über den gegenwärtigen Stand der Forschung. Schwerpunkt des zweiten Kapitels ist die Darstellung der Planungsmethoden und Durchführung eines Projektes, das die Einführung eines Collection Management Systems zum Ziel hat. Der Projektverlauf wird in seinen einzelnen Arbeitsschritten von der Vorstudie bis zur Endabnahme dargestellt. Unterschiedliche Fallbeispiele, typologisch geordnet, geben Einblick in die realen Erfahrungen der Einführung der EDV-gestützten Dokumentation. „Digitale Sammlung", das dritte Kapitel, erlaubt einen Einblick in die Möglichkeiten und Strategien der Auswertung und Nutzung von Sammlungen digitaler Text- und Bilddaten. Besonderes Augenmerk wird hierbei auf die marktwirtschaftliche und kulturpolitische Relevanz, die internationalen Entwicklungen und die rechtliche Situation gelegt. Das vierte Kapitel bildet durch einige kritische Überlegungen zu den Chancen und Grenzen eine Diskussionsgrundlage für künftige Perspektiven der Nutzung Digitaler Sammlungen. Im Anhang findet sich neben praktischen Hilfsmitteln auch ein umfangreiches Literaturverzeichnis und ein Glossar mit Erläuterungen und Kontaktadressen zu den relevanten Institutionen und Projekten des Themas.

Die Beschäftigung mit der vorliegenden Problematik ist aus kunstwissenschaftlichen und museologischen Fragestellungen entstanden. Der Impuls geht letztendlich auf einen Vortrag von Lutz Heusinger zurück. Heusinger, Leiter des Bildarchiv Foto Marburg, gestaltete in einem 1985 an der Universität Trier gehaltenen Vortrag[2] ein eindrucksvolles Szenario über die künftigen Verflechtungen der Museen, der Kunstwissenschaft und der Elektronischen Datenverarbeitung. Nachdem er anhand der radikalen Klassifizierung der kunsthistorischen Informationen die Chancen und Grenzen der Einsatzmöglichkeiten der EDV dargelegt hatte, mahnte er die Mitverantwortung der Kunstwissenschaft bei der Gestaltung der kommenden EDV-gestützten Dokumentation ein. Angesichts der künftigen Herausforderungen und neuen Aufgaben, welche der Einsatz der Computertechnologie für das Fach Kunstgeschichte mit sich bringen wird, forderte Heusinger zu einem strategischen Vorgehen und Mitdenken auf. Die Darstellung der Anwendungsbereiche und des strategischen Nutzens der Belange der Museumsinformatik für die Kunstwissenschaft und Museologie ist Gegenstand dieser Ar-

---

2 Heusinger folgte bei seinem Vortrag in Trier den Thesen, die er bereits anläßlich des Internationalen Kongress für Kunstgeschichte der CIHA in Wien 1983 aufgestellt hatte. L. Heusinger: Kunstgeschichte und Klassifikati- on. Thesen, in: Probleme und Methoden der Klassifizierung 3, Sonderdruck, hg. vom XXV. Internationalen Kongress für Kunstgeschichte, CIHA, Wien, 4.-10.9.1983, S. 71-74.

beit.[3] Bisherige Ansätze der Auseinandersetzung mit dieser Problematik widmeten sich zumeist einzelnen Aspekten und Lösungsansätzen. Es fehlte, daß das Beziehungsgeflecht, das Museen, Kunstwissenschaft und Museumsinformatik bilden, kontextlich analysiert, reflektiert und an dieser Grundlage auf seine künftigen Perspektiven hin untersucht wird. Noch ist der Begriff der Museumsinformatik, der vom amerikanischen „museum informatics" abgeleitet wird, ungewohnt. Angesiedelt in einem interdisziplinären Bereich, der Kunstwissenschaft, angewandte Museologie, Dokumentationswissenschaft, Projektmanagement und Wirtschaftsinformatik umfaßt, versteht sich die vorliegende Arbeit als Versuch, den sich gegenwärtig erst etablierenden Wissenschaftsbereich der Museumsinformatik zu skizzieren (s. Kapitel 1). Als Konsequenz ergibt sich, daß die vorliegende Arbeit sich nicht auf eine theoretische Analyse oder eine Deskription der Praxis beschränkt, sondern für die weitere Forschung Grundlagen und Vorgehensmöglichkeiten entwickelt und darstellt.

Wenn die begriffliche Ordnung als das Ziel jeder Wissenschaft[4] gilt, so darf die umfassende Dokumentation als notwendige, wesentliche Grundlage jeglicher wissenschaftlicher Arbeit verstanden werden. Die Dokumentation ist zugleich Voraussetzung als auch Resultat der kunstwissenschaftlichen Arbeit. Hierzu gehört es, brauchbare Informationen zu strukturieren und zu katalogisieren. In den letzten Jahren wurde von Kunstwissenschaftlern wiederholt die Qualität der Dokumentation in den Museen bemängelt. Dafür sind mehrere Gründe verantwortlich. Vorwegnehmend gesagt, ist es die »*Ausweitung des kunstgeschichtlichen Objektbegriffs im Bereich des immobilen wie des mobilen Kulturguts*«[5], die eine Erweiterung des kunstwissenschaftlichen Forschungsgegenstandes fordert. Hinzu kommt die durch exzessive Ausstellungspolitik vernachlässigte wissenschaftliche Sacherschließung der Museen, als auch die häufige Trennung der objektbezogenen und der problemorientierten Forschung und Forschungsschwerpunkte von Museum und Universität. Nicht zuletzt sollte an die stark museologischen Defizite in der gegenwärtigen kunstwissenschaftlichen Ausbildung und Lehre erinnert werden, die zu dieser prekären Situation führten.

So handelt es sich bei dieser Krise des Museums auch um ein »*Problem des ganzen Faches Kunstgeschichte.*«[6] Denn diese hat eine Mitschuld am gegenwärtigen

3   Der Versuch einer solchen Darstellung darf angesichts der Fülle von Projekten und Initiativen nur als bruchstückhaft bezeichnet werden; so liegen denn die Schwerpunkte in der Sichtbarmachung der wesentlichen Strategien und Strukturen. Für Anregungen danke ich und ersuche um Kontaktaufnahme: kraemer@transfusionen.de

4   H. Bauer: Kunsthistorik, 1989, S. 11.

5   L. Heusinger: EDV-gestützte Katalogisierung, 1988, S. 2.

6   H. Börsch-Supan: Kunstmuseen in der Krise, 1993, S. 66.

desaströsen Stand der Dokumentation. Bisher wurde die Lehre von der Dokumentation als Bestandteil einer museologischen Ausbildung gesehen und in der kunstwissenschaftlichen Lehre eher vernachlässigt. Doch das Fach Kunstwissenschaft ist verantwortlich für eine, den zukünftigen Anforderungen entsprechende, adäquate Ausbildung.[7] Angesichts der katastrophalen Lage wissenschaftlicher Inventare und Bestandskataloge, deren Niveau laut Viktor Pröstler[8] *»vielfach deutlich niedriger als vor dem zweiten Weltkrieg«* liegt, wurde vor rund zehn Jahren der wissenschaftlichen Dokumentation eine Krise diagnostiziert. Museen und Denkmalpflegeämter waren *»in die Lage geraten, kaum mehr registrieren zu können, wo sie wissenschaftlich katalogisieren sollten.«*[9] Hoffnung zur Lösung des Problems versprach die durch Elektronische Datenverabeitung gestützte Katalogisierung, die in jener Zeit *»noch in den Kinderschuhen«*[10] steckte.

Mittlerweile ist der Einsatz des Computers in museologischen und kunstwissenschaftlichen Institutionen keine Ausnahme mehr, doch gibt es immer noch massive Probleme in der Einbindung EDV-gestützter Systeme in die institutseigenen Abläufe, wie es das Scheitern zahlreicher Projekte beweist. Neben mangelhaftem Projektmanagement von EDV-Projekten zählen zu den wichtigsten Gründen des Scheiterns die fehlenden, unklaren Definitionen der Anforderungen an das zu implementierende Datenbank Management System. Und nicht zuletzt bleibt die historisch gewachsene Organisationsstruktur und somit die individuelle Art und Weise der Dokumentation der jeweiligen Institution unberücksichtigt.

Da in Museen, Forschung und Lehre tätige Kunstwissenschaftler aufgrund ihrer fachlichen Ausbildung ohne Kenntnis informatikwissenschaftlicher Grundlagen nicht in der Lage sind, die vorhandenen strukturellen Probleme alleine zu lösen, bedarf es einer interdisziplinären Zusammenarbeit mit Informatikern, die ihren Ausdruck in Form einer sogenannten System- oder Strukturanalyse (s. Kapitel 2.) findet. Die gegenwärtige Struktur der Institution wird mittels einer IST-Analyse offengelegt, die künftigen Anforderungen durch ein SOLL-Konzept geplant. Beide Maßnahmen dienen der Analyse der an der jeweiligen Institution vorherrschenden Produktionsabläufen und der Genese der Ergebnisse in Form eines Pflichtenheftes. Letzteres ist die Grundlage der Erstellung des geeigneten

---

7   K. Lunau: Über den Nutzen neuer Informationstechnologien in der Kunstgeschichte – Methodenkritische Überlegungen zur Anwendung der elektronischen Datenverarbeitung in der Museumspraxis und der kunsthistorischen Forschung, Magisterarbeit, Johannes Gutenberg Universität, Mainz, 1998.

8   V. Pröstler: EDV-gestützte Inventarisation und Inventarverbund, in: EDV-Tage Theuern, 1991, S. 25.
9   L. Heusinger, a.a.O., S.2.
10 J. Sunderland; L. Sarasan: Was muß man alles tun, IfM, H. 30, Berlin, 1990, S. 49.

Datenbank oder Collection Management Systems. So werden einerseits die das System unterstützenden Abläufe festgehalten, andererseits die durch Multimedia- und Kommunikationstechnologie angebotenen Möglichkeiten eingebunden.

Die Schwierigkeiten, die sich bei der Implementierung von Datenbank Management Systemen in kunstwissenschaftlichen und museologischen Institutionen ergaben, führten zu mehreren Fragestellungen, die die Grundlage zu der nachfolgenden, empirischen Untersuchung bildeten.

1. Ist die Durchführung einer Strukturanalyse unbedingte Voraussetzung für den erfolgreichen Einsatz der EDV-gestützten Dokumentation?
2. Inwieweit beeinflussen die historisch gewachsene, haus- bzw. institutionseigene Art und Weise der Dokumentation und die internen Organisationsabläufe das künftige Datenbank Management System?
3. Gibt es Parameter, die zu einer generellen Analyseform, sozusagen dem abstrakten Modell einer Strukturanalyse führen? Inwieweit sind diese Parameter auf andere Institutionstypen übertragbar?
4. Welche Konsequenzen hat der Aufbau eines Datenbank Management Systems für die jeweilige Dokumentationsform und die Organisationsstruktur des Museums bzw. der kunstwissenschaftlichen Institution? Sind die Folgen dieses tiefgehenden Eingriffs den Beteiligten bewußt?
5. Was ist bei der Einführung der EDV-gestützten Dokumentation und bei der Eingabe kunstwissenschaftlicher Informationen generell zu beachten?

Als heuristische Vorgehensweise wurde die empirische Methode der Feldforschung gewählt, da der zu beforschende Gegenstand erst als solcher sichtbar gemacht werden mußte (s. Kapitel 2.6.). Die Fallbeispiele sind als in Einzelprojekten verteilte Bausteine zur Erhebung und praktischen Gestaltung des zu beforschenden Gegenstandes zu verstehen. Die Untersuchung geschah im Zeitraum 1991 bis 1999 durch die Mitarbeit des Verfassers an Strukturanalysen und der eigenverantwortlichen Durchführung des Managements von Projekten der EDV-gestützten Dokumentation in diversen museologischen und wissenschaftlichen Institutionen im deutschsprachigen Raum.[11] Bei dieser Untersuchung fanden kunstwissenschaftliche, museologische und vor allem museums- und dokumentationstechnische Anforderungen ihre Berücksichtigung.

Die ausgewählten praktischen Fallbeispiele sind exemplarische Stellvertreter einer Typologie, die solch unterschiedliche Typen wie öffentliche und private

---

11 Näheres hierzu www.transfusionen.de

Sammlung, Ausstellungsinstitution, Galerie, Bildarchiv und Diathek eines universitären Institutes vereinigt. Die Fallbeispiele berücksichtigen unterschiedliche Aspekte und Fragestellungen, die sich im Rahmen der Konzeption von Datenbanksystemen und im Management von EDV-Projekten in der Praxis ergeben haben. Im einzelnen wurden folgende Fallbeispiele ausgewählt:

1. Typus eines Museums mit einer Sammlung und starker Ausstellungstätigkeit: Kunstsammlung Nordrhein-Westfalen, Düsseldorf
2. Typus der privaten Sammlung mit gattungsübergreifenden Kunstwerken: Kunstsammlungen Schloß Lengenfeld, Niederösterreich
3. Typus des Archivs einer Ausstellungsinstitution und Künstlervereinigung: Wiener Secession
4. Typus des Archivs einer Kunstgalerie: Galerie im Griechenbeisl, Wien
5. Typus eines Bildarchivs mit komplexen Aufgaben: Porträtsammlung / Bildarchiv / Fideikommißbibliothek der Österreichischen Nationalbibliothek, Wien
6. Typus einer Diathek eines universitären Institutes[12]: Institut für Klassische Archäologie der Universität Wien

Das Ergebnis ist eine sich an konkreten Einzelbeispielen orientierende Darstellung der zielorientierten Strukturierung des Einsatzes der EDV im museologischen und kunstwissenschaftlichen Kontext. Als Entwurf einer Organisationstypologie dient der Projektverlauf, der das abstrakte Modell einer Strukturanalyse zu beschreiben versucht (s. Kapitel 2). Dieser Versuch der Methode einer Strukturanalyse zeichnet sich dadurch aus, daß er prinzipiell auf andere Institutionen übertragbar und somit einen hohen Nutzwert im praktischen Anwendungsbereich erhält. Aufgrund dieser thematischen Konzentration auf den Projektverlauf einer Strukturanalyse hin, handelt es sich bei der vorliegenden Arbeit eher um eine monographische, die jedoch nicht historisch, sondern im anwendungsbezogen-experimentellen Bereich anzusiedeln ist.

Eine Begrenzung der Thematik erschien dem Verfasser aufgrund der Komplexität dringend notwendig, so daß im Rahmen dieser Arbeit detaillierte Anwendungsbereiche der Multimedia- und Kommunikationstechnologie unberücksichtigt bleiben müssen. Dies trifft ebenfalls auf Fragestellungen zu, die sich mit medientheoretischen Diskursen, allen Facetten der Medienkunst und dem traditionellen Konflikt zwischen Geisteswissenschaft und Technologie schlechthin aus-

---

12 Gegenwärtig wird am Kunsthistorischen Institut der Universität zu Köln das Projekt »Prometheus« realisiert. (H.Simon@uni-koeln.de)

einandersetzen. Auch finden Forschungschwerpunkte der Visualistik und Visual Studies[13] keine Berücksichtigung.

Angesichts der zunehmenden Einbindung von Kunstwissenschaftlern in Projekte der EDV-gestützten Dokumentation wird die Kenntnis der Belange der Museumsinformatik zu einem wesentlichen Bestandteil der museologischen Ausbildung. So richtet sich die vorliegende Publikation in erster Linie an Studentinnen und Studenten des Faches Kunstgeschichte, die sich über die Belange der Museumsinformatik als künftiges Arbeitsfeld informieren möchten. Desweiteren bietet diese Studie Fachexperten der Kunstwissenschaft und der Museologie eine praktische Einführung und Anleitung in die Museumsinformatik.

Wenn im folgenden von Kunstwissenschaft statt von Kunstgeschichte die Rede ist, so darf dies ganz im Sinne von Hermann Bauers[14] Begriff der Kunsthistorik verstanden werden und dient dazu, die wissenschaftliche Beschäftigung und Betätigung mit der Kunst und Kunstgeschichte zu unterstreichen.

Da sich die Museumsinformatik erst im Stadium der Entwicklung befindet, wäre es zum gegenwärtigen Zeitpunkt vermessen, über die langfristigen Folgen dieser Entwicklungen zu sprechen. Vielmehr sollte die vorliegende Arbeit als ein Plädoyer zur aktiven Mitgestaltung der Belange der Museumsinformatik durch die kunstwissenschaftlichen und museologischen Kollegen verstanden werden, denn die wissenschaftliche Forschung war schon immer interdisziplinär. Und letztendlich sollten Wissenschaftler, Kuratoren und Vermittler bei der Konzeption und strategischen Entwicklung Digitaler Sammlungen mitwirken, um hiervon den höchsten Nutzen für ihr Fach zu gewinnen.

---

13 H. Bredekamp: Antikensehnsucht und Ma-
    schinenglauben, 1993, s. S. 102.
    ders.: Metaphern des Endes im Zeitalter des
    Bildes, in: H. Klotz: Kunst der Gegenwart,
    ZKM, 1997, insb. S. 35f.

14 H. Bauer: Kunsthistorik, 1989, S. 10.

1. Museumsinformatik

1.1. Aufgabenbereiche

Der sich gegenwärtig etablierende Wissenschaftsbereich der Museumsinformatik wird durch Schlagworte wie »*Museum Computing*«[15], »*Digital Collections*«[16], »*Elektronische Archive*«[17], »*EDV-gestützte Katalogisierung*«[18], »*EDV im Museum*«[19], »*Information management in museums*«[20] oder »*Moderne Technologien im Museum*«[21] umschrieben. Der Begriff der Museumsinformatik[22] ist dem englischsprachigen »Museum Informatics«[23] entlehnt. Auch wenn die Bezeichnung Museumsinformatik angesichts der Vielfalt der Arbeitsbereiche mittlerweile kaum mehr genügt, die unterschiedlichen und zahlreichen Aufgaben der EDV- und Medientechnologie im musealen Umfeld zu bezeichnen, wird aufgrund der bestehenden Akzeptanz die weitere Verwendung des Begriffes vorgeschlagen. Die im deutschsprachigen Raum vergleichbar verwandte Bezeichnung der Elektronischen

15 D. W. Williams: A Guide to Museum Computing, 1987.

16 S. Keene: Digital Collections, 1998.

17 H. Kohle: Elektronisch gestützte Inventarisation, in: H. Krämer; H. John (Hg.): Bedeutungswandel, 1998, S. 65.

18 L. Heusinger: EDV-gestützte Katalogisierung, 1988.

19 O. Rump: EDV im Museum, Schriften Freilichtmuseum am Kiekeberg, 1994.

20 E. Orna; C. Pettitt (Ed.): Information management in museums, 1998.

21 H. Auer (Hg.): Chancen und Grenzen moderner Technologien im Museum, ICOM, 1986.

22 Unter dem Titel »Museumsinformatik« erschien 1995 durch W. Koch und F. Waidacher eine kurze Darstellung der Aufgabenbereiche. Diese diente trotz ihrer Prägnanz m.E. in erster Linie der Darstellung des von Koch entwickelten Datenbankmanagementsystems IMDAS. s.: W. Koch; F. Waidacher: Museumsinformatik. Modell eines multidimensionalen Dokumentationssystems für Museumsobjekte, in: Neues Museum, 1995, Nr. 3 u. 4, S. 92–102. Im Jahr 1993 erfolgte durch den Verf. die Gründung des Fachbereichs Museumsinformatik und Neue Medien am Institut für Kulturwissenschaft in Wien.

23 Im englischsprachigen Raum hat David Bearman den Begriff durch seine Consultingfirma »Archive and Museum Informatics« belegt und somit wesentlich zur weiteren Verbreitung des Begriffs beigetragen.

Datenverarbeitung im Museum, kurz EDV im Museum, scheint mittlerweile zu eng gefaßt. Durch die inhaltliche und globale Vernetzung von Museen, Bibliotheken, Archiven, universitären Institutionen, Schulen, aber auch autonomen Forschungsinstitutionen und Organisationen haben sich die Arbeitsbereiche von Informatik, Dokumentation, Forschung und Vermittlung miteinander stark vermischt. Als interdisziplinäres Fach zwischen Dokumentationswissenschaft, EDV-gestützter Dokumentation, angewandter Museologie, Betriebswirtschaftslehre, Informatik, Kommunikations- und Multimediawesen und den jeweiligen Wissenschaftsbereichen einzuordnen, beinhaltet die Museumsinformatik folgende Aspekte:

1. Konzeption und Gestaltung rechnergestützter Informations- und Kommunikationssysteme
2. systematische Auseinandersetzung mit der EDV-gestützten Dokumentation und Schaffung dieses Wissenschaftsbereiches
3. Erstellung, Verarbeitung, Speicherung und Übermittlung von wissenschaftlichen Informationen in digitalen Computersystemen
4. Konzeption, Analyse, Realisierung und Auswertung von Methoden, Strategien, Strukturen und Prozessen, die für die Innen- und Außenkommunikation musealer und wissenschaftlicher Institutionen genutzt werden
5. Nutzung und Einbindung der Instrumente der Multimedia- und Kommunikationstechnologie (z.B.: Internet, CD-ROM, DVD-ROM)[24]

1.2. Sammlungsmanagement, Inventarisierung und Dokumentation

Museen sind komplexe Gebilde, deren strukturelle Schwerpunkte und Funktionen in der Selektion, Musealisierung, Konservierung, Forschung und der Vermittlung liegen.[25] Als wesentlicher Bestandteil der Sammlungspolitik prägt die Selektion die Inhalte und Schwerpunkte der Sammlung. Während durch die Musealisierung die »*Gegenstände, die als Bedeutungsträger erkannt wurden*« aufgenommen werden, dient die Konservierung als ergänzende Maßnahme des »*Erhaltens der Sammlungsobjekte auf möglichst unbegrenzte Zeit.*« Neben die quellenfachliche, als auch die museologische Forschung tritt die Vermittlung, die sich in die »*Königsdisziplin*« der Präsentation und die didaktische Vermittlung gliedert. Die

---

24 Generell zu den technischen Begriffen: R. Steinmetz: Multimedia-Technologie, 2. Aufl., 1999.

25 F. Waidacher: Vom redlichen Umgang mit Dingen. Sammlungsmanagement im System musealer Aufgaben und Ziele, IfM, Nr. 8, 1997, S. 8–11.

Dokumentation ist Grundlage sowie Resultat des Sammlungsmanagements und umfaßt folgende wesentliche Aspekte.[26]

1. Registrierung
Die Registrierung versteht sich als erster Akt der Identifizierung eines Objektes im Museum mittels einer Eingangsnummer und dem Eingangsprotokoll. Dies betrifft alle Objekte, insbesondere jene, die nur für eine begrenzte Zeit (z.b.: zur Begutachtung) ins Museum kommen.

2. Inventarisierung
Mit dem Rechtsakt der Inventarisierung durch die Eintragung der relevanten Daten, den sogenannten Kerndaten, in das Bestandsverzeichnis bzw. Inventarbuch gelangt ein Objekt in das Eigentum des Museums. Voraussetzung hierfür ist die *»eindeutige und vollständige quellenwissenschaftliche und museologische Bestimmung der Sache und ihres Kontexts.«*[27]

3. Katalogisierung.
Unter Katalogisierung wird *»die ausführliche fachwissenschaftliche und museologische Beschreibung und Zuweisung eines Objektes an eine oder mehrere Kategorien eines Klassifikationssystems«* verstanden.[28]

Inventarisierung
Wissenschaftliche Inventare oder Kataloge haben eine Reihe unterschiedlichster Funktionen zu erfüllen.[29] Sie sind *»Eigentumsnachweis«*, vereinigen das *»gesamte Wissen zu einem Objekt«*, dienen der *»museumsinternen Objektverwaltung«*, beinhalten Informationen zur *»materiellen Beschaffenheit«*, zum *»Erhaltungszustand«* und dokumentieren sowohl den *»Ist-Zustand eines Objektes«* als auch die *»durchgeführten Konservierungs- und Restaurierungsmaßnahmen«*.[30] Die Administration der Objekte dient in erster Linie museumsinternen Verwaltungsvorgängen. Zur ordnungsgemäßen Kennzeichnung des Objektes gehören die Kerndaten (s. Abb. 1).

26 Comité International pour la Documentation (CIDOC) Services Working Group, Conseil international des musées, International Council of museums (ICOM): Kurzanleitung Inventarisierung Schritt für Schritt: Ein Objekt wird in die Sammlung aufgenommen, 1993, 1995. s. hierzu auch die Kommentare von H. H. Clemens und Ch. Wolters: Sammeln, Erforschen, Bewahren und Vermitteln, IfM, Nr. 6, Juni 1996.

27 F. Waidacher: Vom redlichen Umgang mit Dingen, IfM, 1997, S. 18.

28 ebd.

29 Näheres hierzu in: Datenbank Schweizerischer Kulturgüter (Hg.): Informations-Kategorien zur Inventarisation mobiler Kulturgüter, 1996, S. 6.

30 V. Pröstler: Datenfeldkatalog, 1993, S. 9.

Abb. 1 *Kerndaten*

Sammlungsbezogene Informationen
· Name des Museums
· Ort des Museums
· ggf. museumsinterner Sammlungsbereich
· Inventarnummer
· alte Inventarnummern ggf. andere Nummern

Objektbezogene Informationen
· Objektbezeichnung (fachsprachliche Benennung des Objektes, schlagwortartig)
· Titel (falls vom Hersteller/Künstler vergeben), ansonsten Kurzbezeichnung
  (z.B.: Madonna im Grünen)
· Angabe des Entstehungsdatums des Objektes
  (Datierung und Datierungszusätze, z.B.: um 1850)
· Material bzw. materielle Beschaffenheit
· Fertigungs- bzw. Herstellungstechnik der Be- und Verarbeitung
· Maße (Höhe x Breite x Tiefe x Durchmesser und ggf. Gewicht)
· Nennung der Maßangaben (z.B.: cm)
· Beschreibung des Zustandes (fehlende Teile, Beschädigungen, Restaurierungsmaßnahmen)
· Beschreibung des Objektes in knapper, stichpunktartiger Form, ggf. Darstellung bzw.
  Angaben zur Ikonographie, zu Dekor und Ornamentik des Objektes
· Informationen und Aussagen zur Geschichte des Objektes
  (z.B.: Auftraggeber, Stifter, frühere Standorte und Sammlungen, Vorprovenienz)
· Angabe von Querverweisen und Bezügen zu vergleichbaren Objekten, Kopien (z.B.: Kopie
  nach van Dyck) bzw. Hinweise auf zusammengehörende Funde oder Sammlungen
  (z.B.: Ausgrabungsbereich Prokuratorenpalast)
· Angabe der Literatur bzw. Vergleichsliteratur zum Objekt
· Bemerkungen für weitere Informationen, Kommentare und Vermutungen

Herstellerbezogene Informationen
· Name der an der Entstehung beteiligten Personen (Künstler bzw. Hersteller)
· Nennung der Aufgabe, Rolle bzw. Tätigkeit bei der Herstellung
· Nennung des Herstellungsortes, Gebrauchsortes und Fundortes
· Angabe des ursprünglichen Herstellungszweckes, ggf. Angabe des Verwendungszweckes

Administrative Informationen
· Zugangsart (z.B.: Ankauf, Schenkung, Stiftung, Vermächtnis, Leihgabe)
· Zugangs- bzw. Erwerbsdatum
· Provenienz (Herkunft bzw. Zugang von), Angabe des Vorbesitzers, in dessen Besitz sich das
  Objekt befand
· Ankaufspreis
· Schätzpreis
· Versicherungswert
· Ständiger Aufbewahrungsort innerhalb des Museums, z.B. Depot, Bezeichnung von Raum,
  Regal, Kasten, Graphikschrank)
· Angabe des aktuellen, temporären Standortes des Objektes
  (z.B.: Leihgabe an Wechselausstellung, Restaurierungswerkstätte)
· Bilddokumentation bzw. Abbildung (z.B.: Foto, Negativ, Dia, Zeichnung) und
  Bezeichnung der Abbildung (z.B.: Nummer des Negativs)

Die Kerndaten sind als Mindestanforderungen an Informationen über ein Kunstwerk zu verstehen, die der Identifikation desselben dienen. Für die Nutzung von Kerndaten gibt es unterschiedliche Anwendungsbereiche. So stellt der vom Getty Information Institute miterstellte Object ID[31] beispielsweise einen internationalen Standard zur Beschreibung von Kunstwerken und Antiquitäten dar und dient dazu, gestohlenes Kulturgut zu identifizieren. Die „Arbeitsgruppe Dokumentation" des Deutschen Museumsbundes entwickelte ebenso wie das Comité International pour la Documentation des Internationalen Museumsbundes und zahlreiche weitere Museumsverbände Datenfeldkataloge zur Grundinventarisation.[32]

Dokumentation

Museumssammlungen sind gekennzeichnet durch den physikalischen Umfang der Objekte, aber auch durch den Wert, den die Informationen bieten. Museumsobjekte werden nicht nur um ihrer selbst, sondern auch ihrer Aussage wegen gesammelt.[33] Die Informationen setzen sich aus sammlungs- und objektbezogenen Daten[34] zusammen (s. Abb. 1). Erstere geben Auskunft über administrative und rechtliche Beziehungen des Objektes zur Sammlung. Letztere bestehen aus primären, inhaltsbezogenen Informationen, die als »content«[35] bezeichnet werden und aus sekundären, erweiterten Querverweisen, dem sogenannten »context«. Diese inhaltsbezogenen Informationen (»content«) haben mit der engeren Forschung und Vermittlung des jeweiligen Objektes zu tun. Weiterführende Informationen zu anderen Sachgebieten, Sammlungsobjekten anderer Museen, zu Archiven und Bibliotheken ergänzen in der Vielschichtigkeit ihrer Relationen (»context«) die Bezüge zum Objekt.[36] Eine dritte Kategorie, auf die an anderer Stelle (Kapitel 3.1. Zum Begriff der Digitalen Sammlung) noch genauer eingegangen wird, bilden die Daten über die Daten.[37] Diese werden als »metadata«[38], als Metadaten bezeichnet und dienen nicht der Inventarisierung von Objekten, son-

---

31 Im Anhang findet sich die deutsche Übersetzung des Object ID. www.gii.getty.edu/pco

32 V. Pröstler: Datenfeldkatalog, 1993. CIDOC fact sheet Inventarisierung: Schritt für Schritt, 1993, 1995; Datenbank Schweizerischer Kulturgüter (Hg.): Einführung in die Museumsdokumentation, 1996.

33 »Museum objects are collected because of what they stand for.« S. Keene, Digital Collections,1998, p. 23.

34 Der Datenfeldkatalog der Arbeitsgruppe Museumsdokumentation nennt 28 Kategorien,

die als Minimaldokumentation von Objekten aller Museumsarten ausreichend sind. (s. Anhang) Näheres hierzu: V. Pröstler: Datenfeldkatalog, 1993.

35 S. Keene, Digital Collections, 1998, p. 37ff.

36 a.a.O. p. 24; p. 37.

37 a.a.O. p. 38.

38 Näheres hierzu: Kim H. Veltman: New Media and Transformations in Knowledge, in: H. Krämer; H. John; C. Gemmeke (Hg.): Euphorie digital?, 2001, Kapitel 2.

dern in erster Linie dem Zweck des Austauschs von Daten. Metadaten sind »*ein Mittel, kontextuelle Informationen zu liefern, die dem Empfänger hinreichende Auskunft über ihre Quelle geben.*«[39]

All die inhaltsbezogenen Informationen liegen in gänzlich unterschiedlicher Art und Weise in physikalischer Form von Texten, Bildern, Filmen, Tönen oder auch Graphiken und Animationen vor. Da erst im Zusammenspiel aller Komponenten der wahre Gehalt und der Wert der Information erkannt werden kann, hat »*die Sammlung dieser Informationen mindestens den gleichen Stellenwert wie die Sammlung der Objekte selbst.*«[40] Die Dokumentation in einem Museum bezeichnet die Gesamtheit aller Informationen zu einem Kunstwerk, einem Objekt oder einem Thema, die in einem bestimmten Kontext zur Sammlung bestehen und zu den alltäglichen Funktionen des Museumsbetriebes in Bezug stehen. In diesem Zusammenhang gilt die Erfassung und Aktualisierung aller Informationen, sozusagen das gesamte Wissen, über das betreffende Objekt als ein wichtiger Bestandteil einer gelungenen Sammlungs- und Erwerbspolitik. Wesentlich für den Stellenwert des Objektes ist auch dessen Einbettung in einen übergeordneten historischen, soziologischen, funktionalen und typologischen Kontext. Die Informationen müssen zur weiteren Auswertung und Nutzung für die Forschung und Vermittlung bereitgestellt werden. Die Verfügbarkeit dieser Informationen trägt schließlich maßgeblich zum Wert der Sammlung bei.

EDV-gestützte Dokumentation

Diese Informationen zu sammeln, zu speichern, zu strukturieren, wiederzufinden, auszuwerten und sie für die unterschiedlichen Anwender nutzbar zu machen, ist eine der Hauptaufgaben der durch die Elektronischen Datenverarbeitung[41] gestützten Dokumentation und somit der Museumsinformatik. Durch die Digitalisierung der physikalisch unterschiedlichen Informationen werden diese als digitale Daten austauschbar. Noch prägt die Beschaffenheit des Trägermaterials der Informationen unseren Umgang hiermit. Bücher stehen in der Bibliothek, Manuskripte kommen ins Archiv, Videos in die Videothek, Photos in die Photothek und die aktuellen Informationen über die Sammlungsobjekte werden vom

---

39 Hinweis von Klaus Bulle, 31.08.2000.

40 Arbeitsgruppe Inventarisierung und Dokumentation in Museen: Inventarisieren der Museumsbestände mit der IDM-Karteikarte, 1994, S. 9.

41 Zur Elektronischen Datenverarbeitung ist anzumerken, daß diese – trotz der Historizität des Begriffes – für die Anwendung im museologischen Bereich m.E. nach zutreffender ist, als der mittlerweile gebräuchliche Terminus Informationsverarbeitung (IV). Denn beim Begriff der EDV ist die Trennung zwischen ursprünglich vorhandenen Informationen, wie sie sich beispielsweise auf einer Inventarkarte finden und der späteren elektronischen Verarbeitung dieser Informationen zu Daten noch ersichtlich.

Kurator bestens behütet. Der Benutzer muß an unterschiedliche Orte gehen, unterschiedliche Aufstellungskriterien berücksichtigen und sich in unterschiedliche Systematiken einarbeiten, um an seine Informationen zu gelangen. Hinzu kommt die unentwegte Produktion von Forschungs-, Ausstellungs- und Vermittlungsbezogenen Informationen durch Museum, Kunstwissenschaft und Kunstkritik. Häufig sind diese Informationen Ein-Weg-Informationen, die projekt- oder ausstellungsbezogen produziert, meist nicht den Weg zurück in die Datenbanken finden. Angesichts dieser Voraussetzungen scheint die Beurteilung der Lage durch Pröstler, der »*das gegenwärtige Niveau der wissenschaftlichen Bestandsbearbeitung vielfach deutlich niedriger als vor dem zweiten Weltkrieg*«[42] sieht, einen anderen Stellenwert zu bekommen. Die Beschäftigung mit der Dokumentation setzt nicht nur eine genaue Kenntnis der Möglichkeiten der Dokumentation, sondern auch eine ethische Verantwortung gegenüber den nachkommenden Generationen voraus. Denn, »*wenn wir dokumentieren, dann müssen wir nämlich nicht nur wissen, wie wir dies tun, sondern auch, warum und mit dem Wissen um den Inhalt unseres Tuns.*«[43]

Konventionelle contra EDV-gestützte Inventarisierung

Der herkömmliche Akt der Inventarisierung unterscheidet sich nur unmerklich von der EDV-gestützten Inventarisierung. Die eigentlichen Probleme liegen nicht im Akt des Vermessens, Zuschreibens und Bestimmens, sondern in der Vorbereitung der kunstwissenschaftlichen Informationen zur Eingabe in datenbankgestützte Systeme.[44] Suzannah Fabing, Kuratorin der National Gallery of Art, Washington, D.C., erläutert an einem Beispiel diese Problematik: »*Some information might need to be recorded in two different ways, so that it can appear in different forms for different purposes. For example, you might want to include a concise description of the medium that follows art-historical convention for use on labels and in captions ("pen and wash", "oil on canvas"), but for purposes of conservation or research on materials, you might wish to record the same drawing as being executed in "irongall ink and sepia wash on off-white wove paper" or the painting's support as "heavy twillweave linen-type fabric".*«[45]

Da sich die EDV-gestützte Dokumentation durch diese Art der Aufbereitung der Daten in Fakten und subjektive Ansichten, durch die notwendige Anwen-

42 V. Pröstler: EDV-gestützte Inventarisation und Inventarverbund, in: EDV-Tage Theuern, 1991, S. 25.

43 F. Waidacher: Vom redlichen Umgang mit Dingen, IfM, 1997, S. 7.

44 Grundlegend werden diese Probleme behandelt in: Ch. Wolters: Wie muß man seine Daten strukturieren, IfM, H. 33, 1991; J. Sunderland; L. Sarasan: Was muß man alles tun, IfM, H. 30, 1990.

45 S. Fabing: Facts on File, in: Museum News, March/April, 1991, p. 56.

dung von Sprachregelungen (z.B.: hierarchisierte Schlagwortketten, Thesauri) und durch die Entwicklung von Kriterien für die Eingabe, Suche und Auswertung der Daten grundlegend von der konventionellen Dokumentation unterscheidet, kann es zu fundamentalen Problemen kommen. Die Mitarbeiter der Institution müssen die Notwendigkeiten der EDV-gestützten Dokumentation und die Anwendung beherrschen lernen. Aufgrund der »*streng kausalen Verknüpfung formaler und inhaltlicher Eigenschaften der Daten*« weist Christof Wolters vom Berliner Institut für Museumskunde auf die dringende Notwendigkeit der Kenntnis der Richtlinien der Dokumentation, ebenso wie der grundlegenden Gesetze der Verwaltung von Daten in der Informationsverarbeitung hin. So zeigt, laut Wolters, »*die Erfahrung nämlich, daß viele dem Computer angelastete Probleme in Wirklichkeit andere Ursachen haben; wenn jemand Schwierigkeiten mit dem Computer bekommt, so liegt das oft genug daran, daß er das Problem, das ihm die Maschine lösen soll, noch nicht wirklich im Griff hat.*«[46] Zu diesen Eigenschaften gehören die Vereinheitlichung der Daten durch die Benutzung von Klassifikationssystemen oder Thesauri, die Nutzung systematischer Register und die Festlegung zu verwendender Begriffe und Schreibweisen. Die auswertungsorientierte Bezogenheit der vorhandenen Inhalte führt zu einem Zerlegen des wissenschaftlichen Informationsgehaltes in produktbezogene Fakten.

Risikofaktoren der EDV-gestützten Dokumentation

Die Leistungsfähigkeit eines Museums wird zumeist an seinem Ausstellungsbetrieb, seinen Besucherzahlen und der Medienpräsenz gemessen, viel zu selten aber an den Leistungen und Ergebnissen seiner Grundlagenforschung, wie Lutz Heusinger den traditionellen Konflikt des Museums einmal charakterisierte.[47] Die Museen entwickelten sich immer mehr zu »*Ausstellungsagenturen*«, so Heusinger, und entfernten sich von ihren bisherigen Aufgabenbereichen. Doch nach wie vor gilt einerseits die umfassende Dokumentation und andererseits die Erschließung des Sammlungsgutes als wichtigste Grundlage wissenschaftlicher Arbeit im Museum. In amerikanischen Museen führte die Bewältigung dieser Aufgaben zur Trennung zwischen Kuratoren, die für die fachwissenschaftliche Betreuung der Sammlungen zuständig sind, und den sogenannten „registrars", die sich um »*das physische Wohl der Objekte*« kümmern und »*für die Beschaffung und Pflege der Informationen über die Sammlungsobjekte*« zuständig sind.[48] Neben der Notwendigkeit, aber auch Kurzlebigkeit des Ausstellens, ist demnach die unbedingte Rückkehr zur wissenschaftlichen Grundlagenforschung durch Inventarisierung und Katalogisierung anzustreben, da nur diese die weiterführende Zielsetzung der For-

46 Ch. Wolters: Wie muß man seine Daten strukturieren, IfM, H. 33, 1991, S. 10.

47 L. Heusinger: EDV-gestützte Katalogisierung, 1988, S. 1.

schung, der Lehre und der Vermittlung erst ermöglicht. So werden zwar reichlich besucherorientierte Ausstellungskataloge produziert, doch noch immer sind die für den täglichen museologischen Alltag dringend notwendigen Inventarverzeichnisse und Bestandskataloge eher rar. Auch die von Universität und Forschungsinstitut herausgegebenen Publikationen sind als Ergebnisse der angewandten Forschung zumeist problem- und viel zu selten objektorientiert.

Angesichts der Knappheit öffentlicher Mittel ist in letzter Zeit eine Verschärfung der Situation eingetreten. Die Museen stoßen an ihre Grenzen. Können sie ihre traditionellen Aufgaben des Sammelns, Bewahrens, Forschens und Vermittelns heutzutage überhaupt noch umfassend wahrnehmen? Die Antwort auf diese Frage liegt, so scheint es, in der zukunftsträchtigen Innovationskraft der Informations- und Kommunikationstechnologie. Von den Herstellern der Technologiebranche werden auf Messen und Konferenzen die als „Bilderpool" und „Content Provider" verstandenen Museumssammlungen jeglicher Ausprägung als kapitalträchtiger Markt der Zukunft gefeiert. Wurde in den vergangenen Jahren durch zahlreiche EU-Projekte des IV. Rahmenprogrammes die technologische Grundlage für die Infrastruktur und den Datenaustausch geschaffen, so gilt nun im V. Rahmenprogramm der EU vornehmlich der Schaffung geeigneter Strukturen zur Vermarktung des digitalen Bildmaterials europäischer Museen und Archive das Interesse.[49]

Für das bisherige häufige Scheitern des Einsatzes datenbankgestützter Systeme in Museen sind zahlreiche Faktoren mitverantwortlich. Um einen generellen Eindruck in die Situation zu erhalten, wird an dieser Stelle das Ergebnis einer 1996 durchgeführten Umfrage[50] dargelegt. Anläßlich der Fertigstellung des CIDOC fact sheet ›Inventarisierung: Schritt für Schritt‹[51] (s. Anhang) kam es 1996 zu einer gemeinsamen Initiative der Abteilung für Museen, Bibliotheken, Sicherheit des österreichischen Bundesdenkmalamtes und dem Verfasser als Vertreter des Institutes für Kulturwissenschaft. Zwei Fragebögen wurden beigelegt. Der erste Fragebogen betraf die Trägerschaft und Rechtsform der Museen, der zweite

48 R. Scheffel: Positionspapier, IfM, 1997, S. 23–27, ebd. 23ff; desw. M. Case: What registrars do all day, in: American Association of Museums; M. Case (Ed.): Registrars on record, 1988, p. 13–35, insb. p. 17ff.

49 P. Diry (DG III); M. Dekkers (DG XIII): From the 4th to the 5th Framework Programme, Vortrag gehalten anläßlich der Konferenz EVA'97, Berlin, 14.11.1997.

50 Weitere Umfragen in dieser Hinsicht: s.a.: J. Bahurinska, die 1996 in einer ähnlichen

Aktion mitteleuropäische Museen nach ihren Datenbankmanagementsystemen befragt hatte (in: Múzeum 4 / 1996, p. 46–51) und H. H. Clemens: CIDOC-Datenbankerhebung. Einsatz des Computers in Museen der Bundesrepublik Deutschland, Institut für Museumswesen, März 1993.

51 CIDOC, Inventarisierung. Das Bundesdenkmalamt, an dieser Stelle sei Georg Hanreich für seine Initiative besonders zu danken, übernahm die Kosten für Druck und Ver-

(s. Anhang) setzte sich mit dem Einsatz der EDV und Multimediatechnologie im Museum auseinander.

Zum Auswertungsergebnis dieser österreichischen Umfrage: Von ca. 1.800 ausgesandten Fragebögen kamen 611 zurück. Von diesen setzten ca. 50% der Museen keine EDV und Multimedia ein. Hierbei handelte es sich durchwegs um Heimatmuseen und kleinere Schausammlungen. In ca. 35% der Museen wurden Computer für die Dokumentation und Vermittlung benutzt, wohingegen 15% den Einsatz der EDV und Multimedia-Technologie in absehbarer Zeit planten. Als Gründe, warum es in 50%, d.h. in ca. 250, der österreichischen Museen keine EDV zur Sammlungsverwaltung und Dokumentation gibt, wurden u.a. schriftlich und mündlich genannt:[52]

1. »Die personellen und technischen Voraussetzungen sind nicht gegeben.«
2. »Die Sammlung ist zu klein, Karteikarten genügen vollauf.«
3. »Wir hätten gerne einen Computer, haben aber keinen, weil wir uns keinen leisten können.«
4. »Wir glauben nicht, daß die EDV-gestützte Dokumentation unserem Museum wirklich Vorteile bringt. Die Nachteile wie die permanente Pflege der Daten, die Schaffung eines Thesaurus und unabsehbare Folgekosten überwiegen.«
5. »Unsere funktionierende Arbeitsweise einem Computersystem zu unterwerfen, das wollen wir lieber nicht.«

Die Argumentation und kritische Einstellung der kleineren Museen gegenüber dem EDV-Einsatz zeigte bisweilen einen Bezug zur Realität, der Beteiligten größerer Museen manchmal fehlt.[53] So ergibt sich, daß die von den einzelnen Museen angestrebten Vorschläge zur Lösung der Problematik der EDV-gestützten Dokumentation im Museum von abwartender Resignation über euphorische Bejahung der Programmierung individueller Datenbank Management Systeme bis hin zur Vergabe von Strukturanalysen reichen.

Fehlende Kenntnisse

»Wenn Sie allerdings immer noch meinen sollten, daß der Übergang zum Computer ein rein technisches Problem sei, so steht Ihnen eine Überraschung ins Haus: Wie in allen

sand des fact sheets an alle österreichischen Museen.

52 Der Verf. verfügt über die ausgefüllten Fragebögen, die teilweise schriftliche Bemerkungen enthielten und erhielt des weiteren bei telefonischen Rückfragen weitere Ant-

worten. Von einer Nennung der Namen der Beteiligten wird an dieser Stelle abgesehen.

53 In diesem Zusammenhang auch: H. Krämer: Museumsdokumentation in Österreich, in: Qualität und Dokumentation. CIDOC 1997, Textbeitrag Nr. 1.

anderen Anwendungsbereichen wird der Computer auch im Museum die Arbeit und die Arbeitsplätze peu-à-peu sehr stark verändern, nicht zuletzt die Arbeitsteilung zwischen Wissenschaft und Verwaltung. Und wenn man sich dabei von den Sirenenklängen der Computerenthusiasten betören läßt und „computer"- und nicht „museumsgerecht" vorgeht, werden – schon wegen der schier unüberwindlichen Blödheit des Geräts – einige Dinge, die uns lieb und wert sind, auf der Strecke bleiben.«[54] Clemens und Wolters schneiden mit diesen Bemerkungen einen Bereich an, der zahlreiche Gründe des Scheiterns von Projekten der EDV-gestützten Dokumentation enthält. Generell zu klärende Fragestellungen, die einen grundlegenden Einblick in die Situation geben und deren Beantwortung ein Scheitern des Projektes verhindern könnten, lauten:

1. Sind die grundlegenden Kenntnisse über Sammlungsmanagement, wissenschaftliche Inventare und EDV-gestützte Dokumentation bei den Mitarbeitern bekannt?
2. Ist den Mitarbeitern / Beteiligten der Sinn und die Notwendigkeit einer Strukturanalyse bekannt?

Spätestens bei der Beantwortung dieser Fragen zeigen sich sowohl bestehende Mängel im Wissen um Sammlungsmanagement, wissenschaftliche Inventare und EDV-gestützter Dokumentation als auch fehlende Projektmanagement-Kenntnisse in der Durchführung eines EDV-Projektes. Diese Fragen sollten »ehrlich« beantwortet werden, da ein wesentlicher Hauptgrund des Scheiterns von EDV-Projekten an bzw. in den Mitarbeitern liegt. Die Zustimmung der Einführung der EDV muß auf einen breiten Konsens der Mitarbeiter stoßen. Vor allem die Gründe für die Einführung der EDV sollten allen Beteiligten bewußt sein. »*It cannot be sufficiently stressed that the process… should involve the entire professional staff of the organization before a complete design is adopted. This process can be expected to take a year or more, even with the most aggressive project management schedule.*«[55] Das gemeinsame Planen im Sinne eines partnerschaftlichen Miteinander hat neben dem therapeutischen auch einen psychologischen Effekt, der nicht unterschätzt werden darf. So werden Spannungen zwischen den Abteilungen bzw. einzelnen Mitarbeitern abgebaut und die Mehrzahl der am Analyseprozeß nicht beteiligten Personen werden das künftige System akzeptieren. Die Akzeptanz eines Produktes, welches aufgrund einer von den Mitarbeitern des Hauses gemeinsam erfolgten Analyse erstellt wurde, darf als recht hoch bezeichnet werden.

---

54 H. H. Clemens; Ch. Wolters: Sammeln, Erforschen, Bewahren und Vermitteln, IfM, Nr. 6, Juni 1996, S. 8.

55 D. Bearman: Automated Systems for Archives and Museums, 1987, S. 4.

Der Aufwand bei der Vorbereitung, Aufbereitung, Eingabe und der dringend notwendigen Kontrolle der Daten sollte nicht unterschätzt werden. Der Einsatz der EDV im Museum ist keine kurzfristige Angelegenheit[56], die in der Übertragung des alten Inventars in ein EDV-gestütztes Datenbankssystem seine Erfüllung findet. So erscheint es notwendig, an dieser Stelle nochmals darauf hinzuweisen, daß »*kein Dokumentationsverfahren den Arbeitsgang der Erforschung und der wissenschaftlichen Bestimmung der musealen Objekte selbst ersetzt oder auch nur erleichtert. Der Aufwand an einzusetzender wissenschaftlicher Leistung bleibt stets der gleiche. Es kann bei den modernen und effektiveren maschinellen oder elektronischen Verfahren nur darum gehen, das Massenproblem an Informationen auf eine unvergleichlich bessere und effektivere Weise zu lösen, die Selektionszeiten entscheidend zu verkürzen, die Selektion selbst sicherer zu machen und vor allem kombinierende Auswahlmöglichkeiten zu bieten, wie sie keine konventionelle Steilkartei auch nur annähernd zur Verfügung hat.*«[57]

Am Beispiel der Datenbank Schweizerischer Kulturgüter zeigte sich diese Problematik in Form einer ›Hypothek‹, die sicherlich kein Einzelfall ist: »*Es stellte sich heraus, daß bei den potentiellen Lieferanten* (gemeint sind die Museen, Anm. d. Verf.) *nur ein Teil der Werke hinreichend inventarisiert und dokumentiert war und zudem nur die wenigsten Museen über informatisierte Daten verfügten.*«[58] Das Schicksal der Datenbank Schweizerischer Kulturgüter, die in ihrem Tätigkeitsbereich der EDV-gestützten Dokumentation als international angesehene Stelle der Koordination vorbildlich agierte, darf als mahnendes Beispiel für mangelnden kulturpolitischen Weitblick bezeichnet werden.[59] Am 29.11.1991 von der Schweizerischen Akademie der Geistes- und Sozialwissenschaften, dem Verband der Museen der Schweiz und dem Schweizerischen Kunstverein als Stiftung gegründet, bezweckte die Stiftung den Aufbau und den Betrieb eines nationalen Informationssystems für schweizerische Kulturgüter und diente der Förderung der wissenschaftlichen Dokumentation. Aufgrund diverser zumeist museums- und finanzpolitischer, aber auch marketingstrategischer Probleme »*gelangte die Trägerschaft zum Schluß, daß sich das Stiftungsziel der DSK in den gegebenen Strukturen und mit*

---

56 Hierauf weist auch Christof Wolters hin, wenn er sagt: »Egal, welches Programmsystem Sie wählen, es wird nach ein paar Jahren veralten sein. Hard- und Software plant man wie eine temporäre Ausstellung, d.h. mittelfristig, Regelwerke wie ein neues Museumsgebäude, d.h. langfristig.« Mündliche Bemerkung vom 25.11.1996 an den Verf.

57 W. Herbst; K. G. Levykin (Hg.): Museologie, 1988, S. 150.

58 M. Zürcher: Zwischen Verfechtern und Verächtern: Die DSK, in: Bulletin, SAGW, 1997, H. 4, S. 9.

59 A. Claudel: Über Netzwerkstrukturen am Beispiel der Datenbank Schweizerischer Kulturgüter. in: H. Krämer; H. John (Hg.): Bedeutungswandel, 1998, S. 154–159. M. Zürcher, a.a.O.

den vorhandenen Mitteln« nicht mehr realisieren läßt und schrieb die DSK am 15.08.1997 öffentlich aus.

Mitarbeitermotivation und Ausbildung

Die Verantwortlichkeit für den derzeitig schwierigen Stand eines sinnvollen Einsatzes der EDV im Museum liegt nur bedingt im Entscheidungswillen der Direktion oder in pekuniären Gründen verborgen. Neben den Versäumnissen einer mäßig verantwortungsbewußten Kulturpolitik, dem Fehlen einer geeigneten, übergeordneten Stelle der inhaltlichen und sachlichen Koordination bzw. Kooperation, sind es häufig die Wissenschaftskollegen selbst, die aus den unterschiedlichsten Gründen[60] als Unsicherheitsfaktor wirken. Hierzu zählen: Festhalten an den althergebrachten Strukturen und Verfahrensweisen, mangelndes Vertrauen in die technischen Möglichkeiten, wissenschaftliche Eitelkeit, Unwillen zur Kooperation, Sehnsucht nach dem Elfenbeinturm oder enthusiastisches Halbwissen. Christof Wolters[61] unterteilt diese Kollegen generell in »*Computerfeinde*« und »*Computerenthusiasten*«. Die Einstellung der Museumsleitung[62] und die hiermit verbundene Mitarbeitermotivation ist ein weiterer wesentlicher Grund, der zum Gelingen oder Mißlingen eines Projektes maßgeblich beiträgt.[63]

Das Problem der Lehre von der Dokumentation ist auch zu einem generellen Problem der kunstwissenschaftlichen Ausbildung geworden, denn in welchem Lehrplan ist die Auseinandersetzung mit wissenschaftlicher Inventarisierung und sachgerechter Dokumentation unter Berücksichtigung der EDV- und Multimedia-Technologie oder die Vermittlung grundlegender Kenntnisse des Managements von Projekten überhaupt vorgesehen? Auch die zahlreichen angebotenen Aus- und Weiterbildungsseminare[64] bieten angesichts dieses generellen Mißstandes wenig Abhilfe. Gerade in Zeiten der Reduktion öffentlicher Mittel ist eine

---

60 Für vertrauensvolle Anmerkungen hierzu danke ich Tobias Nagel, Norbert Kanter und Anne Claudel.

61 Ch. Wolters: Das Management und der Computer, IfM, 1995, S. 5–7.

62 »The full commitment of the administration to the project is an essential element for its success.« Museum Collections and Computers, Report of an Association of Systematics Collections Survey, compiled by L. Sarasan; A. M. Neuner, University of Kansas, 1983, S. 32.

63 Meine persönlichen Projekterfahrungen reichen vom »Einfrieren« eines fertigen Pflichtenheftes und somit des Projektes aus Riva-

litätsgründen bis hin zur aktiven, euphorischen Teilnahme des Museumsdirektors und aller MitarbeiterInnen an der Strukturanalyse.

64 Hier sind u.a. zu nennen: Deutscher Museumsbund Fachgruppe Dokumentation, Institut für Museumskunde (Berlin), Institut für Kulturwissenschaft (Wien), Hochschule für Technik, Wirtschaft und Kultur (Leipzig), FH Potsdam, Bildarchiv Foto Marburg, Reinwardt Academie Amsterdam, Birkbeck College, University of London und diverse Verbände wie z.B.: Landschaftsverband Rheinland Rheinisches Archiv- und Museumsamt, Museumsverband für Niedersachsen und

Hinwendung zur Professionalisierung aller Institutionen aber unumgänglich.[65] Dies setzt eine Hinterfragung der gegenwärtigen Position und der damit verbundenen Ressourcen voraus und erfordert gegebenenfalls eine tiefgreifende Neuorientierung. Grundlegende Einführungen in die Belange der EDV-gestützten Dokumentation und der Museumsinformatik sollten künftig verstärkt zum Bestandteil einer kunstwissenschaftlichen Ausbildung werden. Nur durch eine substantielle Vorbereitung und dem Verstehen der Strukturen von Informations- und Kommunikationssystemen kann den, in der Dokumentation und der Vermittlung gestellten Anforderungen begegnet werden.

Es mangelt in den Museen und kunstwissenschaftlichen Institutionen an Fachwissen bezüglich der Notwendigkeit einer wissenschaftlichen Inventarisierung, Dokumentation und des Sammlungsmanagements. Ebenso sind Kenntnisse und Erfahrung im Management von EDV-Projekten unzureichend. Diese wären aber notwendig, um die Projekte erfolgreich durchzuführen. Qualifizierte, mit der Museumsinformatik vertraute, sachlich und fachlich ausgebildete Museologen und Dokumentare dürfen als Einzelerscheinungen bezeichnet werden.[66] Somit kommt auch der Dokumentation nach wie vor nicht der Stellenwert zu, der ihr eigentlich gebührt. Denn noch immer ist das Verständnis, die EDV-gestützte Inventarisierung und Museumsinformatik als eine die Kunstwissenschaft und Museologie unterstützende Hilfswissenschaft zu betrachten, unter den Fachkollegen keineswegs Allgemeingut.

Zur Notwendigkeit einer Strukturanalyse

Als wesentliche Gründe für das Mißlingen dürfen neben einer groben *»Fehleinschätzung des Machbaren wie die Unterschätzung der Eigenarten«*[67] hauptsächlich *»schwaches Projektmanagement, mangelnde Kenntnisse bei Sammlungsmanagement und wissenschaftlicher Dokumentation sowie Unverständnis dafür, wie man einen Computer benutzt«*,[68] gelten. Angesichts der *»Suche nach dem besten System«*, der allumfassen-

Bremen, Westfälisches Museumsamt Münster. s.a. R. Scheffel: Positionspapier, IfM, 1997.

65 s. insb. die Beiträge von H. Schober; M. Schulte-Derne, A. Doujak; D. Rothauer und D. Bogner in: D. Rothauer; H. Krämer (Hg.): Struktur & Strategie, 1996.

66 Zum Berufbild des »Registrars« in: R. Scheffel: Positionspapier, IfM, 1997, Kapitel 4.

67 K. Clausberg, 1989, S. 264. Zu Pleiten und Pannen bei der Computerisierung der freien Wirtschaft s. H.-J. Lenz: Informationssyste-

me - der Wirtschaft recht, dem Museum billig? in: Organisation und Kosten des Computereinsatzes bei Inventarisierung und Katalogisierung, IfM, Nr. 3, März 1997, S. 33ff.

68 L. Sarasan: Why Museum Computer Projects Fail, in: Museum News, March-April 1981, Vol. 59, Nr. 4, S. 40–43. desw. A. M. Neuner: »Museum computer projects succeed or fail based upon the decisions made by individuals planning and carrying out such projects, and not upon the use of a specific line of computer hardware or software. In addition,

den Lösung, wird, so Clemens und Wolters[69], der Planungsaufwand entweder erheblich unterschätzt und somit das Pflichtenheft »*unpräzise oder lückenhaft formuliert*« oder durch die wachsende Anhäufung von Anforderungen an die Hard- und Software immer detaillierter und somit unrealistischer in der Verwirklichung. So zeigt die von Kellner getroffene Behauptung, daß die »*Bestände informationstechnisch überhaupt gar nicht nutzbar gemacht werden können, wenn kein gut ausgearbeitetes Inventar vorliegt*«,[70] nur eine Seite des Ganzen. Ein gut ausgearbeitetes Inventar ist zwar ein wichtiger Aspekt, aber dennoch nur ein Stück vom ganzen Sammlungsmanagement. Wesentlich für das erfolgreiche Gelingen ist das Einbinden oder Hinterfragen der bestehenden Struktur der Institution mit all ihren historisch gewachsenen Produktionsabläufen.

Diese bestehende Struktur der Sammlungsverwaltung und das bisherige Funktionieren des Sammlungsmanagements sollte m.E. generell hinterfragt werden. Doch dies erfordert neben einem gewissen Mut zum Wandel und der Bereitschaft zum Handeln auch eine gewisse Weitsicht. Denn, wie Sarasan und Neuner treffend bemerkten »*... viele Leute glauben, daß bei der Computerisierung eines manuellen Systems quasi automatisch Klarheit und Ordnung, die es in seiner bisherigen Form vermissen ließ, entstehen. Dies ist leider nicht wahr. Wenn unzusammenhängende, schlecht integrierte manuelle Systeme 1:1 auf den Computer übertragen werden, bekommen Sie unzusammenhängende, schlecht integrierte Computersysteme mit allen Problemen der alten manuellen Systeme.*«[71] Hierin zeigt sich auch das Versagen zahlreicher EDV-im-Museum-Projekte, die zwar zumeist zur Programmierung von Datenfeldern und Datenbanken führten, aber die historisch gewachsene Struktur des Hauses nicht einbezogen und so auch die betrieblichen Produktionsabläufe vernachlässigten.

Angesichts der rasanten Entwicklung ist der Entschluß der bisher noch datenbanklosen Museen und Archive, erst zu diesem Zeitpunkt den „Boxring der EDV" zu betreten, äußerst klug gewählt. Statt sich in die kostenspieligen Abenteuer eines unkoordinierten Programmierens zu stürzen, kann von den Fehlern der anderen Institutionen ausgehend eine zukunftsweisende Entscheidung getroffen

most museum professionals have not been adequately prepared to make such decisions.« Vorwort zu Museum Collections and Computers. Report of an Association of Systematics Collections Survey, compiled by L. Sarasan and A. M. Neuner, University of Kansas, 1983, p. iii.

69 H. H. Clemens; Ch. Wolters, Sammlungsmanagement, IfM, 1996, S. 66.

70 H.-J. Kellner, Die Grundfunktionen des Museums im Blick auf Informationsprobleme. in: H. Auer, ICOM, 1985, S. 35.

71 L. Sarasan and A. M. Neuner, a.a.O., p. 19–20. zit. n.: Ch. Wolters, Grundsätzliche Fragen der Wirtschaftlichkeit beim Projektmanagement. Manuskript zum Vortrag für die Fachgruppe Dokumentation im Deutschen Museumsbund am 17.5.1995, IfM, 1995.

werden. Unabdingbare Ausgangsbasis für jegliche spätere Entscheidung muß jedoch eine tiefgehende Strukturanalyse sein, die den momentanen Zustand des Betriebs, der Abläufe und den Stand der Dokumentation aufzeigt und die Anforderungen an die künftige Datenbank, die durch ein Sollkonzept ermittelt wird, erstellt. Ohne die Voraussetzungen einer exakten Analyse und Planung wird das Abenteuer Computereinsatz zu einem kostspieligen Faß ohne Boden.

Allen Beteiligten muß bewußt sein, daß mit dem Einsatz der EDV ein nicht zu unterschätzender Bruch mit den traditionellen Arbeitsvorgängen und Strukturen geschieht. Der Computer schafft neue Formen von Arbeit. Er vereinfacht zwar bestimmte Arbeitsgänge und verwaltet Informationen quantitativ, gibt aber keinerlei Auskunft über Wertigkeiten, über die Relevanz oder Qualität von Information. Die Ermittlung der benötigten Grundkenntnisse, die Konzeption der Anforderungen und die Umsetzung durch Programmierung und Implementierung kann nur durch ein straffes Management und Controlling des Projektes geschehen.[72]

Aufgrund der im Rahmen der einzelnen Fallbeispiele getätigten Erfahrungen kann die Notwendigkeit einer exakten Analyse der Bedürfnisse und Anforderungen, die im Rahmen einer Strukturanalyse ermittelt wurden, nicht hoch genug eingeschätzt werden. Mit einer Konzeption unrealisierbarer Anforderungen ist niemandem geholfen, so daß in erster Linie »*eine Verbesserung der Organisation und Steuerung von Arbeitsprozessen bei der Gestaltung des Computereinsatzes eine zentrale Rolle spielen sollte*«, wie es bereits von Clemens und Wolters eingefordert wurde.[73]

1.3. Prinzipien der EDV und Systematisierung der Informationen

Welche Qualität haben die dargebotenen Informationen eigentlich? Was sind reine Fakten, was sind Mutmaßungen? Und was geschieht mit der subjektiven wissenschaftlichen Meinung, beispielsweise zu unterschiedlichen Ansichten in Bezug auf Datierung oder Zuschreibung? Da die Kenntnis dieser Problematik wesentliche Aspekte für den Umgang mit Daten aus Datenbanken enthält, wird an dieser Stelle auf die grundlegenden Prinzipien der EDV, sozusagen das »Wesen«

---

72 »Auf eine Kurzformel gebracht, müssen handfeste Kenntnisse aus allen drei Bereichen zusammenkommen, also bisherige Erfahrungen anderer mit dem Computereinsatz, eigenes Wissen über Textverarbeitung/Datenbanktechnik und vor allem präzise Vorstellungen über Dokumentation im eigenen Fachgebiet.« Ch. Wolters: Einsatz des Computers für Dokumentationszwecke im Museum, in: Inventarisierung, Rheinisches Museumsamt, 1985, S. 54.

73 H. H. Clemens; Ch. Wolters, Sammlungsmanagement, IfM, 1996, S. 67.

der Computertechnologie, wie sie Ernst Schuberth treffend kennzeichnet, einge-
gangen: »*Das Wesen des Computers ist die Herstellbarkeit eines Bedingungsgewebes, das
selbst inhaltlich keine qualitativen Bestimmungen besitzt, sondern inhaltsneutral nach
vorgegebenen Bedingungen bestimmte Zustände anderen Zuständen zuordnet.*«[74] Die
Prinzipien der EDV gliedern sich in die Aspekte der Formalisierung, Kalkülisierung und Mechanisierung und bilden die Grundlage zur Systematisierung der Informationen.[75]

Formalisierung

Gemäß des Prinzips der Formalisierung eines Prozesses werden einzelne, aufeinander Bezug nehmende Einheiten und Verfahrensschritte (Wenn-Dann) in
ihrem Ablauf zerlegt und analysiert. Durch diese Analyse des Gegenstandes, in
unserem Fall der kunstwissenschaftlichen Information, in einzelne, fragmentier-
te Informationseinheiten findet eine Loslösung der zerlegten Einzelinformationen vom inhaltlichen Gesamtkontext statt. Diese Zerlegung benötigt restriktive
sprachliche Vorgaben, die Verknüpfung erfolgt mittels Algorithmen durch programmierte Anweisungen und die Wiedergabe in beliebig zusammenstellbaren
Listen oder Diagrammen. Der Prozeß der Formalisierung dient in erster Linie der
Analyse wissenschaftlicher Meinungen, in weiterer Folge der Schaffung von
Quantitäten. Doch die Gefahr besteht, daß es an einer Zusammenführung der
zerlegten Daten fehlt, so daß Listen und Diagramme als wissenschaftlich sinnhaf-
te Begründung herhalten dürfen und sich die Befürchtung, daß Forschen sich auf
»*das simpelste Feststellen*«[76] reduziert, bewahrheiten könnte. Als ein Beispiel für die
Anwendung formalistischer Prinzipien in der kunstwissenschaftlichen Forschung wird an dieser Stelle das Programm ALLTAG[77] genannt. Dieses versuchte,
rein formalanalytisches Vorgehen mit kunstwissenschaftlichen und kulturge-
schichtlichen Kriterien in einem Datenbank Management System zu vereinigen.
Die Kriterienpaare ›oben‹ und ›fern‹, stellvertretend für Herrschaft und Adel
wurden ›unten‹ und ›nah‹, stellvertretend für bürgerlich und Volk gegenüberge-
stellt. Bezeichnungen wie ›viel‹ contra ›wenig‹, sowie ›statisch‹ contra ›dyna-
misch‹ sollten als Merkmale der Differenzierung von Raum und Zeit dienen. Wie

---

74 E. Schuberth: Mit dem Computer leben, in:
Soziale Hygiene, 1990, Mb. Nr. 139, S. 6.
Eine generelle Auseinandersetzung bietet:
E. Schuberth: Erziehung in einer Computer-
gesellschaft, 1990.

75 R. Kurzweil: Das Zeitalter der Künstlichen
Intelligenz, 1993. Auch bei T. Nagel (Ideologiekritik, in: H. Kohle (Hg.): Kunstgeschichte

digital, 1997, S. 85–87) findet sich eine kurze Darstellung der folgenden Prinzipien.

76 H. Börsch-Supan: Kunstmuseen in der Krise,
1993, S. 68.

77 E. Kluckert; D. Donzelli-Kluckert: Computer
und geisteswissenschaftliche Forschung,
1990, S. 34.

die Autoren versicherten, reichten diese Gegensatzpaare als »*Grundlage der Untersuchung, indem jede Alltagsdarstellung auf diese Kriterien hin befragt werden soll*« vollkommen aus. Die Auswertung erfolgte schließlich in Form von Balkendiagrammen und diente zur Grundlage sozialwissenschaftlicher Interpretationen. Das eingesetzte Datenbank Management System fungierte demnach als reines Arbeitswerkzeug der Erstellung statistischer Werte.

Kalkülisierung

Die Kalkülisierung als ein mathematisches System zur Herstellung bestimmter Figuren aus anderen Figuren beinhaltet den Begriff des Algorithmus. Hierbei handelt es sich um eine Reihe genau definierter Regeln und Anweisungen, die ein Lösungsverfahren für ein bestimmtes Problem darstellen und die Grundlage jeglicher Programmierung bilden. Zur Analyse durch die Formalisierung tritt nun also noch die Genese durch das Verfahren des Algorithmus, welches eine programmierte Methodik zur Lösung vorgibt. Hierbei ergibt sich das Problem, daß dieses Programm alle denkbaren Möglichkeiten zur Lösung eines Problems anbieten müßte, dies aber in der Realität nicht machbar ist. Tobias Nagel weist in diesem Kontext auf die »*unüberbrückbare Differenz zur Wirklichkeit*«[78] hin, welcher sich der Algorithmus nur annähern kann. Dank dieser systemimmanenten Vorgaben werden gegenwärtig zeitgenössische Videoinstallationen mit denselben dokumentarischen Ansätzen behandelt wie mittelalterliche Flügelaltäre.

Normierung

Damit die Abfrage zu eindeutigen Ergebnissen gelangt, bedarf es noch der Normierung der einzugebenden Daten. Dies geschieht durch das binäre Zahlensystem (»1« und »0«) und mit Hilfe der Boolschen Logik, die mit den Zuständen ›wahr‹ und ›falsch‹ operiert. Diese strenge Kodierung führt zur Festlegung zweifelsfrei eindeutiger Angaben, die, wie Nagel anmerkte, »*keine Ehrfurcht vor großen Namen*« kennt.[79] In diesem simplen ›schwarz-weiß‹ Schema sind zweifelhafte, grauwertige Ansichten nicht erwünscht. Kunstwissenschaftliche Problembereiche wie Zuschreibungen oder Datierungen, die Mehrdeutigkeiten zulassen, erfahren eine Vereinfachung auf Wesentliches. Zugunsten einer schnellen, einfachen Einordnung fallen individuelle Ansichten weg. Dies mag zwar in gewisser Weise der Methodik der Stilanalyse dienlich sein, führt aber zu einer Verarmung der Vielfalt wissenschaftlicher Meinungen. So lösten beispielsweise die auf älte-

---

78 T. Nagel: Ideologiekritik, in: H. Kohle (Hg.): Kunstgeschichte digital, 1997, S. 87.

79 T. Nagel: Computer und (Kölner) Museen II. in: Kölner Museums-Bulletin, 1994, H. 2, S. 27.

ren Dias und Photos aufgefundenen Informationen im Rahmen des Projektes ›Bilddatenbank‹ am Institut für Klassische Archäologie der Universität Wien eine heftige Diskussion über die Notwendigkeit der Beibehaltung älterer Forschungsergebnisse in Datenbank Management Systemen aus.

Systematisierung

Laut Viktor Pröstler liegt »*das gegenwärtige Niveau der wissenschaftlichen Bestandsbearbeitung vielfach deutlich niedriger als vor dem zweiten Weltkrieg.*«[80] Abhilfe wird durch den Einsatz der Datenbanktechnologie erwartet. Doch das Sammeln, Erstellen, Bewahren und Vermitteln von Informationen zu den Sammlungsobjekten »*ist eine außerordentlich komplexe, hohe Anforderungen an das Fachwissen und das Verantwortungsgefühl der Mitarbeiter stellende Aufgabe. Nur wenige Museen können von sich behaupten, dieses Aufgabenbündel vorbildlich zu meistern.*«[81] Solange in der jeweiligen Institution kein funktionierendes manuelles Dokumentationssystem existiert, können die vorhandenen Informationen auch nicht in ein EDV-gestütztes Dokumentationssystem übertragen werden. Wie bereits erwähnt, bestehen zwischen der konventionellen bestimmenden, messenden und beschreibenden Tätigkeit der Inventarisierung und der EDV-gestützten Erfassung desselben Objektes eigentlich keine grundlegenden Unterschiede, doch erfordert die Vorbereitung der Informationen für die Dateneingabe unbedingte Genauigkeit, absolute Konsequenz in der Vorgangsweise und etliche wissenschaftliche Erfahrung mit dem Objekt und dem Forschungsgebiet. Grundsätzlich erspart der Computer keineswegs Arbeit, eher im Gegenteil. Kunstwissenschaftliche Texte in all ihrem subjektiven Reichtum müssen nach Fakten gegliedert und in separate Datenfelder zerlegt werden, damit eine spätere Auswertung nach unterschiedlichsten Kriterien ermöglicht werden kann. Das Kunstwerk kann in seiner Gänze nicht vollständig aufgenommen werden, weder in reproduzierter noch in sprachlichformalisierter Form. Sprachliche Vorlieben erfahren ebenso eine Normierung, wie den »*herrenlosen*« (Tobias Nagel) Daten ihre zeitliche, historische oder wissenschaftliche Herkunft nicht mehr angemerkt werden kann. Der subjektiv geprägte sprachliche Reichtum des einzelnen Wissenschaftlers als auch das assoziative Annähern an ein Thema scheint verloren zu gehen, wie Kohle im folgenden anmerkt. »*Datenbanken nämlich, also nach beliebig vielen Kriterien aufgespaltene und strukturierte Textkorpora, setzen eine streng analytische Herangehensweise voraus und konterkarieren damit eine Denkhaltung, die gewöhnlich eher synthetisch daherkommt. Die*

---

80 V. Pröstler: EDV-gestützte Inventarisation und Inventarverbund, in: EDV-Tage Theuern, 1991, S. 25.

81 H. H. Clemens; Ch. Wolters: Sammeln, Erforschen, Bewahren und Vermitteln, IfM, Nr. 6, Juni 1996, S. 64.

saubere und umfassende ikonographische Erschließung eines Kunstwerkes etwa auf der Basis der ›Iconclass-Notation‹ ist eine Aufgabe, die eher geduldige Detailforschung als hochfliegende Interpretationsleistung erfordert.« [82] Dies trifft in erster Linie für Bildbeschreibungen zu, die durch Regelwerke, wie z.b.: die ICONCLASS-Notationen, sprachlich nach Haupt- und Nebenaussagen und darüberhinausgehend auch alphanumerisch erfasst werden müssen. Die Auswertung der abzurufenden Daten, die immer identisch sind mit den eingegebenen Fakten, kann unter verschiedensten Gesichtspunkten, in beliebiger Kombination erfolgen, sofern die Fragestellungen hierfür bei der Konzeption des Datenbank Management Systems berücksichtigt wurden. Aus diesem Grunde ist die Auswertung der Daten und die Form der Auswertung (z.b.: durch Listen, Formulare) entscheidend für den weiteren Nutzen in jeglicher Form.

Die Speicherkapazität klar definierter digitaler Fakten (Ton, Bild, Film, Text), die in der Regel jedoch nur sortiert und verglichen werden können, steht in keinem Zusammenhang mit der Qualität oder dem Gehalt der inhaltlichen Aussage. Hubertus Kohle stellte durch seine mit der französischen Datenbank ›Joconde‹ getätigten Erfahrungen fest, daß *»ein Datenbankretrieval entschieden gegen den üblichen Kanon der Kunstgeschichte läuft. ... Wichtige und weniger wichtige Künstler«*, so Kohle weiter, *»werden über den gleichen (Aspekt)-Kamm geschoren, ästhetische Wertigkeit findet hier keinen Ort.«* [83] Hierbei muß unbedingt berücksichtigt werden, daß die Information *»nicht nur transportiert, sondern auch verarbeitet wird. Die Informationsverarbeitung dient der Handhabung und Umwandlung von vorhandener Information zu ›neu verpackter‹ Information.«* [84] Angesichts der realen Kunstwerke erfährt die Unterscheidung zwischen Information, *»die aus unmittelbarer Auseinandersetzung mit der Wirklichkeit«* entsteht und *»Information, die von anderen Menschen produziert wurde«*, eine starke Wertigkeit. Gerade letztere, so Gergely, *»durch Menschen erzeugte Information wächst heute schneller denn je.«* Doch weder gibt es in der Datenbank einen Nachweis der Wertigkeit der vorhandenen Daten, noch kann die Gefahr der Manipulation von Informationen vermieden werden.

Diese Gefahr der Manipulation betrifft ebenso die Digitalisierung des Bildmaterials wie die weitere Handhabung der digitalisierten Reproduktionen. Bei der Aufnahme eines Kunstwerkes wird nur die Licht-, Raum- und Farbsituation des Augenblicks der Aufnahme wiedergegeben. Die reichhaltigen Veränderungen,

---

82 H. Kohle: Elektronisch gestützte Inventarisation: Chancen und Probleme aus kunstwissenschaftlicher Sicht, in: H. Krämer; H. John (Hg.): Bedeutungswandel der Kunstmuseen, 1998, S. 65.

83 H. Kohle: a.a.O., S. 67.

84 S. Gergely, in: Wie der Computer den Menschen und das Lernen verändert, 1986, S. 77.

die das Wesen der Wahrnehmung ausmachen und dem Kunstwerk seine ›Seele‹ geben, werden zugunsten der Formaliserung der Farb- und Lichtwerte negiert. Da jedoch keineswegs die Dokumentation von mehreren Momentaufnahmen beabsichtigt ist, erreicht die Digitalisierung des momentanen äußeren Erscheinungsbildes des Kunstwerkes den Status einer ›ewigen‹ Speicherung. Die nach dem Scannen erfolgenden Korrekturen sind als Manipulationen zu verstehen, die durch Festlegung der Farbwerte und der Punktdichte ein Abbild schaffen, das nur mehr oberflächlich mit dem Original zu tun hat, denn »*wer kann die Farbqualität des Bildschirms oder Druckers beurteilen, ohne das Original zu kennen? Wer kann den Daten ansehen, daß sie nicht manipuliert wurden – bewußt oder durch technische Fehler?*«[85] Somit, so Nagel weiter, werden nicht »*die Werke selbst Input, vielmehr das, was man von ihnen abziehen kann. Das, was eigentlich auf sinnenhafte Aufnahme ausgerichtet ist, wird abgelesen und umgesetzt in ein reproduzierendes Medium, das wesentlich zunächst alle Sinnenhaftigkeit der Reproduktion ausschalten muß.*« Diese Vorgaben zu einer EDV-gerechten Eingabe und systematischen Vor- und Nachbearbeitung der Informationen »*zwingt allerdings den Wissenschaftler*«, so Waetzoldt[86] in seinem Bericht der Arbeitsgruppe Museumsdokumentation, »*zu einer logischen Abfolge von Denkschritten, zu exakter Definition und zur Anwendung einheitlicher Terminologie – all dies wahrhaftig nicht von Nachteil für die in Museen vertretenen Wissenschaften.*« Waetzoldt hebt weiterhin die »*besondere wissenschaftliche Sorgfalt*« des erfahrenen Museumskurators, die »*nicht etwa an Hilfskräfte delegiert werden*« kann, hervor. Wie vielerorts üblich, wurde und wird jedoch die wissenschaftliche Bearbeitung und Eingabe der Daten zumeist von wissenschaftlichen Hilfskräften oder Volontären erledigt. An diesen Eingabemodalitäten und an dem Zwang zur Systematik der Eingabe zeigt sich, laut Kohle, der in diesem Zusammenhang von einem »*decouvrierenden Effekt*«[87] spricht, auch eines der grundlegenden Versäumnisse der Museen, das in der groben Vernachlässigung ihrer wissenschaftlichen Inventare besteht. Auch die einzusetzende Datenbanktechnologie ist nur Mittel zum Zweck und kann die teilweise jahrzehntelangen Mißstände nicht ad hoc beseitigen. Somit wird die Misere der wissenschaftlichen Inventare auch zu einem Problem des Faches Kunstgeschichte, denn ohne die Grundlage und Pflege der Dokumentation ist weder objektorientierte noch themenorientierte Forschung denkbar.

Kritiker sehen in der Vereinheitlichung und dem Zwang zur systemimmanenten Vorgabe, der »*positivistische Erfassungs- und Verarbeitungsprinzipien zur Folge*

---

85 T. Nagel: Ideologiekritik, in: H. Kohle (Hg.): Kunstgeschichte digital, 1997, S. 89.

86 St. Waetzoldt: Museum und Datenverarbeitung, in: Museumskunde 40. Bd, 1971, S. 121 ff.

87 H. Kohle: Art History digital, in: K.-U. Hemken, Handbuch, 1996, S. 361.

hat«[88], eine Beschneidung der Freiheit kunstwissenschaftlicher Methoden. Das positivistische Element bringt zwar *»Zuwachs an Exaktheit«*, führt aber zum *»Verlust an Schwung, Zunahme an Bürokratisierung und Verminderung der Risikobereitschaft beim Sehen und Denken, Einbuße an Lebendigkeit.«*[89] Befürworter der Systematisierung sprechen sich gegen den Positivismusverdacht aus und heben demgegenüber die innovativen Perspektiven und das *»methodische Paradigma«*[90], welches die kunstwissenschaftliche Forschung geprägt hat und nach wie vor prägt, hervor. Trotz aller Pro und Contra und aller Möglichkeiten, die sich für stilanalytische, ikonographische, hermeneutische Fragestellungen ergeben, bedeutet die generelle Bejahung der EDV-gestützten Dokumentation, daß der universitär Forschende und der museologische Wissenschaftler die durch den Computer und das Datenbanksystem vorgegebenen Regeln von Formalisierung, Prozessualisierung und Befehlsstrukturen strikt befolgen lernen muß.

1.4. Erläuterungen zu Standards und Normen

Die Entwicklungen von Richtlinien für multilinguale bzw. fachübergreifende Thesauri und Regelwerke wie dem Art & Architecture Thesaurus[91], dem Object ID (s. Anhang)[92], den ICONCLASS-Notationen[93] und Kategorien zum Datenaustausch wie den Dublin Core Metadata Elementen[94] ziehen die Rationalisierung und Vereinheitlichung der Daten nach sich. Das Marburger Informations-, Dokumentations- und Administrations-System (MIDAS) darf als vorbildliches Regelwerk für die Strukturierung kulturwissenschaftlicher Informationen bezeichnet werden.[95] Ausgehend von dem Nutzen, die Vorteile des hierarchischen und des relationalen Datenbankmodells miteinander zu verbinden, wurde MIDAS als

88 T. Nagel: Computer und (Kölner) Museen II. in: Kölner Museums-Bulletin, 1994, H. 2, S. 28.

89 H. Börsch-Supan: Kunstmuseen in der Krise, 1993, S. 51.

90 H. Kohle: Art History digital, in: K.-U. Hemken, Handbuch, 1996, S. 361.

91 Art & Architecture Thesaurus: http://www.gii.getty.edu/aat_browser

92 Internationaler Standard zur Beschreibung von Kunstwerken und Antiquitäten, s. Anhang.

93 ICONographic CLASsification System, s. MIDAS: http://fotomr.uni-marburg.de bzw.

Iconclass Research & Development Group: http://iconclass.let.ruu.nl/

94 Zu Dublin Core s. in Kap. 3.1. Metadaten

95 L. Heusinger: Marburger Informations-, Dokumentations- und Administrations-System (MIDAS) Handbuch, 2. Aufl. 1992, 3. Aufl. 1994. Eine gute Einführung bietet F. Laupichler: Fotografien, Microfiches, MIDAS und DISKUS, in: K.-U. Hemken (Hg.): Texte zur virtuellen Ästhetik in Kunst und Kultur, 1996; ders.: MIDAS, HIDA, DISKUS - was ist das?, in: AKMB-news, Oktober 1998, Jg. 4, Nr. 2/3, S. 18–24. (http://fotomr.uni-marburg.de)

Grundlage zur Programmierung des Datenbanksystems HIDA (= Hierarchischer Dokument Administrator) genommen, das den schwierigen Anforderungen der Kunstwissenschaft entgegenkommt. Ziel von MIDAS ist die Erfassung aller Informationen zu einem Kunstwerk und aller Entitäten jeglicher Art für die wissenschaftliche Dokumentation.

Kunstgeschichtliche Information

Als Beispiel für die Zerlegung einer kunstgeschichtlichen Information in einzelne Dateien wird hier ein Satz gewählt, den die Absolventen des Lehrganges am Bildarchiv Foto Marburg zur Handhabung des Regelwerkes MIDAS erhalten:

>*In der Zeit von 1501–1504 hat der noch nicht 30 Jahre alte Florentiner Michelangelo Buonarotti (6.3.1475–18.2.1564) im Auftrag der Arte della Lana eine rund 4 Meter hohe Statue des jugendlichen David geschaffen.*«

In einzelne Aspekte (Informationskategorien) nach dem Schema von MIDAS strukturiert, ergeben sich folgende Einzelinformationen:

· (Künstlername)	3100	=	Buonarotti, Michelangelo
· (Bürgerort)	3220	=	Florenz
· (Geburtsdatum)	3270	=	6.3.1475
· (Todesdatum)	3300	=	18.2.1564
· (Objekttitel)	5200	=	David
· (Gattung)	5220	=	Skulptur
· (Höhe)	5362	=	4 Meter
· (Datierung)	5064	=	1501·1504
· (Sozietätsname)	4600	=	Arte della Lana

Alle anderen Informationen haben subjektiv gefärbten attributiven Charakter und fallen somit aus dem vorgegebenen Schema heraus. Neben diesen Fakten wurden auch folgende Anforderungen an das Regelwerk und Datenbanksystem gestellt. Durch die Darstellung der Beziehungen von Objekten bzw. Teilen von Objekten in hierarchischer Form können mehrteilige Objekte (z.B.: Fragmente eines Flügelaltars, die sich in unterschiedlichen Sammlungen befinden) als Ganzes erfaßt werden. Die interne Struktur von MIDAS baut darauf auf, daß jede sachlich gleichartige Information an gleicher Stelle der Systematik zu finden ist. Die Struktur von MIDAS erlaubt durch über 2.200 Einzelregeln die Erfassung eines großen Teils des in Museen vorkommenden Sammlungsgutes. Gerade wegen dieser Vorzüge – »*die Kombination von relationaler Dateienstruktur und hierarchischer Dokumentstruktur erlaubt es, jedes Individuum einer jeden Art im Detail mit jedem*

Detail jedes anderen Individuums jeder anderen Art zu verknüpfen«[96] – ist MIDAS in museologischen Fachkreisen nicht unumstritten. So steht dem Zugriff auf die Fülle von Fakten ein überdimensional hoher zeitlicher und personeller Einsatz an Vorbereitung bei der Dateneingabe gegenüber. Die gewünschten Anforderungen der Beschreibung von Objekten in einem Dokument, der Darstellung von Relationen zwischen den Beschreibungen, einzelnen Datenfeldern und Objekten, aber auch die Entwicklung einer Retrievalsprache als notwendigem Standard zum Suchen nach und Austausch von Daten sind mit dem Regelwerk MIDAS realisierbar. Nur die Entscheidung für eine einheitliche Terminologie bzw. Datenstruktur ermöglicht einen internationalen Austausch[97] der Daten, unabhängig von Datenbanksystemen. Im deutschsprachigen Raum wird dies durch den Aufbau des Projektes DISKUS[98] versucht, einem Verbund von MIDAS nutzenden Museen, Bibliotheken, Archiven und universitären Institutionen.

Ordnungssysteme

Zahlreiche, in der Mitte der achtziger Jahre entstandene Thesauri sind mittlerweile entweder zu oberflächlich, wie es das Beispiel des UNESCO Thesaurus für kulturelle Entwicklung lehrt, oder so unendlich vielschichtig, daß selbst die eigenen Fachleute hieran verzweifeln. Wie vielschichtig die Probleme der strukturellen Gestaltung von Informationen im Hinblick auf einen Thesaurus (z.B.: Thesaurus der Zeitmeßgeräte) sind, hat sich beim Projekt »Kleine Museen«[99] gezeigt, das in Zusammenarbeit mit dem Institut für Museumskunde, Staatliche Museen Preußischer Kulturbesitz und den Museumsämtern Rheinland und Westfalen-Lippe realisiert wurde. Zur unübersichtlichen Struktur des UNESCO Thesaurus[100] ist anzumerken, daß es nicht gelungen ist, die Strukturierung der Begriffe nach vertikalen Hierarchien und horizontalen Ordnungen nachvollziehbar abzubil-

96 L. Heusinger: EDV-gestützte Katalogisierung, 1988, S. 17.

97 Zur internationalen Situation s.: Conseil international des musées, International Council of museums (ICOM), Comité International pour la Documentation (CIDOC): International guidelines for museum object information: the CIDOC information categories, 1995. Wertvolle Aufbauarbeit wurde auch durch die Categories for the description of works of art des Getty Art History Information Program (Getty AHIP), geleistet.

98 Eine Einführung in die dem Datenverbund DISKUS zugrundeliegenden Prinzipien bietet T. Nagel: EDV-Einsatz in Kölner Museen, in:

Zwischen Malkurs und interaktivem Computerprogramm, Museumsdienst Köln, Nr. 2, 1997, S. 173–175; ders.: (Kölner) Stichworte zum Thema Museum und EDV, in: H. Krämer & H. John (Hg.): Bedeutungswandel, 1997, zu DISKUS s. S. 70; zu MIDAS s. S. 75–77.

99 Hierzu: C. Saro; Ch. Wolters: EDV-gestützte Bestandserschließung in kleinen und mittleren Museen. IfM, Heft 24, 1988.

100 Thesaurus Kultur. Internationaler Thesaurus für kulturelle Entwicklung, Bonn, Wien, 1992, Beispiel s. S. 241.
Ch. Wolters: Computereinsatz im Museum, IfM, Nr. 1, Juli 1995.

den. Dies tritt insbesondere durch die Vermischung von unterschiedlichen Begriffen auf einer Ebene, die z.b. den Bereichen Technik/Material, Inhalt/Thematik, Stil/Gattung entstammen, zutage. Eine klare Trennung und somit Schaffung individueller Thesauri wäre vonnöten gewesen. Der Begriff Malerei beispielsweise bildet den Oberbegriff für die unterschiedlichen Themenbereichen entstammenden Unterbegriffe Abstrakte Malerei, Freskomalerei, Religiöse Malerei, die im UNESCO Thesaurus gleichberechtigt nebeneinander existieren und nicht voneinander klar getrennt sind.

Klassifikation

»*Die Klassifikation ist ein Instrument zum Festzurren der Zuordnungen, wohingegen der Thesaurus Möglichkeiten einer losen Verbindung bietet. Beide haben Vor- und Nachteile.*«[101] Klassifikationen bestehen aus Notationen (Nummern und Unternummern), die die Einordung eines Objektes in eine starre, systematische Aufzählung ermöglichen.

Ein Beispiel aus der Social History and Industrial Classification (SHIC):

1. Gesellschaftliches Leben
1.4. Wohlfahrt und Wohlstand
1.4.2 Wohlfahrt

Thesaurus

Ein Thesaurus (Regelwerk) verbindet Begriffe durch Anordnungen (über- und untergeordnet), Synonyme und Verweise (Relationen) in einer lockeren, flexiblen Art und Weise miteinander. Für die Strukturierung eines Thesaurus bieten sich mehrere Ordnungskategorien (z.B.: Technik, Funktion, Form) an.

Vertikale Ordnung:
1. Uhr
1.1. Räderuhr
1.1.1. Großuhr
1.1.1.1. Wanduhr
1.1.1.1.1. Schwarzwälderuhr

---

101 In H. H. Clemens; Ch. Wolters: Sammeln, Erforschen, Bewahren und Vermitteln, IfM, Nr. 6, Juni 1996 werden Vor- und Nachteile von Klassifikationssystemen (wie z.B.: Knorr: Heimatmuseen der DDR, Trachsler: Systematik kulturhistorischer Güter, SHIC: Social History and Industrial Classification) und Thesauri miteinander verglichen. S.a.: C. Saro; Ch. Wolters: EDV-gestützte Bestandserschließung in kleinen und mittleren Museen, IfM, H. 24, 1988, Anhang S. 70.

Horizontale Ordnung:

Bahnwärteruhr – Hochzeitsuhr – Jockele-Uhr – Kuckucksuhr – Schottenuhr – Surreuhr

Bei diesem Beispiel handelt es sich um differenzierte Benennungen verschiedener Typen der Schwarzwälder Uhr.

ICONCLASS

Als eine Art Dezimalklassifikation der ikonographischen Darstellungsinhalte der abendländschen Kunst darf das Notationssystem ICONCLASS (ICONographic CLASsification System) bezeichnet werden.[102] Der alphanumerische Code gliedert sich in neun Hauptgruppen, die über zahlreiche Untergruppen verfügen:

1. Religion und Magie
2. Natur
3. Mensch
4. Gesellschaft, Zivilisation und Kultur
5. Abstrakte Ideen und Konzepte
6. Geschichte
7. Bibel
8. Literatur
9. Antike Mythologie und Geschichte
0. Abstrakte (nicht-gegenständliche) Gestaltung[103]

Ein Beispiel für eine Notation mittels ICONCLASS:
- Darstellung des St. Dominikus
  (Notation für Personennamen: 11 H (Dominikus)
- als Abt
  (Notation für den Stand von Geistlichen der Römisch-Katholischen Kirche: 11 P 31 53 11)
- Begründer des Dominikanerordens
  (Notation für die Namen von Sozietäten: 11 P 31 5 (Dominikaner)
- mit beiden Händen

---

102 Näheres s.a.: L. Heusinger: MIDAS Handbuch, 2. Auflage 1992, s. das Kapitel: Ikonographie und die ICONCLASS-Datei, S. 382–445. Über Retrieval-Strategien mit ICONCLASS s. C. Gordon: Patterns of User Queries in an ICONCLASS Database, in: Visual Resources, Vol. XII, 1996. Aktuelles s.:

Iconclass Research & Development Group: http://iconclass.let.ruu.nl/
103 Zur Problematik der Nutzung der ICONCLASS Notationen für die Beschlagwortung abstrakter Kunstwerke s.: B. Linz: Ansätze zur Inhaltserschließung abstrakter Kunstwerke, FH Postdam, 11.10.1996.

(Notation für die Darstellung des Menschen: 31 AA 25)
- einen Hund (34 B 11) haltend und
- sich vor der Ruine eines Klosters (11 Q 71 29) befindend.

Nur in Ländern mit einer stark zentralistischen Struktur oder mit Institutionen[104], die die Belange der Dokumentation im museologischen Bereich übergreifend koordinieren, konnten Ordnungssysteme, die sich durch einheitliche Eingabekriterien, Mehrfachklassifikation und monohierarchische Notationen auszeichneten, als Standards für den Datenaustausch entwickelt werden. Zu diesen Eigenschaften gehören die Vereinheitlichung der Daten durch die Benutzung von Klassifikationssystemen oder Thesauri[105], die Nutzung systematischer Register und die Festlegung zu verwendender Begriffe und Schreibweisen. Zu letzterem zwei Beispiele[106]:

Die Suche nach dem Begriff „Schuh" bringt Worte wie „Handschuh", „Schlittschuh", „Tischuhr", aber nicht verwandte Begriffe wie „Lederstiefel", „Pantoffel".

Um Datierungen in einer chronologischen Reihenfolge sortieren zu lassen, muß die Angabe der verbalen Datierung „augusteisch" in die betreffende numerische Datierung, also „27 v. Chr.–14. n. Chr." umgewandelt werden.

Daß ohne eine gemeinsame Sprache kein Datenaustausch möglich ist, zeigte das Scheitern des Projektes Datenbank Schweizerischer Kulturgüter (DSK) recht deutlich.[107] »Selbst Pessimisten«, so Markus Zürcher über die Schwierigkeiten der Verständigung, »durften davon ausgehen, daß sich auf der Grundlage der bereits bestehenden Inventare die für ein Register notwendigen sieben bis fünfzehn Kriterien mühelos erfassen liessen. Dem war nicht so. Herrscht in der Zunft über die in Zentimetern erfassbaren Bildabmessungen noch Einmütigkeit, so lässt sich über die Bildbeschreibung trefflich streiten und argumentieren. Dies ist Teil des wissenschaftlichen Geschäftes und auch legitim. Dem Vernehmen nach hat jedoch auch die Frage, ob nun der Gruppenbegriff Plastik

---

104 Comité International pour la Documentation (CIDOC), CIDOC Data and Terminology Working Group, Museum Documentation Assosciation (MDA), Canadian Heritage Information Network (CHIN), Getty Information Institute.

105 Hierzu: G. Wersig: Thesaurus-Leitfaden, 2. Aufl., 1985, insb.: Organisationsform der Thesaurus-Arbeit, S. 239–242. In diesem Zusammenhang sind die Standards ISO 5964 und ISO 2788: Documentation - Guidelines for the establishment and development of monolingual thesauri der International Or-

ganization for Standardization zu nennen. desw.: Ch. Wolters: Computereinsatz im Museum, IfM, Nr. 1, Juli 1995. s.a.: Museum Documentation Association (MDA): Terminology for Museums, Cambridge 21.-24.09.1988, ed. by D. A. Roberts, Conference Proceedings, 1990.

106 Ch. Wolters: Wie muß man seine Daten formulieren, IfM, H. 33, 1991, S. 30f., S. 18–20.

107 A. Claudel: Über Netzwerkstrukturen am Beispiel der Datenbank Schweizerischer Kulturgüter. in: H. Krämer; H. John (Hg.), Bedeutungswandel, 1998, S. 154–159.

oder Skulptur zu wählen ist, die Gemüter erhitzt.«[108] Diese Schwierigkeiten treffen
nicht nur auf technische Normen im Bereich der Datenfernübertragung, sondern
auch auf inhaltliche und formale Standards bei Datenfeldnamen, Objektbezeich-
nungen und Schlagworten zu. Von grundlegendem Interesse für eine später
internationale Kooperation bzw. einen fachwissenschaftlich spezifischen Datenaustausch ist die Orientierung an bestehenden Standards. Sowohl die Nichtbe-
achtung dieser Frage als auch die naive Übernahme irgendeines Standards kann
unter Umständen zu erheblichem Zeit- und Arbeitsaufwand bei der Erstellung
eigener bzw. bei der Korrektur fremder Beschlagwortungsstrukturen führen.

1.5. Zum Begriff der Datenbank und Collection Management Systeme

In der Informatik[109] versteht man unter einem Datenbanksystem bzw. Datenbank Management System (data base management system), auch Datenbank-
verwaltungssystem genannt, ein oder mehrere Programme zur Organisation von
untereinander in Beziehung stehenden Daten, die in Datenbanken angelegt sein
können. Fälschlicherweise wird häufig statt Datenbanksystem nur der Begriff
Datenbank verwendet. Dieser bezeichnet eigentlich jedoch nur eine Sammlung
von Daten bzw. die Informationen, die in einem Datenbanksystem gespeichert
sind. Die Information als kleinste Einheit (z.B.: Inventarnummer, Ankaufsdatum) ist in einzelne Datenfelder aufgeteilt. Die Gesamtheit der Datenfelder, die
alle Informationen zu einem Objekt beinhaltet, wird als Dokument begriffen und
als Datensatz bezeichnet. Eine Datei besteht aus Datensätzen, die aus inhaltlich
zusammengehörenden Arten von Informationen bestehen (z.B.: Künstlerdatei,
Restaurierungsdatei). Als Datenbank gilt die Fülle von Dateien nebst ihren ver-
bindenden Relationen.

Collection Management System
Unter Collection Management System wird ein Datenbank Management System
verstanden, das in erster Linie die Belange der Sammlungsverwaltung unterstützt. Dies beinhaltet die Maßnahmen der Inventarisierung und wissenschaftlichen Sacherschließung ebenso wie die durch Leihverkehr und Ausstellungsorga-

---

108 M. Zürcher: Zwischen Verfechtern und Verächtern: Die Datenbank Schweizerischer
Kulturgüter (DSK) 1992–1997, in: Bulletin,
SAGW, 1997, H. 4, S. 8–14, S. 10.
109 G. Vossen: Datenmodelle, Datenbanksprachen und Datenbank-Management-Systeme, 2. Aufl. 1994; R. Wilhelm: Informatik,
1996. Erwähnenswert, da leicht verständlich
ist auch: J. Gulbins, M. Seyfried, H. Strack-
Zimmermann: Elektronische Archivierungssysteme, 1993.

nisation entstehenden umfangreichen Produktionsabläufe.[110] Die Erwartungen, die von Seiten der Museen und der Kunstwissenschaft an Collection Management Systeme als künftige Medien einer fachgerechten Dokumentation gestellt werden, sind nach wie vor recht hoch. Albert Schug formulierte einst Mitte der achtziger Jahre folgende Anforderungen: »*Das System muß mit der gleichen Dokumentationstechnik alle Objekttypen erfassen können, einschließlich der biographischen, bibliographischen, geographischen und stratigraphischen, konservatorischen und naturwissenschaftlichen, ikonographischen und formalen, verwaltungstechnischen und finanziellen Angaben dazu. … Das gilt sowohl für den Eintrag für ein Versicherungsformular oder einen Leihvertrag, für die Erstellung eines Inventars, für die wissenschaftliche Recherche als auch für die Information des Museumsbesuchers. Mit diesen Forderungen ist notwendig auch die Grundbedingung verbunden, daß das System nur die Information gibt, die genau der Anfrage entspricht, und daß es diese Information vollständig gibt. … Es muß, und das ist allerdings sehr aufwendig, extrem benutzerfreundlich sein. Es muß sowohl bei der Dateneingabe als auch bei den Anfragen und Ausgabeanweisungen den Benutzer sozusagen bei der Hand nehmen und schnell in die gewünschte Frageformulierung bringen.*«[111] Von der praktischen Umsetzung dieser Vision einer ultimativen Datenbank für alle und für alles sind die Dokumentare, Archivare und Registrare derzeit aber noch weit entfernt. Dennoch nahm Schug mit dieser Vision bereits den Typus der Digitalen Sammlung (s. Kapitel 3.1.) vorweg, die im eigenen Haus als Collection Management System funktioniert und mit den anderen Institutionen durch die gemeinsame Nutzung von Metadaten mittels Internet bzw. World Wide Web die Informationen austauscht.

Grundsätzlich stellt sich die Situation des Einsatzes der EDV-gestützten Dokumentation in universitären Einrichtungen der Kunstwissenschaft anders als in Museen und Archiven dar. Zwar handelt es sich bei allen hier genannten Institutionen um historisch gewachsene, aber Museen und Archive sind aufgrund ihres Sammlungsschwerpunktes und ihrer Struktur stärker eigenständige Gebilde als die im universitären Lehrbetrieb fest verankerten kunsthistorischen Institute nebst ihrer Bibliothek, Phothek oder Diathek. Trotz der Unterschiedlichkeit in Struktur und Aufbau verfolgen Datenbanken in Museen, Archiven und universitären Instituten dennoch nicht wesentlich voneinander abweichende Ziele. Dennoch gibt es einen grundlegenden Unterschied. Die Komplexität einer Museumsdatenbank, wie Albert Schug sie oben formulierte, bleibt der Institutsdatenbank zwar erspart, doch stellen sich durch den Lehrbetrieb neue Anforde-

---

110 s. hierzu Fallbeispiele (Kapitel 2.6.) Archiv Wiener Secession und Kunstsammlung Nordrhein-Westfalen.

111 A. Schug: Systeme für eine Computerdokumentation im Kunstmuseum, in: H. Auer, ICOM, 1985, S. 128.

rungen. Es ist zu beachten, daß bei allen strukturellen Parallelen in Lehre und Forschung von voreiligen Übernahmen bestehender Systeme ohne vorherige Strukturanalyse dringend abzuraten ist. Jedes Museum oder kunstwissenschaftliche Institut hat die Möglichkeit eine institutionsimmanente Form der Organisation, Dokumentation und Vermittlung zu finden. Letztendlich sollte der individuelle Arbeitsprozeß die Anforderungen an das Datenbank Management System bestimmen.

1.6. Stand der Forschung

In den folgenden Kapiteln soll ein kurzer Überblick über die Literatur zu den Themenbereichen Museumsinformatik und Digitale Sammlung gegeben werden. Besonderes Augenmerk wurde hierbei auf Literatur und Forschungsstand zu System- und Strukturanalysen, als auch Projektmanagement von EDV-Projekten in Museen gelegt.

Seit Mitte der achtziger Jahre[112] gibt es – parallel zur rasanten Entwicklung der Computertechnologie – eine starke Zunahme an Veröffentlichungen zu einzelnen Aspekten des Themas. Museumsverbände[113] und Organisationen, zahlreiche Konferenzen[114], Tagungen, Symposien, Treffen der zahlreichen Arbeitsgruppen und auch einige fachspezifische Zeitschriften[115] tragen zu dieser fast unüberschaubaren Fülle von Publikationen bei. In der laufenden Diskussion nimmt das World Wide Web und das Internet einen immer stärkeren Stellenwert ein. Generell mangelt es an Bibliographien[116] und übergreifenden Darstellungen, die ver-

---

112 Zur historischen Entwicklung s.: O. Rump, EDV im Museum, 1994, Kapitel 3.

113 Neben den zahlreichen regionalen Verbänden und ihren Zeitschriften wie dem Landschaftsverband Rheinland (Museen im Rheinland) oder der Landesstelle für die nichtstaatlichen Museen in Bayern (als Mithg. der Kolloquiumsberichte der EDV-Tage Theuern), sind insbesondere die nationalen Museumsverbände und ihre Organe zu nennen: Deutscher Museumsbund (Museumskunde), Österreichischer Museumsbund (Neues Museum), Verband der Museen der Schweiz (Mitteilungsblatt), Museum Documentation Association (MDA news).

114 u.a.: ICOM / CIDOC (www.cidoc.icom.org); EVA: Electronic and Imaging in the Visual Arts (www.vasari.co.uk); Museums and the Web, ICHIM (www.archimuse.com); EDV-Tage Theuern.

115 Um nur die wichtigsten zu nennen: CIDOC Newsletter; Computers and the History of Art Journal; Histoire de l'Art et moyens informatiques; Archives and Museum Informatics: Cultural Heritage Informatics Quaterly; Spectra (Museum Computer Network); AKMB News; Computers and the humanities und die Materialien; Mitteilungen und Berichte aus dem Institut für Museumskunde SMPK Berlin. Näheres s. A. Claudel, Bibliographie, IfM, 1997, S. 10–13.

116 Eine rühmliche Ausnahme bildet A. Claudel, Bibliographie, IfM, 1997. Weitere Bibliographien ebenda, S. 10–11.

suchen, den Gesamtzusammenhang zwischen museologischer und universitärer Dokumentation, der EDV und den interdisziplinären, temporären Projekten aufzuzeigen. Wesentliche Standpunkte zur Diskussion, die auch vehement die Rolle und Verantwortung der Kunstgeschichte einforderten, enthielten die beiden Doppelnummern des Bulletins der AICARC.[117]

Einführende Literatur

Auch wenn die Museumsinformatik als eigener Forschungsschwerpunkt[118] in der gegenwärtigen Literatur der Informatik bisher noch keinen maßgeblichen Einfluß gefunden hat, ist sie vom informationswissenschaftlichen Standpunkt aus gesehen ein Teilbereich der Wirtschaftsinformatik. In Standardwerken der Informatik, wie beispielsweise Hans Robert Hansen[119], Gulbins et al.[120] oder Achim W. Feyhl und Eckhardt Feyhl[121], bleibt die Museumsinformatik bisher unerwähnt. Publikationen zum Management von EDV-Projekten aus dem Umfeld der Wirtschaftsinformatik stellen in der Regel keinerlei Bezüge zu den speziellen Problemen des EDV-gestützten Sammlungsmanagements im Museum her. Selbst bei lexikalischen Standardwerken, wie beispielsweise Hansen[122], finden Begriffe wie Collection Management System, Museumsinformatik oder Digitale Sammlung noch keine Erwähnung. Stattdessen hat man die Chance, grundlegende Kennt-

117 AICARC / Schweizerisches Institut für Kunstwissenschaft Zürich (Hg.): Automation takes Command: Art History in the Age of Computers, in: Bulletin of the Archives and Documentation Centers for Modern and Contemporary Art, Vol. 11/12, Nos. 21 & 22, 2/1984 & 1/1985; Computers and the Future of Art Research: Visions, Problems, Projects, Vol. 14/15, Nos. 25 & 26, 2/1986 & 1/1987.

118 Ausnahmen sind u.a. die Veröffentlichungen des Konrad Zuse Zentrums für Informationstechnologie Berlin, die seit Anfang der achtziger Jahre eng mit dem Institut für Museumskunde der SMPK kooperieren, der GFaI (Gesellschaft zur Förderung angewandter Informatik), die in Berlin als Mitveranstalter der jährlichen Konferenz EVA (Electronic and Imaging in the Visual Arts) verantwortlich zeichnen und in gewissem Maße auch die Fachzeitschrift Spectra des Museum Computer Network.

119 H. R. Hansen: Wirtschaftsinformatik 1. Grundlagen betrieblicher Informationsverar-

beitung, 7. Aufl., 1998; ders.: Arbeitsbuch Wirtschaftsinformatik. EDV-Begriffe und Aufgaben, 5. Aufl., 1997. Die im Rahmen der vorliegenden Arbeit verwendeten informationstechnologischen Fachtermini entstammen dieser und den beiden folgenden Publikationen.

120 J. Gulbins; M. Seyfried; H. Strack-Zimmermann: Elektronische Archivierungssysteme. Image-Management-Systeme, Dokument-Management-Systeme, Berlin, Heidelberg, 1993.

121 A. W. Feyhl; E. Feyhl: Management und Controlling von Softwareprojekten, Software wirtschaftlich entwickeln, einsetzen und nutzen, Wiesbaden, 1996.

122 Um den Aufbau betrieblicher Informationssysteme in ihrer ganzen Fülle darzustellen, muß bei H. R. Hansen als praktisches Fallbeispiel ein Lebensmittelfilialbetrieb herhalten.

nisse zum Management und Controlling von Softwareprojekten zu erhalten oder in die Arbeitsbereiche elektronischer Archivierungssysteme eingeführt zu werden.

Die wesentlichen, das Thema generell erläuternden Publikationen stammen zumeist aus dem museologischen und geisteswissenschaftlichen Bereich, d.h. von Archivaren, Kuratoren, Kustoden, Registraren und den Fragen der Dokumentation nahestehenden Geisteswissenschaftlern, die sich in die Problematik der EDV-gestützten Dokumentation eingearbeitet haben.[123] Dank eines mehrsprachigen Registers und eines üppigen Stichwortverzeichnisses gibt Anne Claudel[124] in ihrer 1997 erschienen ›Bibliographie zum Einsatz des Computers bei Sammlungsmanagement und -dokumentation‹ einen guten Überblick über den damaligen Stand der Literatur.

Zu den wichtigen generellen Werken zählen neben dem ›Report of the Commission on Museums for a New Century‹[125], insbesondere der ›Guide to Museum Computing‹ von David W. Williams[126], der Tagungsband der ersten Jahrestagung des britischen Museumsbundes Museum Documentation Association[127], das wiederaufgelegte Standardwerk ›Information management in museums‹ von Elizabeth Orna und Charles Pettitt[128] und nicht zuletzt die Auseinandersetzung mit Digitalen Sammlungen von Suzanne Keene.[129]

Die von der American Association of Museums im oben erwähnten ›Report of the Commission on Museums for a New Century‹ herausgegebene Vision künftiger Museen stellt das Zusammenspiel aller im Museum vorhandener Kräfte dar und gibt einen Einblick in die Aufbruchstimmung der achtziger Jahre. Angesichts der Positionierung der Museen innerhalb der kommenden Informationsgesellschaft und des Aufbaus einer Infrastruktur der Kommunikationstechnologie nahm in jenen Jahren die Vermittlung und Bereitstellung von Daten, das sogenannte »*information sharing*« in der »*wired society*« einen wesentlichen Anteil ein.[130]

Der Nutzwert von David W. Williams Klassiker ›Guide to Museum Computing‹[131] liegt eindeutig in der praxisnahen Sichtbarmachung der umfangreichen

---

123 Informatiker wie Carlos Saro (Berlin) oder Walter Koch (Graz) gelten hierbei eher als Ausnahmen.

124 A. Claudel: Bibliographie, IfM, H. 47, 1997.

125 American Association of Museums (Ed.): Museums for a New Century. A Report of the Commission on Museums for a New Century, 1984.

126 D. Williams, Guide to Museum Computing, 1987.

127 Museum Documentation Association (MDA): Collections Management for Museums, Conference of the MDA, Cambridge, 26.-29.09.1987, ed. by D. A. Roberts, 1988.

128 E. Orna; C. Pettitt (Hg.): Information management, 1998.

129 S. Keene, Digital Collections, 1998.

130 American Association of Museums, a.a.O. p. 26ff.

131 D. Williams, Guide to Museum Computing, 1987.

Problematik des Einsatzes der EDV-Technologie für die Sammlungsverwaltung. Hierin findet sich auch die Darstellung der Notwendigkeit einer exakten Analyse der Bedürfnisse und einer ausführlichen Planung.

Unter dem Titel ›Information handling in museums‹ erschien bereits 1980 ein grundlegendes Werk von Clive Bingley über die EDV-gestützte Informationsverarbeitung im museologischen Alltag. Dieses Standardwerk wurde von Elizabeth Orna und Charles Pettitt aktualisiert und durch zahlreiche Fallstudien ergänzt. ›Information management in museums‹[132] gibt einen Überblick über die veränderten Parameter im heutigen Umgang mit der Ressource Information. Die praxisnahen Fallstudien erlauben einen Einblick in die gegenwärtige Situation der Museumsinformatik in Großbritannien.

›Digital Collections. Museums and the Information Age‹[133] von Suzanne Keene hingegen ist wesentlich allgemeiner gehalten. Der Autorin geht es in erster Linie darum, den Leser generell zu informieren und nicht mit detailliertem Fachwissen zu verwirren. Keene umreisst die Problematik recht gekonnt und bietet durch die Angabe zahlreicher links weiterführende Informationen der jeweiligen Institutionen an.

Der Tagungsband der ersten Jahrestagung des britischen Museumsbundes Museum Documentation Association[134] darf aufgrund der Komplexität der dargestellten Bereiche der EDV-gestützten Dokumentation im Museum, der Übersicht über Organisationen und der internationalen Situation als Standardwerk bezeichnet werden. Diese Publikation spiegelt auch recht gut die gemäßigte Euphorie wider, die Mitte der achtziger Jahre in der Auseinandersetzung mit der EDV-gestützten Dokumentation vorherrschend war.

Für den deutschsprachigen Bereich gehören neben dem ICOM[135] Tagungsband von 1986, vor allem die ›Materialien‹ als auch die ›Mitteilungen und Berichte des Instituts für Museumskunde‹[136] der Staatlichen Museen zu Berlin Preußischer Kulturbesitz zu den grundlegenden Schriften. Gute Übersichten bietet neben ›EDV im Museum‹ von Oliver Rump[137], insbesondere die von Hubertus

132 E. Orna; C. Pettitt: Information management, 1998.

133 S. Keene, Digital Collections, 1998.

134 Museum Documentation Association (MDA): Collections Management for Museums, Conference of the MDA, Cambridge, 26.-29.09.1987, ed. by D. A. Roberts, 1988.

135 H. Auer (Hg.): Chancen und Grenzen, ICOM, 1986.

136 Insb. H. 24 (Saro; Wolters), H. 42 (Geschke), H. 47 (Claudel), die Mitteilungen und Be-

richte Nr. 1 (Wolters), Nr. 3 (Workshop), Nr. 6 (Clemens; Wolters), Nr. 8 (Waidacher), Nr. 10 (Scheffel) und Nr. 13 (Schuck-Wersig; Wersig; Prehn) sind für das Thema relevant. o.g. Unterlagen sind beim Institut für Museumskunde Berlin kostenlos erhältlich. Die wichtigen Arbeitsunterlagen H. 30 (Sunderland; Sarasan) und H. 33 (Wolters) sind gegenwärtig vergriffen.

137 O. Rump, EDV im Museum, 1994.

Kohle[138] herausgegebene Einführung ›Kunstgeschichte digital‹. Liegt der Schwerpunkt von Rump auf der historischen Entwicklung der EDV-gestützten Dokumentation, so geben die Autoren von ›Kunstgeschichte digital‹ einen Überblick über Aufgaben und Einsatzbereiche der EDV in der Kunstwissenschaft. Eine kurze, aber prägnante Einführung in die Belange der museologischen Sammlungsverwaltung und der EDV-gestützten Dokumentation bieten Walter Koch und Friedrich Waidacher.[139] Als Handwerkzeug für den täglichen Einsatz im Rahmen der EDV-gestützten Dokumentation sind die genannten Publikationen mit Ausnahme der Schriften des Instituts für Museumskunde jedoch nur in Maßen zu gebrauchen.

Sammlungsverwaltung, Inventarisierung und Dokumentation

Generelle Informationen über Sammlungsmanagement und Sammlungsverwaltung bietet Waidacher.[140] Insbesondere seine Anmerkungen zur Dokumentation geben einen grundlegenden Einblick in die Notwendigkeit und Wichtigkeit dieses Aufgabenbereiches. In seinem Handbuch zur Museologie[141] findet die EDV-gestützte Dokumentation untergeordnete, die Museumsinformatik sogar keinerlei Erwähnung.

In der von Herbst und Levykin[142] herausgegebenen Publikation zur Museologie werden die wesentlichen Einsatzbereiche und Probleme des Einsatzes der EDV in Museen vorgestellt. Als Vorbedingungen werden neben der »*strengen Formalisierung*«, der Benutzung »*eindeutiger Terminologie*« und dem Gebrauch von »*terminologischen Wörterbüchern, die alle Synonymbezeichnungen*« berücksichtigen, auch die Erstellung von generellen Parametern und spezifischen Merkmalen zur Datenfelderstellung genannt.

Ausgehend von der katastrophalen Lage der wissenschaftlichen Bestandsbearbeitung nahm Lutz Heusinger 1988 in seinem Entwurf zur EDV-gestützten Katalogisierung in großen Museen das Szenario einer Digitalen Sammlung vorweg.[143]

---

138 H. Kohle (Hg.): Kunstgeschichte digital, 1997.

139 W. Koch; F. Waidacher: Museumsinformatik, in: Neues Museum, hg. vom Österreichischen Museumsbund, 1995, Nr. 3 u. 4, S. 92–102.

140 F. Waidacher: Vom redlichen Umgang mit Dingen. Sammlungsmanagement im System musealer Aufgaben und Ziele, IfM, Nr. 8, Januar 1997.

141 F. Waidacher: Handbuch der allgemeinen Museologie, hg. von Oskar Pausch, 1993.

142 W. Herbst; K. G. Levykin (Hg.): Museologie, 1988, s. Kapitel 7.3.3. Die Schaffung eines automatisierten Informations-Recherche-Systems, insb. S. 167.

143 L. Heusinger: EDV-gestützte Katalogisierung in großen Museen, 1988. Mittlerweile wurde mit massiver Unterstützung von seiten der Volkswagenstiftung und der DFG durch den Auf- und Ausbau des Konsortiums DISKUS an der Realisierung dieser Ziele Heusingers gearbeitet. Lutz Heusinger: Sieben Jahre DISKUS. Ein Arbeitsbericht, Vortrag anläßlich der EDV-Tage Theuern, 24.9.1999

Hans-H. Clemens und Christof Wolters[144] geben anhand der Strukturierung von konventionellen Katalogisierungssystemen und der Berücksichtigung der CIDOC Anleitungen[145] einen grundlegenden Einblick in die Methodik der Museumsdokumentation und Sammlungsverwaltung. Ausgehend von der strikten Vorgabe, daß nur der Arbeitsprozeß die Anforderungen bestimmen kann, werden Szenarien entwickelt, die ein »*pragmatisch orientiertes Sammlungsmanagement mit dem Computer*«[146] aufzeigen. Projekte hingegen, die auf der »*Suche nach dem besten System*« in Form von umfassenden Pflichtenheften permanent wachsende Anforderungen an Hard- und Software stellen, seien zum Scheitern verurteilt. Den Autoren gelingt es, an praktischen Beispielen darzulegen, daß die »*Organisation und die Steuerung von Arbeitsprozessen bei der Gestaltung des Computereinsatzes eine zentrale Rolle*«[147] einnimmt. Die Umsetzung und Weiterführung der von Clemens und Wolters getroffenen Erkenntnisse, die schließlich in Richtlinien zur Durchführung eines Projektes hätten münden können, bleiben jedoch aus.

Die von der Arbeitsgruppe ›Inventarisierung und Dokumentation in Museen‹ (IDM) erstellte praktische Arbeitsanweisung der Inventarisierung mittels der IDM-Karteikarte[148] enthält eine grundlegende Einführung in die wissenschaftliche Inventarisierung. Die Problematik der »*Systemanalyse*« wird kurz angeschnitten und unter Hinweis auf bestehende Literatur und den zur »*sorgfältigen Planung unerläßlichen*« Einsatz der EDV durch einen Museumsberater geschickt umgangen.[149]

Hinter der von der Landesstelle für die Nichtstaatlichen Museen beim Bayerischen Landesamt für Denkmalpflege herausgegebenen ›Inventarisation als Grundlage der Museumsarbeit‹[150] verbirgt sich eine Empfehlung des Datenbank Management Systems HIDA als geeignetes Instrument zur Realisierung der Inventarisation. In erster Linie an die über 900 nichtstaatlichen Museen in Bayern gerichtet, ist die Publikation als eine generelle Einführung und Übersicht in die »*wissenschaftliche Inventarisation*« zu verstehen.

144 H. H. Clemens; Ch. Wolters: Sammeln, Erforschen, Bewahren und Vermitteln, IfM, Nr. 6, Juni 1996.

145 Comité International pour la Documentation (CIDOC) Services Working Group, Conseil international des musées, International Council of museums (ICOM): Kurzanleitung Inventarisierung Schritt für Schritt: Ein Objekt wird in die Sammlung aufgenommen, 1993, Deutsche Übersetzung, München, Bern, Wien, 1995.

146 H. H. Clemens; Ch. Wolters, a.a.O. S. 71.

147 H. H. Clemens; Ch. Wolters, a.a.O. S. 66 u. S. 67.

148 Museumsverband für Niedersachsen und Bremen (Hg.): Inventarisieren der Museumsbestände mit der IDM-Karteikarte, Hannover, 1994.

149 ebd. S. 13.

150 Landesstelle für die Nichtstaatlichen Museen beim Bayerischen Landesamt für Denkmalpflege (Hg.): Inventarisation als Grundlage der Museumsarbeit, München, 2. Aufl., 1993.

Datenstrukturierung und Datenfeldkataloge

Das Handbuch ›Wie muß man seine Daten formulieren bzw. strukturieren, damit ein Computer etwas Vernünftiges damit anfangen kann?‹ von Christof Wolters[151] darf als Standardwerk in Funktionsweise binärer Logik und Datenstrukturierung, d.h. der Bearbeitung der vorgefundenen Informationen in einzugebende Daten, bezeichnet werden. Es gilt als Grundlage in die Problematik der EDV-gestützten Dokumentation. In diesem leicht verständlichen, aber leider vergriffenen Handbuch werden die wesentlichen Aspekte zur Strukturierung von Informationen in datenbanksystemfähige Daten erläutert. Anhand von einprägsamen Beispielen führt Wolters in die komplexe Problematik formaler, inhaltlicher und struktureller Grundlagen für die Definition von Datenfeldern ein. Hierzu gehören u.a. Anmerkungen zur Zeichengenauigkeit von Begriffen, zur Machbarkeit der Volltextrecherche, zur Sortierung von Textdaten oder Inventarnummern und zum Umgang mit Daten flacher bzw. komplexer Datenstruktur.

Als Bericht der Arbeitsgruppe Dokumentation des Deutschen Museumsbundes wurde der bereits erwähnte Datenfeldkatalog zur Grundinventarisation angefertigt, der sich durch die Klarheit seiner Datenfeldbeschreibungen auszeichnet.[152] Der Datenfeldkatalog (s. Anhang) umfaßt 28 Kategorien, denen mehrere bereits vorhandene Regelwerke zugrunde liegen. Durch die Berücksichtigung der Regelwerke des Museumsverbandes für Niedersachsen und Bremen (IDM Karteikarte), des Westfälisches Museumsamtes, des Arbeitskreises Computereinsatz in Münchner Museen (AK CiMM), des Marburger Informations-, Dokumentations- und Administrations-Systems (MIDAS), des Rheinischen Museumsamtes, der Landesstelle für die Nichtstaatlichen Museen in Bayern und der Datenbank Schweizerischer Kulturgüter (DSK) konnte eine gemeinsame »*Software-neutrale*« Grundlage an Datenfeldern erstellt werden, die für eine »*Minimaldokumentation von Objekten aller Museumsarten*« ausreicht.[153] Die Herausgeber weisen daraufhin, daß die zur Umsetzung des Datenfeldkataloges in ein Datenbank Management System notwendigen Schritte »*von den Anforderungen der hausinternen Inventarisierung und Objektverwaltung*« abhängen und somit im Verantwortungsbereich des jeweiligen Museums verbleiben.

Planung und Projektverlauf

Elizabeth Orna und Charles Pettitt geben in »Information management«[154] in komprimierter Form den Verlauf der Einführung eines Datenbank Management Systems im Museum wieder.

---

151 Ch. Wolters: Wie muß man seine Daten formulieren, IfM, H. 33, 1991.

152 V. Pröstler: Datenfeldkatalog, 1993.

153 ebd. S. 12.

154 E. Orna; C. Pettitt: Information management, 1998, insb. Kapitel 8 ›Procuring and

David W. Williams[155] macht die umfangreiche Problematik des Einsatzes der EDV-Technologie für die Sammlungsverwaltung in Museen sichtbar. Seine Richtlinien – praxisnahe Erfahrungswerte[156], die Williams als Registrar machte, – dienen dazu, die hauseigenen Anforderungen zu lokalisieren, diese zu formulieren und somit »*the right Software*« und »*the right Hardware*« zu finden.[157] Als grundlegender Einstieg in den Bereich der EDV-gestützten Dokumentation ist das schon seit längerem vergriffene Werk unbedingt zu empfehlen, doch aufgrund der Inaktualität bezüglich gegenwärtiger Soft- und Hardware-Anforderungen dennoch nur in Maßen zu gebrauchen.

Stephen Toney[158] hingegen reißt das Thema zu oberflächlich an, indem er in seinem Beitrag nur auf die notwendigsten Planungstechniken eingeht, die von den »*User Requirements*« über das »*System Design*« hin zum »*System*« führen.

Die ›Einführung in die Museumsdokumentation. Übergang zum computergestützten Dokumentationssystem‹[159] der Datenbank Schweizerischer Kulturgüter geht in dieser Hinsicht wesentlich weiter. Die von Anne Claudel und Pia Imbach erstellte Unterlage bietet neben kurzen Begriffserläuterungen zu Dokumentation und Informatik einen guten Einblick in Planung und Durchführung von Informatik-Projekten in Museen.

Zur Implementierung von Datenbank Management Systemen verweist Wolters[160] auf ein Lernbuch von Jane Sunderland und Lenore Sarasan[161], das als ›Hilfe zur Selbsthilfe‹ verstanden werden will. Die Erarbeitung dieser Schrift schärft generell das Problembewußtsein, dient dem Erwerb von Grundkenntnissen in der EDV-gestützten Dokumentation und versteht sich als Hilfe zur Planung und Entscheidungsfindung bezüglich des geeigneten Datenbank Management Systems. Um die Arbeitsabläufe, die Einsatzbereiche und die Systemanforderungen festzustellen, wird in Form einer ›Do-It-Yourself Systemanalyse‹ die Verwendung von fünf verschiedenen Arbeitsblättern[162] vorgesehen: Datei-, Eingangs-/Aus-

---

installing a computerized information management system‹ und Kapitel 9 ›Organizing and running a computerized information management system‹.

155 D. Williams, Guide to Museum Computing, 1987.

156 Als Fallbeispiele dienen u.a. Delaware State Museum (Dover Delaware), Utah Museum of Natural History (Salt Lake City, Utah) und National Cowboy Hall of Fame (Oklahoma City).

157 D. Williams, Guide to Museum Computing, 1987, Kapitel 3 und 4.

158 S. Toney: Planning techniques for collections information systems, in: MDA: Collections Management for Museums, ed. by D. A. Roberts, 1988, p. 82–87.

159 Datenbank Schweizerischer Kulturgüter (Hg.): Einführung in die Museumsdokumentation, 1996.

160 Ch. Wolters, IfM, 33, 1991, S. 10.

161 J. Sunderland; L. Sarasan: Was muß man alles tun, IfM, H. 30, 1990.

162 ebd. S. 18–27.

gangs-, Datenfeld-, Verfahrens-Arbeitsblatt und eine Auszähl-Tabelle. Diese Angaben sind als IST-Analyse wesentlicher Bestandteil des Pflichtenheftes. Ein weiterer Teil des Handbuches enthält Checklisten für die Begutachtung und Auswahl von Computersystemen. Mit diesen Checklisten[163] bieten die Autorinnen zwar eine grundlegende Hilfestellung an, doch bedarf es guter Grundkenntnisse in Informatik, um hiermit arbeiten zu können. Die zur erfolgreichen Realisierung dringend notwendigen Hinweise zum Management eines solchen Projektes bleiben abgesehen von einigen wenigen generellen Hinweisen[164] jedoch unberücksichtigt.

Auch die Arbeitsgruppe Software-Vergleich in der Fachgruppe Dokumentation beim Deutschen Museumsbund weist in ihrem gleichnamigen Bericht[165] auf die Notwendigkeit einer »*sorgfältigen Bedarfsplanung*« hin, die sich in einer »*Analyse der Dokumentation, so wie sie zur Zeit existiert, also des IST-Zustandes (und nicht eines Wunschbildes der gegenwärtigen Situation)*« und in »*der Festlegung der Dokumentation, wie man sie anstrebt, d.h. des SOLL-Zustandes*« manifestieren muß. Weitere Hilfestellung hinsichtlich der Anfertigung einer solchen Strukturanalyse wird jedoch nicht gegeben.[166] Im Collections Management Software Review[167] des Canadian Heritage Information Network (CHIN) gibt es in komprimierter Form eine Checkliste, die als eine Art Vorstudie die wichtigsten Fragestellungen zur Beurteilung von Datenbankprogrammen darlegt. In der Review erhält man einen ausgezeichneten Überblick über die gegenwärtige Leistungsfähigkeit englischsprachiger Datenbankprogramme. Sowohl Klaus Ruwisch[168] als auch Hans-H. Clemens[169] geben in ihren Publikationen einen guten Überblick über die Notwendigkeit der Strukturanalyse als Fundament einer erfolgreichen Projektabwicklung und den Ablauf einer solchen Analyse. Gründlich und übersichtlich gegliedert wird die Problematik in dem praktischen Handbuch für die Planung eines digitalen Bildarchives für kulturwissenschaftliche Anwendungsbereiche

---

163 ebd. Checklisten im Anhang. s.a.: J. Sunderland; L. Sarasan: Checklist of Automated Collections Management System Features or, how to go about selecting a system, in: MDA: Collections Management for Museums, ed. by D. A. Roberts, 1988, p. 54–81.

164 ebd. p. 29–33; p. 48ff. insb. die Tips auf p. 48ff. haben angesichts der Komplexität der Durchführung eines solchen Projektes einen beinah ironischen Unterton.

165 Software-Vergleich Museumsdokumentation 1998. Fachgruppe Dokumentation, hg. von Westfälisches Museumsamt, 1998, S. 10.

166 Stattdessen wird auf bereits vorhandene bekannte Literatur wie Claudel, Ruwisch, Sarasan und Krämer verwiesen.

167 (www.chin.gc.ca/Resources/Collect_Mgmt/e _intro.html)

168 K. Ruwisch: Systemanalyse zur EDV-gestützten Bestandserschließung in kleinen und mittleren Museen, Westfälisches Museumsamt (Hg.), 1992.

169 H. H. Clemens: Systemanalyse und Datenkatalog, IfM; Konrad-Zuse-Zentrum für Informationstechnik Berlin, 1997.

des Österreichischen Instituts für Zeitgeschichte[170] dargestellt. Kurzdarstellungen bereits realisierter Projekte[171] runden neben einem Glossar und Literaturverzeichnis das Handbuch für den praktischen Gebrauch ab.

Publikationen, die anhand von praktischen Anwendungsbeispielen die Problematik der Einführung der EDV-gestützten Dokumentation im Museum in seiner Gänze darlegen, dürfen gegenwärtig noch als „Raritäten" bezeichnet werden. Insbesondere die Publikationen aus dem Institut für Museumskunde Staatliche Museen zu Berlin – Preußischer Kulturbesitz, die mittlerweile vergriffenen Arbeitsmaterialien der 1997 aufgelassenen Datenbank Schweizerischer Kulturgüter, das Standardwerk von Orna und Pettit, das Handbuch des österreichischen Instituts für Zeitgeschichte und die Publikation von Klaus Ruwisch bieten eine ausgezeichnete Arbeitsgrundlage. Aufgrund seiner strukturellen Klarheit und des leicht verständlichen Aufbaus durch Fragen und Antworten gilt die Einführung in die Museumsdokumentation der DSK[172] als vorbildliche und beste Einführung in die Problematik. Doch sind die zur erfolgreichen Durchführung des Projektes notwendigen Informationen zum Projektmanagement und detaillierten Projektablauf unterblieben. Ausführliche Angaben hierzu sind nur bei Hansen bzw. Feyhl und Feyhl, die auch eine Kostenberechnung von Projekten bieten, vorhanden.

---

170 M. Gaunerstorfer; G. Trimmel; P. E. Chlupac; G. Kapfhammer (Institut für Zeitgeschichte): Das digitale Bildarchiv für kulturwissenschaftliche Anwendungsbereiche. Von der Idee zur Realisierung, Schriftenreihe der Arbeitsgemeinschaft audiovisueller Archive Österreichs, Band 2, 1996.

171 Hierbei (a.a.O. S. 66ff.) handelt es sich um die Bilddatenbank des Bild- und Tonarchivs am Landesmuseum Joanneum in Graz, das digitale Bilddatenbanksystem am Institut für mittelalterliche Realienkunde Österreichs der Österreichischen Akademie der Wissenschaften in Krems und das radiologische Bilddatenbanksystem des Sozialmedizinischen Zentrums Ost der Stadt Wien.

172 Datenbank Schweizerischer Kulturgüter (Hg.): Einführung in die Museumsdokumentation, 1996.

2. Collection Management System

In diesem Kapitel wird der Versuch eines abstrakten Modells einer Strukturanalyse, wie sie für die Implementierung eines Collection Management Systems in Museen notwendig wäre, unternommen. Die Fallbeispiele in Kapitel 2.6. erlauben Einblicke in die praktische Umsetzung. Der Projektverlauf besteht aus folgenden Arbeitsschritten und Phasen:

2.1. Planung und Projektmanagement
· Zeit- und Maßnahmenplanung
· Initialisierung und Vorstudie
· Projektleitung und Projektmanagement

2.2. IST-Analyse
· Darstellung der historischen Entwicklung der Institution
· Struktur der Institution / Analyse der Sammlung
· Analyse des Sammlungsbestandes
· Analyse der Produktionsvorgänge und Nutzungsabläufe
· Bearbeitung des Bestandes
· Innen- und Außenbeziehungen der Institution
· Verwaltung / Administration
· Raum- und Funktionsprogramm
· Anhang zur IST-Analyse

2.3. SOLL-Konzept
· Aufgabenbereiche und Zielsetzungen
· Datenbank Management Systeme – zum Stand der technologischen Entwicklung
· Datenbank Management Systeme – Einige Beispiele
· Konzeption des Datenbanksystems: Funktionale Anforderungen

· Konzeption des Datenbanksystems: Datenfeldkataloge, Datenfelder und
Datenmodelle

2.4. Ausschreibung und Evaluation
· Anforderungen
· Bestbieterermittlung durch Leistungsverzeichnis und Bewertungsprotokoll
· Gesamtvergleich der Leistungen und Kosten
· Grundlegendes und allgemeine Anforderungen an den Anbieter

2.5. Fertigstellung
· Auftragsvergabe und Vertragsausarbeitung
· Konzeption des Feinpflichtenheftes
· Programmierung
· Testphasen und Endabnahme
· Wartung

2.1. Planung und Projektmanagement

Zeit- und Maßnahmenplanung

Die Planung eines solchen Projektes hat sich nach den individuellen Projektan-
forderungen zu richten.[173] Gerade für Institutionen mit starkem Ausstellungsbetrieb ist es – aufgrund der hiermit verbundenen zeitlichen und personellen Anforderungen – nicht immer leicht, für eine Kontinuität im Projektverlauf zu ga-
rantieren. Die Maßnahmen des Controlling und der Qualitätssicherung durch die
Fachplanungsgruppe und ggf. einen externen Konsulenten müssen über die gesamte Länge des Projektverlaufs andauern. Die optimale Projektdauer und die
Ermittlung der optimalen Anzahl der in das Projekt involvierten Mitarbeiter ist
entscheidend für eine erfolgreiche Durchführung des Projektes. Zu wenige Mitarbeiter sind durch die Komplexität der Anforderungen mitunter rasch überfor-
dert und benötigen u.U. einen hohen Zeitaufwand; zu viele Mitarbeiter hingegen
führen zu einem überhöhten Aufwand an Projektmanagement und somit leicht
zu Produktivitätseinbußen.

Zur Planung der Zeiteinteilung[174] des gesamten Projektes wird in der Folge der
Prozentanteil an der Gesamtprojektzeitdauer angegeben. Die Erläuterung der

---

173 Die Darstellung eines kompletten Netzplanes
mit sämtlichen Projektaktivitäten findet sich
in: A. W. Feyhl; E. Feyhl: Management und
Controlling von Softwareprojekten, 1996,
S. 212–215.

174 Die folgende Zeiteinteilung wurde aufgrund
der Projekterfahrungen des Verf. den Bedürfnissen der Museen angepaßt.

Abb. 2   *Zeit- und Maßnahmenübersicht*

Phase	Prozentanteil an der Gesamtprojektzeit (24 Monate)
1. Initialisierung	bis zu 4%
2. Vorstudie	bis zu 6%
3. IST-Analyse	bis zu 10%
Analyse der Bestände und Nutzungsabläufe	
Raum- und Funktionsprogramm	
Zwischenbericht	Meilenstein
4. SOLL-Konzept und Grobpflichtenheft	bis zu 30%
Konzeption des Datenbanksystems	
Diskussion und Abnahme	Meilenstein
5. Interessentensuche	6 - 10%
6. Ausschreibung	bis zu 7% (EU weit)
7. Bestbieterermittlung / Evaluation	bis zu 1%
Erstellung Leistungsverzeichnis	
Bestbieterermittlung / Evaluation	Meilenstein
8. Auftragsvergabe	bis zu 3%
Vertragsausarbeitung	
9. Konzeption des Feinpflichtenheftes	bis zu 30%
Diskussion mit Bestbieter und	
Fachplanungsgruppe	
10. Erstellung Vorentwurf durch Bestbieter	bis zu 10%
Präsentation und Abnahme	Meilenstein
11. Programmierung	bis zu 30%
12. Erste Testphase	bis zu 40%
Einschulung der Mitarbeiter	
Testphase und Korrektur	
13. Zweite Testphase	bis zu 20%
Testphase und Korrektur	
14. Inbetriebnahme	bis zu 3%
Endabnahme	Meilenstein
15. Erstellung Abschlußbericht	
16. Wartung	mind. 100%

einzelnen Begriffe erfolgt in den kommenden Kapiteln. Mit „Meilensteinen"
werden die wesentlichen Höhepunkte des Projektes wie beispielsweise Präsentation und Abnahme von Teilzielen hervorgehoben. Bei der Abbildung der Zeit-
und Maßnahmenübersicht wird von einer Gesamtprojektdauer von 24 Monaten
ausgegangen.

Initialisierung und Vorstudie

Der eigentlichen Strukturanalyse geht die Phase der Initialisierung voraus. In
dieser vorbereitenden Phase wird das zu erreichende Projektziel analysiert. Andere Institutionen werden bezüglich Erfahrungsaustausch und Empfehlungen
kontaktiert. Des weiteren werden Angebote für die Expertenbegutachtung eingeholt und jene zur Beurteilung der Gesamtsituation beauftragt. Diese, auch als
„Schwachstellenanalyse" bezeichnete Vorstudie dient zur Ausarbeitung der geeigneten Strategie und der weiteren Vorgehensweise. Der externe Berater erhält
grundlegende Informationen zur gegenwärtigen Situation, die neben den vorge-
sehenen Projektzielen auch Informationen zur Geschichte, Größe und zu den
Schwerpunkten der Sammlung, kurze Erläuterungen der Produktionsabläufe,
Ressourcen und Struktur des Hauses enthält.

Die Fragestellungen[175] auf den weiteren Seiten sind der Abschätzung der Lage
und der Analyse der Schwachstellen dienlich. Gegenüber Dritten rechtfertigen
sie den Einsatz eines EDV-gestützten Dokumentationssystems und geben Einblick in die Schwerpunktsetzung der Institution. Die Beantwortung dieser Fragestellungen erlaubt eine erste Annäherung, wozu und in welchen Bereichen ein
Datenbanksystem eigentlich genau eingesetzt werden soll. Zu diesen Einsatzbe-
reichen zählen beispielsweise Inventarisierung, Standortverwaltung, Leihverkehr, Ausstellungsorganisation[176] oder die Verwaltung eines Bildarchives. Im
Rahmen dieser Vorstudie werden auch die Zeit- und Maßnahmenpläne erstellt,
Personal-, Arbeitsaufwand und die Kosten des Projektes abgeschätzt.[177]

---

175 s.a.: E. Orna; C. Pettitt: Information management, 1998, p. 23. desw.: Collections Management Software Review des Canadian
Heritage Information Network:
www.chin.gc.ca/Resources/Collect_Mgnt/
e_intro.html

176 Auf die internationalen Richtlinien für die
Organisation großer Ausstellungen sei in
diesem Zusammenhang insbesondere ver-

wiesen. Réunion des responsables des
musées et institutions Européens et Américains, organisateurs des grandes expositions:
Empfehlungen für die Organisation großer
Ausstellungen, IfM, Nr. 9, Juni 1996.

177 Generell zur Kostenkalkulation: Organisati-
on und Kosten des Computereinsatzes bei
Inventarisierung und Katalogisierung, IfM,
Nr. 3, März 1997, S. 7–32.

Abb. 3 *Fragestellungen der Vorstudie*

SAMMLUNGSSTRUKTUR
- Welche Prioritäten hat das Museum bzw. die Institution?
  (z.B.: Sammlungsverwaltung, Ausstellungsorganisation eigener Wechselausstellungen, Vergabe von Leihgaben der Sammlung an Fremdausstellungen etc.)?
- Welches sind die wichtigsten Aktivitäten des Museums bzw. der Institution?
- Wer ist wofür zuständig? Gibt es evt. Arbeitsplatzbeschreibungen?
- Welche Sammlungsbereiche gibt es?
- Welche Schwerpunkte haben diese?
- Wie hoch ist der Gesamtbestand aller Objekte?
- Wie hoch ist der Teilbestand der einzelnen Sammlungen?

INVENTARISIERUNG UND DOKUMENTATION
- Kann ein Gesamtbestandskatalog bzw. Teilbestandskatalog ohne größeren Aufwand erstellt werden?
- Kann ermittelt werden, welchen Wert das einzelne Kunstwerk bzw. Objekt hat?
  (Schätzwert, Versicherungswert)
- Können Angaben zu Ankauf, Ankaufsdatum und Provenienz einzelner Objekte ermittelt werden?
- Wie werden Provenienz und Vorprovenienz ermittelt?
- Wie erfolgt der Ankauf? Und was umfaßt den Vorgang des Ankaufs?
- Wie wird mit Objekten verfahren, die zur Ansicht in das Museum kommen?
  (Lieferschein, Vergabe einer vorläufigen Inventarnummer, Versicherung)
- Welche Informationen gehören zu den Kerndaten?
- Greifen alle Mitarbeiter des Museums, die Informationen über ein Objekt benötigen, auf denselben Stand der Information zu?
- Oder gibt es in den jeweiligen Bereichen des Museums „Miniarchive", die unterschiedlich aktuelle Informationen zu dem Objekt aufweisen?
- Wie und womit wird derzeit inventarisiert / dokumentiert?
  (Inventarbuch, Inventarkartei, Hängeordner etc.)
- Wer ist bzw. wieviel Personen sind für die Inventarisierung zuständig?
- Wer ist bzw. wieviel Personen sind für die Dokumentation zuständig?
- Werden die bei der Inventarisierung bzw. Dokumentation erstellten Informationen kontrolliert?
- Wer kontrolliert dies und wie oft?
- Woraus bzw. aus wieviel Informationen besteht die Inventarnummer?
- Beinhaltet diese auch Hinweise auf den Standort des Objektes?
- Gibt es Klassifikationssysteme und welche Informationen enthalten diese?
  (Thesauri, Regelwerke, Beschlagwortungen)
- Gibt es auch noch ältere Inventarisierungssysteme?
- Woraus bestehen diese älteren Inventarisierungssysteme, sind diese noch gültig bzw. werden diese sogar noch fortgeführt?
- Seit wann wird dokumentiert?
- Wann wurde aktualisiert oder fanden Revisionen / Kontrollen der Eintragungen statt?

- Wie zuverlässig bzw. aktuell sind die vorhandenen Eintragungen?
  (Aktualiät der Eintragungen auf den Inventarkarten)
- Welche Informationen fehlen teilweise oder gänzlich im Inventar?
- Wie umfangreich ist der Bestandskatalog / die Dokumentation?
- Wie aktuell und wie vollständig ist der Bestandskatalog wirklich?
- Wie ist die allgemeine Zufriedenheit mit dem gegenwärtigen Zustand bzw. der gegenwärtigen Art und Weise der Inventarisierung und Dokumentation?
- Wo liegen Lücken oder Mängel?
  (Ermittlung der Produktionsabläufe sowie Zugriff, Aktualität, Kontrolle, Auswertung)
- Können bestehende Lücken in der Sammlung ermittelt werden?
  (Anforderung an gezielte Sammlungspolitik)
- Wer benutzt die Dokumentation? (Benutzergruppen und Häufigkeit der Benutzung)

STANDORT
- Kann nachgewiesen werden, ob sich das Objekt wirklich an seinem gegenwärtigen Standort befindet?
- Welche Werke befinden sich wo in der Sammlung / Depot?
- Wie können zusammengehörende Objekte wiedergefunden werden?
- Kann leicht nachgewiesen werden, welcher Rahmen / welche Kiste zu welchem Objekt gehört?
- Werden die Räumlichkeiten des Depots optimal genutzt?

WISSENSCHAFT UND FORSCHUNG
- Können die Objekte nach unterschiedlichen Kriterien (Gattung, Fertigungstechnik, regionale / nationale Zugehörigkeiten, übergeordnete Themenbereiche) geordnet werden?
- Kann der Ursprung von Informationen (z.B.: Zuschreibungen, Datierungen), d.h. welche Information von welchem Wissenschaftler stammt, nachgewiesen werden?
- Können aus dem Sammlungskontext ohne größere Mühen realisierbare Ausstellungskonzepte erstellt werden?
- Inwieweit finden Kriterien der Museumsvermittlung ihre Berücksichtigung bei der Konzeption von Ausstellungen?
- Inwieweit finden Kriterien der Museumsvermittlung ihre Berücksichtigung im Bereitstellen von Informationen?
- Wie wird mit Anfragen (z.B.: Fachwissenschaftler, Besucher, Schüler, fremdsprachige Anfragen) umgegangen? Wie werden diese beantwortet und wer tut dies?

AUSSTELLUNGSORGANISATION UND LEIHVERKEHR
- Wie arbeitsintensiv ist der Ablauf der Ausstellungsorganisation?
- Wie erfolgt die Arbeitsteilung in der Organisation von Ausstellungen?
- Welche Produktionsabläufe wiederholen sich?
- Können diese ggf. automatisiert werden?

SICHERHEIT
- Gibt es Charakteristika der Identifizierung des Objektes im Falle eines Diebstahls? (z.B.: Object ID)
- Kann leicht eruiert werden, welche Werke wie hoch und bei wem versichert sind?

RESTAURIERUNG UND KONSERVIERUNG
- Kann festgestellt werden, in welchem Erhaltungszustand sich das einzelne Objekt befindet?
- Wie kann der Umfang (finanziell und Leistungsumfang) der Restaurierungs- und Konservierungsmaßnahmen eines einzelnen Objektes ermittelt werden?
- Wie kann der Umfang (finanziell und Leistungsumfang) der gesamten Sammlung, also aller zu restaurierenden und zu konservierenden Objekte ermittelt werden?
- Wie kann ermittelt werden, welche Objekte dringend zu restaurieren oder zu konservieren sind? (Prioritätsliste)
- In welchem allgemeinen Erhaltungszustand befinden sich einzelne Sammlungsbereiche?

GENERELLE ANGABEN
- In welchem Zeitraum soll das Projekt der Einrichtung eines EDV-gestützten Dokumentationssystems realisiert werden?
- Gibt es einen fixen Termin? (z.B.: Herausgabe des Bestandskataloges anläßlich eines Jubiläums)
- Was soll konkret durch das EDV-gestützte Dokumentationssystem geschaffen werden? Die Festlegung einer realisierbaren Vorgehensweise als Zielvorgabe kann die Erstellung von Bestandskatalogen der gesamten Sammlung (Kerndaten) ebenso umfassen wie Inventarverzeichnisse der Neueingänge (z.B.: Kunstwerke eines bestimmten Zeitraumes) oder Inventarverzeichnisse bestimmter Sammlungsbereiche.
- Sind Sie sich der Maßnahmen bewußt, die zur Realisierung des Projektes durchgeführt werden müssen? Hierzu gehören u.a.
  - Freistellung von Personal
  - Reduzierung von zusätzlichem Arbeitsaufwand (wie z.B.: Übermaß an Ausstellungen)
  - Schaffung von Räumlichkeiten
  - Überarbeitung des alten Inventars
- Wieviel Personal steht wie oft für die Durchführung des Projektes zur Verfügung? (z.B.: ständige Mitarbeit, gelegentliches Hinzuziehen)
- Wer ist wofür zuständig? (Projektleitung, Projektmitarbeit, Mitglied der Fachplanergruppe)
- Wird EDV eingesetzt? (Nennung der Betriebssysteme, Hardware und Software, Anzahl der Arbeitsplatzrechner)
- In welchen Bereichen wird EDV eingesetzt?
- Welches ist der unmittelbare Anlaß zur Durchführung einer Strukturanalyse?

Projektleitung und Projektmanagement

Der Leiter der Institution bzw. des Museums bestimmt einen von den Kollegen anerkannten Mitarbeiter des Hauses als Projektleiter. Dieser ist für den Erfolg des Projektes verantwortlich und darf mittelfristig nicht sonderlich stark mit anderen Aufgaben belastet werden. Denn gerade ein solches Projekt bringt eine Fülle von Maßnahmen und Veränderungen. Veränderungen, die von den übrigen Mitarbeitern nicht nur positiv, sondern auch mit Skepsis betrachtet werden. Somit gehört zur Aufgabe des Projektleiters auch die Kommunikation mit den Mitarbeitern und die Schaffung einer konstruktiven Arbeitsatmosphäre. Alle Mitarbeiter des Hauses müssen kontinuierlich über den Verlauf des Projektes informiert werden. Gerade in diesem Zusammenhang spielt die Wahl des richtigen Projektleiters eine wichtige Rolle, denn die »*Verantwortung des Managements*« wird »*nicht immer ganz klar abgrenzbar sein, die Einstellung des Managements*« spielt »*aber eine zentrale Rolle.*«[178] Basierend auf der Vorstudie wird der Projektleiter einen auf die Bedürfnisse des Hauses zugeschnittenen Zeit- und Maßnahmenplan ausarbeiten und die inhaltliche Fachplanungsgruppe bestimmen.

Mittels der gängigen graphischen Gestaltungsmöglichkeiten erfolgt die Darstellung der Beschreibung aller logischen Strukturen im Rahmen des Projektes, die auch als Architektur (›information systems architecture‹) bezeichnet wird. Hierzu bieten sich unterschiedliche Modelle wie ›Organigramme‹, ›Funktionshierarchiebäume‹, ›Entity-Relationship-Modelle‹ und ›erweiterte ereignisgesteuerte Prozeßketten‹ (eEPK) an.[179] Sie dienen der Visualisierung der Organisation von Aufbau, Projekt und Ablauf. Die Projektplanung hingegen wird mittels des sogenannten ›Projektportfolios‹ durch die Elemente einer projektübergreifenden Bewertung, einer Machbarkeitsstudie und der Ressourcenplanung strukturiert. Für die Entwicklung von Informationsystemen greifen Tätigkeitkeits- und Entscheidungsmodelle, die vom ›Phasen-‹ oder ›Wasserfallmodell‹ bis hin zur komplexen Struktur eines ›Spiralmodells‹ reichen. Erstgenanntes setzt einen streng linearen Zeit- und Produktionsablauf voraus, letztgenanntes versteht sich als Dialoginstrument zwischen Entwickler und Anwender für wiederkehrende Produktionsabläufe und Aufgaben.

---

178 Ch. Wolters: Das Management und der Computer, IfM, 1995, S. 4.

179 Hierzu: H. R. Hansen: Wirtschaftsinformatik 1, 7. Aufl., 1998, insb. Kapitel 2: Planung und Entwicklung von Informationssystemen.

2.2. IST-Analyse

Die IST-Analyse versteht sich als Phase der Reflexion und dient im Hinblick der Schaffung einer Diskussionsgrundlage der Analyse der gegenwärtigen Situation. In den nachfolgenden Kapiteln werden nun die einzelnen aufeinanderfolgenden Schritte des Verlaufs einer IST-Analyse dargelegt.

Historische Entwicklung der Institution

Die Darstellung der Entwicklung der Institution bzw. der Sammlungen dient zum grundlegenden Verständnis der historisch gewachsenen Struktur der Sammlung, der dort gepflegten Dokumentation und der Nutzungsabläufe. Sollten sich innerhalb der Institution unterschiedliche Sammlungsbereiche befinden, ist deren Sammlungsentwicklung separat darzustellen, wie es im Fallbeispiel des Bildarchivs der Österreichischen Nationalbibliothek geschehen ist (s. Kapitel 2.6.). Nur in seltenen Fällen liegt die historisch gewachsene Dokumentations- und Nutzungsablaufstruktur einer Institution in schriftlicher Form vor. Zumeist wird sie mündlich tradiert von Mitarbeitergeneration an Mitarbeitergeneration weitergegeben und durch die langjährige Erfahrung der Mitarbeiter und deren eingespielte Arbeitsweise maßgeblich getragen. Dieses Wissen über System und Abläufe zu objektivieren und aufzuzeichnen, ist eine der zentralen Aufgaben der IST-Analyse.

Struktur der Institution und Analyse der Sammlung

Die Analyse der Struktur der Institution dient dazu, die Hauptaufgabenbereiche zu ermitteln. Diese können je nach Ausrichtung der Institution unterschiedlich sein. So haben Institutionen ohne eigene Sammlung, wie Kunsthallen beispielsweise, eine verstärkte Ausrichtung im Bereich des Vermittelns durch Ausstellungen, ausstellungsbezogene und somit temporäre Publikationen und Führungs- und Vermittlungsangebote. Bei Museen treten hinzukommend die Tätigkeiten ihre Sammlung betreffend in den Vordergrund der Analyse. Hierzu gehören in erster Linie Erwerbung, Bearbeitung, Erhaltung, Forschung, öffentliche Nutzung aber auch Leih- und Entleihverkehr.

Die Analyse der Sammlung hat das Ziel, die Bestände sowohl qualitativ als auch quantitativ abzuschätzen. Neben den Inhalten der Sammlung gilt hierbei den Forschungsschwerpunkten der Institution ein besonderes Augenmerk. Des weiteren werden die genauen Bezeichnungen und Kurzbezeichnungen der Sammlungsbereiche, Projekte bzw. Sonderarchive festgelegt und deren Inhalte und Forschungsschwerpunkte ermittelt. Angaben zu Standorten, den verantwortlichen Personen und zur öffentlichen bzw. nicht öffentlichen Zugänglichkeit runden die Informationen ab.

Um die Aufgabenbereiche der einzelnen Mitarbeiter konkret zu erfassen, werden Arbeitsplatzbeschreibungen erstellt. Dies sollte beide Sichtweisen beinhalten, d.h. sowohl von der Direktion als auch vom jeweiligen Mitarbeiter aus betrachtet. Erst durch die beiderseitige Beschreibung der Aufgabenbereiche und der Tätigkeiten werden etwaige Probleme, wie beispielsweise fehlende oder doppelt belegte Aufgabenbereiche sichtbar. Die einzelnen Tätigkeiten sollten durch die Angabe von Prozenten in ihrer Priorität und in ihrem Umfang bewertet werden.

Hierzu ein Beispiel: Mitarbeiter XY:

1. 10% Inventarisierung, wissenschaftliche Bearbeitung und Erschließung der Graphik zur Erstellung eines Bestandskataloges aller Sammlungen
2. 10% Erstellung eines neuen Präsentationskonzeptes für die Graphik
3. 70% im Rahmen eines externen Ausstellungsprojektes wissenschaftliche Bearbeitung und Erschließung der englischen Druckgraphik 1750 bis 1850
4. 10% Beratung und wissenschaftliche Recherchen bei Anfragen

Dies bedeutet, daß die Erstellung des Bestandskataloges und der Neupräsentation der Graphik zwar oberste Priorität hätte, der zuständige Mitarbeiter aber aufgrund eines externen Ausstellungsprojektes für diese Aufgaben keine Zeit mehr findet. Es stellt sich die Frage, durch welche Maßnahmen der betreffende Mitarbeiter ggf. entlastet werden kann bzw. welche Auswirkungen die gegenwärtige Situation auf die Planung des Bestandskataloges hat.

Analyse des Sammlungsbestandes

Nun findet die inhaltliche, quantitative und materielle Konkretisierung der Sammlungsbestände statt. Der jeweilige Bestand wird zuerst in seiner typologischen Struktur klassifiziert. Dann ergänzen Angaben zum Bearbeitungsgrad und Erhaltungszustand die Angaben zu dem betreffenden Bestand. Für eine ggf. vorzunehmende Überarbeitung der Informationen ist auch der Stand der Erschließung, also die Aktualität der Daten zu ermitteln. Entspricht beispielsweise die sich auf dem Dia befindende Datierung dem letzten Stand der Forschung? Oder muß dieser erst ermittelt werden? Und wer tut dies?

Hinzu kommt der jährliche Zuwachs des Bestandes, dessen unterschiedliche Erwerbsmöglichkeiten (z.B.: Ankauf, Tausch, Schenkung) ebenfalls prozentual erfaßt werden müssen. Wesentlich für die Bestandsanalyse der Sammlung sind auch die Standortangaben, die neben der Systematik der Aufstellung auch Angaben über die Formatgrößen enthalten sollten. Im Rahmen der IST-Analyse erkannte Probleme und Fragestellungen sollten unbedingt thematisiert und zur Diskussion gestellt werden. Generell gilt, daß Anregungen der MitarbeiterInnen zur Veränderung bzw. Behebung der Probleme äußerst willkommen sind.

Produktionsvorgänge und Nutzungsabläufe

Die auch als Funktionsanalyse bezeichnete Analyse der Produktionsvorgänge und Nutzungsabläufe hat die Aufgabe, all jene Fakten und Arbeitsabläufe nachvollziehbar darzustellen, die für die spätere Konzeption des Datenbanksystems relevant sind.[180] Um sich einen Überblick über die Vielfalt der verwendeten Formulare, Listen etc. und deren jeweiligen Informationen zu verschaffen, werden alle benutzten Materialien gesammelt und nach Zugehörigkeit bzw. nach Nutzungsabläufen sortiert, durch ihre Funktion mit Namen bezeichnet und durchnummeriert. Auf diese Weise erhält man eine Übersicht der gegenwärtig in der Institution verwendeten Formulare.

Zum Beispiel:
1. Hängeliste[181]
2. Leihvertrag Inland
3. Leihvertrag Ausland
4. Transportliste
5. Versicherungsliste
6. Bestellformular für die Anfertigung von Reproduktionen

Die Nummern der verwendeten Formulare werden in die Spalten eines XY Koordinatensystem eingetragen, die jeweiligen auf dem Formblätter vorkommenden Einzelfelder in die Zeilen (s. folgende Abbildung). Angaben zu öffentlich zugänglichen oder internen Formblättern, zur Art des Formblattes (z.B.: Formular, Karteikarte, Liste, Verrechnungsformular etc.), zum Zugriff und zur Freigabe durch bestimmte Benutzergruppen runden die Analyse ab. Somit ergibt sich eine Übersicht über die derzeit gebräuchlichen Formblätter und ihre Felder. Die als XY Koordinatensystem entstehende Tabelle kann entweder in einer Spalte von oben nach unten gelesen werden. Sie enthält dann alle zu einem Formular gehörenden Felder. Oder die Tabelle kann von links nach rechts gelesen werden. Dann enthält sie alle Formulare, auf denen dieses einzelne Feld auftaucht. Die Tabelle dient dazu, redundante Informationen, Abläufe und die Sinnhaftigkeit bzw. Notwendigkeit der eingetragenen Informationen zu ermitteln.

---

180 So ist »die intime Kenntnis der Arbeitsabläufe die beste Grundlage für die Beurteilung eines Programmsystems.« H. H. Clemens; Ch. Wolters: Sammeln, Erforschen, Bewahren und Vermitteln, IfM, Nr. 6, Juni 1996, S. 68.

181 Bei der Hängeliste handelt es sich um ein nach Räumen geordnetes Verzeichnis der »hängenden« bzw. ausgestellten Kunstwerke.

Abb. 4   *Analyse der verwendeten Formblätter und der benötigten Felder*

Nummer des Formblattes	1	2	3	4	5
öffentlich	x	x	x	x	
intern					x
Art des Formblattes					
Vertrag		x			x
Formular	x			x	
Liste			x		
...					
Zugriff durch					
Direktion	x	x	x	x	x
Administration		x		x	
Ausstellungskurator	x	x	x		x
...					
Einzelne Felder					
Inventarnummer	x	x	x	x	x
Künstlername	x		x	x	x
Titel	x		x	x	x
Datierung	x			x	x
Fertigungstechnik / Material	x			x	x
Maße	x				
regulärer Standort	x				
gegenwärtiger Standort				x	x
Versicherungswert				x	x
Name der Versicherung				x	x
Transport hin					x
Transport retour					x
...					

Durch eine ergänzende Liste von Fragen, die von den Mitarbeitern der Institution beantwortet werden, können redundante Informationen zusammengefaßt, Arbeitsabläufe ggf. zusammengelegt und überflüssige Formulare eingespart werden. Die als notwendig erkannten Felder und Formulare, Listen etc. dienen zugleich der Konzeption der Datenfelder und der Masken des künftigen Datenbanksystems, die dann im SOLL-Konzept (s. Kapitel 2.3.) konkretisiert werden. Diese Liste zur Analyse der vorhandenen Fomulare etc. beinhaltet folgende Fragen.

Abb. 5   *Liste zur Analyse der vorhandenen Formulare*

- Prüfen Sie die einzelnen Formulare auf ihre Notwendigkeit.
- Können Formulare eingespart werden? Welche?
- Markieren Sie diese bitte.
- Prüfen Sie die einzelnen Felder auf ihre Notwendigkeit.
- Können Felder eingespart werden?
- Welche Felder können Ihrer Ansicht nach eingespart werden?
- Welche Felder können Ihrer Ansicht nach nicht eingespart werden?
- Markieren Sie diese bitte.
- Fehlen Felder?
- Wenn ja, benennen Sie diese.
- Entstehen neue Formulare?
- Wie sollen diese Ihrer Ansicht nach benannt werden?
- Welche Felder sollen diese neuen Formulare enthalten?
- Was wäre Ihrer Ansicht nach noch hilfreich / sinnvoll?
- Versetzen Sie sich bitte auch in die Lage Ihres Kollegen bzw. des Benützers.

Bearbeitung des Bestandes

Die Analyse der Bearbeitung des Bestandes beinhaltet die Auflistung und Funktionsbestimmung der Instrumente der Bearbeitung, also aller Formulare, Verzeichnisse, Listen etc., die im täglichen Produktionsablauf in Gebrauch sind. Zu diesen Instrumenten der Bearbeitung gehören auch Einlauf- bzw. Urheberrechtsbücher, Inventarbücher, Inventarkarteien, diverse Karteikartsysteme, aber auch allgemeine Bezeichnungen und Nummerierungen wie Einlaufzahlen, Urheberrechtsnummern, Signaturen, Inventarnummern und Standortbezeichnungen. All diese vorgefundenen administrativen Hilfsmittel werden in kopierter Form in einem separaten Anhang zur IST-Analyse wiedergegeben. Der Schwerpunkt der Analyse liegt im Nutzungsablauf der Bearbeitung der Bestände. Sie umfasst das Wie (z.B.: Ankauf, Schenkung, Schriftentausch, Eigenproduktion von Reproduktionen) und das Was (z.B.: Objekte unterschiedlichster Gattungen, Ektachrome, Photos, Publikationen) der Erwerbung.

Der Produktionsablauf selbst gliedert sich einerseits in die Sacherschließung, die aus dem Akt der Inventarisierung bzw. Katalogisierung besteht und andererseits in die wissenschaftliche Weiterbearbeitung bzw. deren Auswertung durch die wissenschaftliche Forschung. Unter Sacherschließung wird generell die Inventarisierung und Katalogisierung von Neuzugängen und von noch nicht erschlossenen Altbeständen verstanden. Die Sacherschließung ist die Voraussetzung für die späteren Zugriffsmöglichkeiten der Forschung auf die Sammlungsbestände. Die wissenschaftliche Erschließung hingegen zielt auf Erlangung von Forschungserkenntnissen, wobei mit dieser Arbeit häufig auch die Sacherschließung verbunden ist. So bedarf es bei nicht erschlossenen Beständen, für die es keine ausreichenden Informationen gibt, intensiver wissenschaftlicher Recherchen, um die Sacherschließung durchführen zu können. In diesen Fällen sind Sacherschließung und wissenschaftliche Erschließung gleichzusetzen. Bei Erwerbung von Konvoluten kann von der Sammlungsleitung versucht werden, eine rasche Bearbeitung durch gezielte wissenschaftliche Projekte oder Forschungsaufträge zu erreichen. Die Instrumente der Bearbeitung, die einzelnen Produktionsvorgänge und Nutzungsabläufe der Bearbeitung werden in dieser Phase der Analyse berücksichtigt.

Innen- und Außenbeziehungen der Institution
Die Analyse der Innenbeziehungen der Institution offenbart die Abläufe zwischen den internen Produktionsstätten. Hierbei wird der Zusammenhang eigenständiger Bereiche wie Bibliothek, Museumspädagogische Dienste, Photolabor, Photothek, Diathek, Restaurierungswerkstätten, Sicherheitszentrale, Depotverwaltung, aber auch öffentlichkeitsbezogene Bereiche wie Museumsshop, Veranstaltungsservice, Café und Restaurant zur Gesamtstruktur der Institution hinterfragt. Diese Bereiche transferieren eine Vielzahl von unterschiedlichen Informationen, die von bestimmten Personen zu gewissen Zeitpunkten zu bestimmten Zwecken benötigt werden. Diese Relationen müssen analysiert und definiert werden, um einen späteren reibungslosen Ablauf der Prozesse innerhalb der Produktion gewährleisten zu können.

Ebenfalls müssen die Außenbeziehungen der Institution betrachtet werden. In diesem Zusammenhang ist zu beachten, daß es sehr wohl zu Überschneidungen mit den Innenbeziehungen kommen kann. So können beispielsweise vom Museumspädagogischen Dienst angebotene Führungen auch vom Bereich Öffentlichkeitsarbeit organisiert werden. Auch hier fallen wiederum zahlreiche Nutzungsabläufe an, die es festzuhalten und in ihrer momentanen Notwendigkeit zu hinterfragen gilt. Besonderes Augenmerk sollte hierbei auf unklare Zusammenhänge und Schwierigkeiten in der Zuordnung von Verantwortlichkeiten gelegt werden.

Verwaltung / Administration
Der Bereich der Verwaltung / Administration umfaßt eine Fülle von Tätigkeiten, die nur teilweise in unmittelbaren Zusammenhang mit der Bestandserweiterung

(z.b.: Verrechnung im Rahmen der Ankaufstätigkeit) oder dem Leihverkehr (z.b.: Abrechnung der Kuriere, der Versicherung, der Speditionen) stehen. Sollte dies zutreffen, müssen diese Bereiche in der IST-Analyse angeführt werden. Häufig sind die statistischen Auswertungen Bestandteil der Tätigkeit der Verwaltung. Die Anforderungen an die benötigten Jahresstatistiken (z.b.: Besucher pro Jahr, Katalogverkäufe pro Jahr), Monatsstatistiken (z.b.: Neuerwerbungen (bei Objekten: Inventarnummer, Bezeichnung, Ankaufspreis), Besucher pro Monat / Woche / Tag, Rahmenveranstaltungen (z.b.: Anzahl und Titel) der Führungen), personelle Daten (z.b.: Arbeitstage, Abwesenheit, Dienstreisen, Urlaub) sind zu analysieren und als Auswertungen des künftigen Datenbanksystems festzulegen.

Raum- und Funktionsprogramm
Die Analyse der Räumlichkeiten ermöglicht einen Überblick über die gegenwärtige Nutzung und Funktion. Hierbei sollten, ausgehend von Grundrissen der jeweiligen Etagen, die öffentlichen und nicht öffentlichen Bereiche dargestellt werden. Bei der Analyse des Raum- und Funktionsprogramms ist folgendes zu hinterfragen:

· Werden die vorhandenen Räumlichkeiten optimal genutzt (Verwaltung, Forschung, nicht öffentliche Sammlungsbereiche, Lager, Restaurierungswerkstätten)?
· Ist die Wegeführung der Besucher, Mitarbeiter und Anlieferer optimal und den Aufgabenbereichen entsprechend zielführend angelegt?
· Wo gibt es Unschlüssigkeiten, Überlagerungen, Sicherheitsprobleme (Fluchtwege)?

Um etwaige Raum- und Funktionsveränderungen im SOLL-Konzept ersichtlich zu machen, werden in der IST-Analyse alle vorhandenen Räumlichkeiten durchnummeriert, mit einem Raumnamen bezeichnet und ausgemessen. Hiernach wird der Raum einem übergeordneten Bereich zugewiesen (z.b.: nicht öffentliche Sammlung, Verwaltung, öffentlicher Bereich), die gegenwärtige Nutzung benannt und die Verbindungen zu den Nebenräumen aufgelistet. Ergänzt werden diese Raumangaben durch Informationen über dort stattfindende Aktivitäten (z.b.: 1 Arbeitsplatz für Volontäre, Katalogisierung und Recherche in der Altkartei, Depot für Druckgraphik), den Raumbestand (z.b.: 1 Schreibtisch mit PC, 1 Karteikastenschrank mit Karteikästen für Altkartei, 2 Graphikschränke) und möglichen Anregungen, die schon auf das SOLL-Konzept verweisen.

Die Gestaltung von Raum- und Funktionsplänen hat unmittelbare Auswirkungen auf die Ordnung und den Zugriff auf die Objekte innerhalb des Depots.[182] Fragen, die sich hierzu stellen, lauten:

- Wie ist die Aufbewahrungssystematik im Depot strukturiert?
  (übersichtlich nach Größe oder Format geordnet?)
- Wie wird mit dem Zuwachs an Objekten umgegangen?
  (Gibt es genug Platz für die nächsten 3–5 Jahre, 100 oder 1.000 Objekte etc.?)
- Wurden bei der Aufbewahrung konservatorische (Gruppierung von Objekten, die eine bestimmte Luftfeuchtigkeit / Lux-Zahl vertragen) oder restauratorische (Gruppierung von Objekten in schlechtem Zustand) Kriterien berücksichtigt?
- Wurden bei der Ordnungssystematik inhaltliche, wissenschaftliche, systematische, sammlungsbezogene Kriterien berücksichtigt?

Anhang zur IST-Analyse
Hier werden zahlreiche und unterschiedlichste Arbeitsmaterialien des täglichen Gebrauchs wie Formulare, Statistiken, Inventarbücher, Karteikarten etc. in Auswahl zur Dokumentation beigelegt. Da sich der Text der IST-Analyse exemplarisch auf diese Arbeitsmaterialien bezieht, sind diese Kopien zum tieferen Verständnis der Produktionsabläufe und der Gesamtstruktur der zu analysierenden Institution unbedingt notwendig. Die Auflistung der kopierten Dokumente sollte nach dem Inhaltsverzeichnis der IST-Analyse erfolgen und den jeweiligen Kapiteln nachgegliedert sein.

2.3. SOLL-Konzept

Das Sollkonzept versteht sich als gedankliche Vorwegnahme der künftigen Anwendungen. Es erläutert die von der Fachplanungsgruppe erarbeitete Möglichkeit und Konzeption einer EDV-Lösung für ein künftiges Datenbank Management System, das die Nutzungsabläufe der Institution optimal unterstützt. Kernstück eines SOLL-Konzeptes ist die Konzeption von Funktions- und Datenmodellen. Als Pflichtenheft beschreibt es die qualitativen und quantitativen Anforderungen an das zu programmierende Datenbank Management System in

---

182 »Die in der Dokumentation zu schaffenden Ordnungssysteme sind vernünftigerweise komplementär zu der Ordnung im Depot – so wird ein bestimmtes Ordnungskriterium bzw. ein Verweis auf den Standort in dem einen Museum eine zentrale Rolle spielen und in dem anderen völlig überflüssig sein.« H. H. Clemens; Ch. Wolters: a.a.O., S. 17.

Verknüpfung mit produktions- und verwaltungstechnischen, sowie wissenschaftlichen Bedürfnissen. Des weiteren legt das SOLL-Konzept aufgrund der ermittelten Prioritäten die künftigen Produktionsabläufe und die weitere Vorgangsweise fest. Auch Kosten und Folgekosten, die durch Implementierung des Systems, Wartungs- und Beratungskosten, Systemerweiterung, Mitarbeitereinschulung, Aufarbeitung der vorhandenen Daten (z.b.: Altbestand, Karteien, Diathek) und künftiger Datenpflege entstehen, werden berücksichtigt. Kurz-, mittel- und langfristige Zielvorgaben umfassen den sinnvollen Einsatz der vorhandenen Ressourcen, Analysen zur gezielten, weiteren Nutzung der Innen- und Außenbeziehungen und nicht zuletzt die Positionierung der Institution durch die Schaffung einer digitalen Corporate Identity.

Aufgabenbereiche und Zielsetzungen

Aufgrund der in der IST-Analyse eruierten Arbeits- und Aufgabenbereiche muß im Rahmen des SOLL-Konzeptes die Konzeption der künftigen, durch das Datenbank Management System unterstützten Arbeits- und Aufgabenbereiche folgen. Diese Konzeption beinhaltet ebenso zu definierende Mitarbeiterstellen (z.b.: Systemadministrator, web-master), Verantwortungsbereiche (z.b.: digitale Nachbearbeitung etc.), als auch den Zugriff durch autorisierte Gruppen auf bestimmte Informationen.

In der folgenden Auflistung werden die Aufgabenbereiche angeführt.

Abb. 6 *Arbeits- und Aufgabenbereiche*

1. Bereitstellung der Materialien und der dazugehörenden Daten (Inventarkarten)
2. Scannen der Vorlagen und digitale Nachbearbeitung
3. Überprüfung, Korrektur und Ersteingabe der Kerndaten
4. Wissenschaftliche Weiterbearbeitung
5. Eingabe von werkbiographischen bzw. -bibliographischen Angaben
6. Aufarbeitung des Altbestandes
7. Datenpflege und Aktualisierung
8. Endkontrolle der Daten
9. Technische Betreuung der Hard- und Software
10. Systemadministrator
11. Verwaltung objektbezogener Daten (z.B.: Zustandsberichte) durch Restaurierung
12. Standortverwaltung (sachgemäße Archivierung und Lagerung der Kunstwerke, Photos, Ektas, Autographen etc...)
13. Abwicklung des Leihverkehrs
14. Produktion und Bereitstellung von printfähigen Vorlagen
15. Konzeption und Betreuung der web site
16. Auswertung bestehender Informationen durch Neue Medien und die Multimedia-Technologie

Unbedingt müssen die zu erreichenden Ziele klar definiert werden, denn die Zielsetzungen des Projektes haben unmittelbare Auswirkungen auf die Planung der Kosten, Sachausgaben und Personalstellen. Nachfolgekosten und realer Arbeitsaufwand werden zumeist unterschätzt. So ist beispielsweise der Arbeitsaufwand der technischen Betreuung der Hardware, der übrigen technischen Geräte, des Datenbank Management Systems, der Systemadministration und ggf. auch noch der web site von einer Person nicht leistbar. Dies hat entweder Konsequenzen auf die Personalstellen oder auf die Zielsetzungen des Projektes.

Die zu erreichenden Ziele müssen realisierbar sein. Nicht zuletzt aus Gründen der Mitarbeitermotivation, der Gefahr der Fluktuation von Mitarbeitern und der Rechenschaft gegenüber öffentlichen bzw. finanzierenden Stellen bieten sich kleinere, leichter zu realisierende Etappen an. Zur Definition bescheidenerer und praktischer Zielvorgaben führte auch die Erkenntnis, »*daß die Totalerfassung zu lange dauerte, zu viel Geld kostete und daß es schier unmöglich war, die Erfassungsmethoden zu vereinheitlichen.*«[183] Nachfolgend werden einige der Zielsetzungen für die Erstellung eines Collection Management Systems definiert.[184]

Abb. 7 *Zielsetzungen*

Langfristige Ziele
· Inventar des gesamten Bestandes (Kerndaten)
· Inventar des gesamten Bestandes (Kern- und Sekundärdaten)
· Inventar des gesamten Bestandes (Text- und Bilddaten)

Mittelfristige Ziele
· Inventar eines Teilbereichs der Sammlung
· Inventar der Objekte in den Depoträumen
· Inventar der Werke eines bestimmten Künstlers
· Inventar der Werke einer bestimmten Werkstätte
· Inventar der Werke zu einem bestimmten Ereignis
· Inventar der Werke einer bestimmten Gattung
· Inventar der Werke eines bestimmten Zeitraums
· Inventar der Werke einer bestimmten regionalen Zuschreibung
· Inventar der Objekte, die dringend zu restaurieren / konservieren sind
· Inventar der beliebtesten Objekte oder der Objekte nach denen am häufigsten gefragt wird (z.B.: Aufnahmen eines bestimmten Ortes, bestimmtes Sujet)

---

183 Ch. Wolters: Einsatz des Computers für Dokumentationszwecke im Museum, in: Inventarisierung, hg. vom Rheinischen Museumsamt, 1985, S. 54; 61.

184 Ein Teil der Zielsetzungen ist der folgenden Publikation entnommen: Datenbank Schweizerischer Kulturgüter (Hg.): Einführung in die Museumsdokumentation, September 1994, S. 7f.

Kurzfristige Ziele
- Kurzinventar zur Bestandsaufnahme
- Kurzinventar zur Indexierung der Kartei
- Kurzinventar zur Beantwortung von Anfragen
- Inventar von Objekten anläßlich einer Ausstellung
- Inventar der Objekte, die ausgeliehen werden
- Inventar der Neuzugänge
- Inventar der Objekte, die gegenwärtig in der Schausammlung ausgestellt sind

Datenbank Management Systeme – zum Stand der technologischen Entwicklung[185]

Angesichts des derzeitigen Forschungsstandes in der Entwicklung von Datenbank Management Systemen[186] findet eine Hinwendung von einer technologiebezogenen zu einer stark anwendungsbezogenen Ausrichtung statt. Sogenannte ›Offene Systeme‹, aus großflächigen Netzwerken und vielfältigen Rechnern gebildet, prägen diese Epoche des Kommunikationszeitalters und gestatten einen Informationsaustausch zwischen Hard- und Software unterschiedlichster Art. ›Verteilte Anwendungen‹ und ›wissensbasierte Prozeßunterstützung‹[187] bieten neue Qualitäten, Formen der Arbeit und Möglichkeiten der Forschung. Aber um diese angebotenen Dienste und Informationssysteme optimal und übergreifend zu nutzen, müssen auch neue Formen der Ordnung und Strukturierung gefunden werden. Normen und Standards, festgelegte Prinzipien und geregelte Methoden werden für den Datenaustausch immer notwendiger.[188] Dies hat auch unmittelbare Auswirkungen auf die Datenbankforschung.

185 s.a.: H. Krämer: Irgendwo zwischen Logik und Ikonik. Zur Planung, Entwicklung und Anwendung von Datenbanksystemen in der Kunstwissenschaft und in Museen, in: H. Kohle (Hg.): Kunstgeschichte digital, 1997, S. 64–96.

186 Zur Begriffserläuterung s. Kapitel 1.5. Eine Einführung in die Gesamtproblematik bietet: G. Vossen: Datenmodelle, Datenbanksprachen und Datenbank-Management-Systeme, 2. Aufl. 1994. desw. zur Informatik generell: R. Wilhelm: Informatik. Grundlagen, Anwendungen, Perspektiven, 1996. Erwäh-

nenswert, da leicht verständlich ist auch: J. Gulbins, M. Seyfried, H. Strack-Zimmermann: Elektronische Archivierungssysteme. Image-Management-Systeme, Dokument-Management-Systeme, 1993.

187 R. Klamma: Vernetztes Verbesserungsmanagement mit einem Unternehmensgedächtnis-Repository, Dissertation, Lehrstuhl für Informatik V, RWTH Aachen, 2000.

188 Insb. Ch. Wolters: Computereinsatz im Museum. Normen und Standards und ihr Preis, IfM, Nr. 1, Juli 1995.

Entity Relationship Modelle

So führte die Forderung nach ›Programm-Daten-Unabhängigkeit‹ – dies bedeutet, daß verwaltete Daten und programmierte Strukturen unabhängig voneinander existieren – die Forschung in den siebziger und achtziger Jahren von Datenbanken hierarchischer Strukturen über die Entwicklung von ›relationalen Datenbanksystemen‹ und ›erweiterten Entity Relationship Modellen‹ hin zu ›Objektorientierten Datenbanken‹. Waren hierarchische Datenbanken noch durch das strenge Prinzip der über- und untergeordneten Verzweigung in Form von Baum- oder Aststrukturen gekennzeichnet, erlauben die Anfang der siebziger Jahre von Edward F. Codd (IBM) entwickelten relationalen Datenmodelle von der mathematischen Theorie der Relationen ausgehend die Darstellung der unterschiedlichen Beziehungen von Daten in Tabellenform.[189] Mit Hilfe der Boolschen Operatoren (Negation, UND-, ODER- Verknüpfungen etc.) können Daten verknüpft, gesucht, geändert und erweitert werden. Im Entity Relationship Modell (ERM) werden Informationen mit Hilfe von drei einfachen Begriffen dargestellt: ›Entitäten‹ stellen die Objekte dar, ›Attribute‹ geben die Eigenschaften dieser Objekte wieder, und ›Beziehungen‹ (relationships) zeigen die Verbindungen zwischen den Objekten auf. Mittlerweile findet man unter den Erweiterungen dieses Datenmodells, dem sogenannten EER-Modell[190] (Erweiterte Entity Relationship Modelle) die Entwicklungen der Vererbung von Attributen (attribute inheritance), der untergeordneten Klassen (subclass) und der übergeordneten Klassen (Superclass), als auch semantische Datenmodelle wie das Modell RM/T oder das u.a. in der Sprache DAPLEX programmierte ›funktionale Datenmodell‹, das eine Darstellung der Beziehungen zwischen Daten durch das mathematische Konzept der Funktion erlaubt.

In den hieraus entwickelten objektorientierten Datenbanksystemen (z.B.: ORION, ODE) wird nun »*jede reale Entität als ein Objekt mit einer eindeutigen Identität dargestellt, wobei jedes Objekt zu einer Klasse*«[191] oder auch unterschiedlichen Datenbanksystemen gehören kann. Das objektorientierte Datenbanksystem fungiert als Koordinator und erlaubt die konfliktfreie Kooperation von Daten und unterschiedlichsten Datentypen in heterogen verteilten Datenbanksystemen. Objekte können schließlich unabhängig ihrer Speicherung in Haupt- oder Sekundärspeichern nach dem Cluster-Konzept gefunden, miteinander verbunden und gruppiert werden. Sie erlauben durch diese Strukturierung eine Verbesserung der Zugriffsgeschwindigkeit und somit der Leistung eines Datenbanksystems.

---

189 Aus der Vielzahl der Veröffentlichungen E. F. Codds sei hier genannt: A relational model for large shared databanks, in: Communications of the ACM, Vol. 13, 1970, S. 377–387.

190 J. G. Hughes: Objektorientierte Datenbanken, 1992.

191 ebd. S. 133.

Picture Queries

In letzter Zeit treten verstärkt Bestrebungen zu ›Image Informations Systemen‹[192] und sogenannten ›Picture Queries‹ zutage. Maßgeblich an der Untersuchung und Forschung beteiligt waren die Institutionen, die im Rahmen des EU-Projektes VASARI[193] involviert waren. Gegenüber den schon klassischen Bildverarbeitungssystemen (Image Processing System) mit den Aufgabenbereichen der Bildanalyse, der Bildverbesserung und der Mustererkennung lassen sich in neueren Image Informations Systemen folgende Ansätze unterscheiden: Neben Möglichkeiten der Mustererkennung, die zur Formanalyse und Konstruktion von Formen führen, finden sich auch Beschreibungen von Formen, Farben oder räumlichen Relationen in einer *»Syntax der künstlerischen Formen«*[194] als Möglichkeiten der Bildidentifikation.

Auf dem Weg zu den ›Picture Queries‹ oder ›Queries by Image and Video Content‹ fällt weiterhin auf, daß Suchabfragen nach bildimmanenten Informationen nicht mit Text, sondern auch mit anderen Methoden (wie Farbe, Skizzen, Konturen) gemacht werden können, d.h. *»räumliche Entitäten (Objekte) und Relationen (Merkmale) tragen in Bildern zunächst keine semantischen Inhalte (Informationen).«*[195] Die Methoden der Picture Queries bieten eine ganze Reihe von Möglichkeiten der Erkennung und Strukturierung von Bildinformationen.[196] So können z.b.: die Kanten durch schärfere Zeichnung stärker hervorgehoben bzw. durch Verschwimmen der Kanten (blurring) aufgehoben werden oder unterschiedliche Blickwinkel (Auge des Betrachters, mögliche Kameraposition, veränderte Raum- und Lichtverhältnisse) simuliert werden oder Fragen nach Ähnlichkeiten der Oberflächentextur, Form und Farben gestellt werden. Wurden bisher Bilder mit hohem Abstraktionsgehalt als Komposition (z.B.: ein Werk des lyrischen abstrakten Expressionismus als mäßig gestische Abstraktion) umständlich sprachlich oder durch die ICONCLASS-Notationen[197] unzutreffend beschrieben, so bieten sich dank dem QBIC System künftig interessante Möglichkeiten der Katalogisie-

192 R.-D. Hennings: Grundlagen zur technischen Realisierung, in: derselbe (u.a.): Digitalisierte Bilder im Museum, IfM, Band 14, 1996, S. 122–182.

193 A. Hamber und J. Hemsley: VASARI - A European Approach to Exploring the Use of Very High Quality Imaging Technology to Painting Conservation and Art History Education, in: Archives & Museum Informatics, 1991, S. 276–288.

194 W. Vaughan: Computergestützte Bildrecherche und Bildanalyse, in: H. Kohle (Hg.): Kunstgeschichte digital, Berlin, 1997, S. 104.

195 R.-D. Hennings, a.a.O., S. 132.

196 M. Flickner, H. Sawhney u.a.: Query by Image and Video Content: The QBIC System in: Computer, 1995, September, Vol 28, No. 9, pp. 23–32. desw. diverse Abstracts und Berichte über IBM's Query by Image Content (QBIC) Programm namens Ultimedia Manager 1.1.

197 B. Linz: Ansätze zur Inhaltserschließung abstrakter Kunstwerke und Möglichkeiten der Einbindung in MIDAS, Abschlußarbeit IID FH Postdam, 11.10.1996.

rung und Recherche durch Vergleiche von Formen, Struktur, Komposition und Farben. So erforschte die Gesellschaft zur Förderung angewandter Informatik im Rahmen des EU-geförderten Projektes VASARI die Möglichkeiten des ›Pattern Coding Retrieval‹ am Beispiel antiker Keramikscherben und Fragmenten von Wand- und Deckenmalerei.[198] In diesem Umfeld ist auch das von William Vaughan initiierte Bilderkennungsprogramm ›Morelli‹ (Matching of Relatable Library Images) des Birkbeck College London anzusiedeln.[199]

Einige Beispiele für Datenbank Management Systeme

Im folgenden werden einige wenige Datenbank Management Systeme und Produkte vorgestellt, wie sie im museologischen und kunstwissenschaftlichen Bereich derzeit ihre Anwendung finden. Die hier vorgestellte Auswahl darf nur als eine kleine exemplarische, aus einer Fülle von angebotenen Produkten verstanden werden. Auf der CIDOC Konferenz in Stavanger (Juli 1995) wurde die Tätigkeit der Arbeitsgruppe ›Database Survey‹ eingestellt, da es nach Meinung der Arbeitsgruppenmitglieder angesichts der Schnelligkeit der technologischen Entwicklung keine Möglichkeit eines Überblicks über entwickelte Produkte mehr gibt. Um so hervorhebenswerter sind die Bemühungen zahlreicher Institutionen zu werten, die in mehreren Umfragen den Stand der EDV-gestützten Dokumentation in Museen und Archiven erhoben haben. Hierzu zählen die Datenbankerhebungen des CIDOC[200], der Datenbank Schweizerischer Kulturgüter[201], des Institutes für Kulturwissenschaft[202] in Wien und die Umfrage in deutschsprachigen Museumsbibliotheken durch die AKMB[203] ebenso, wie die Umfrageinitiative in mitteleuropäischen Museen durch Jana Bahurinska.[204] Der in den Jahren 1997/98 von der Fachgruppe Dokumentation beim Deutschen Museumsbund durchgeführte Software-Vergleich[205] gibt einen guten Überblick über die meisten

198 G. Stanke: Pattern Coding Retrieval for Puzzling of Archaeological Objects, in: EVA, Conference Proceedings, National Gallery London, 29.07.1993, p. 58–66.

199 W. Vaughan: Computergestützte Bildrecherche und Bildanalyse, in: H. Kohle (Hg.): Kunstgeschichte digital, Berlin, 1997, S. 97–105.

200 H. H. Clemens: CIDOC-Datenbankerhebung, IfM, März 1993.

201 Datenbank Schweizerischer Kulturgüter (Hg.): Informatik und Dokumentation in Museen, Nr. 1, November 1994; dieselbe: Informatik und Kulturgüterdokumentation, Ergänzungen zu Nr.1 / 1994, Juni 1995.

202 H. Krämer: Museumsdokumentation in Österreich, in: Qualität und Dokumentation. CIDOC Jahrestagung 1997, Textbeitrag Nr. 1.

203 s. AKMB: www.uni-duesseldorf.de/ulbd/akmb/akmb_n0.html

204 J. Bahurinska: Múzeum 4, 1996, p. 46–51.

205 s. Software-Vergleich Museumsdokumentation 1998; Für Museen in Deutschland: H. H. Clemens: CIDOC-Datenbankerhebung, IfM, März 1993. Weitere Informationen geben O. Rump, EDV im Museum, 1994 und die Software-Besprechungen der Zeitschrift ›Museum Aktuell‹, die jedoch mit Vorsicht zu geniessen sind, da der Herausgeber in erster Linie ein bestimmtes Produkt verkaufen möchte.

gegenwärtig im deutschsprachigen Raum eingesetzten Programme (allegro-HANS, CMB Storager, Dada, Dr.Doc, Faust, FirstRumos, GOS, HiDA, ImageFinder Museo, IMDAS-Pro, M-BOX, MOVplus, robotron*BIDOK/M, AUGIAS-Museum, DAVID, LARS, MuseArch und MUSYS). Als wichtigste Ergänzung zu den deutschsprachigen Produkten gilt der bereits erwähnte Collections Management Software Review[206] des Canadian Heritage Information Network. Die dritte Auflage der Evaluation hauptsächlich englischsprachiger Datenbankprogramme ist gegenwärtig in Vorbereitung. Um in den Genuß der Beurteilungen zu gelangen, muß man jedoch Abonnent sein.

Im vorliegenden Kapitel erschien eine Unterteilung in hierarchische, relationale und objektorientierte Datenbanksysteme wenig ratsam. Viel eher sollen einerseits fachspezifisch entwickelte Datenbank Management Systeme (Textbasierte Datenbanksysteme, Collection Management Systeme, Bilddatenbanksysteme) vorgestellt und andererseits unabhängig der benutzten Datenbankarchitektur und Programmiersprache ausgewählte Beispiele gezeigt werden. Neben der generellen Unterscheidung in offene und speziell für Dokumentationsanforderungen erstellte Programme[207] gilt als Einordnungskriterium der Grad der Anpassungsmöglichkeit an die Bedürfnisse der Institution und der Benutzer. Programme wie FirstRumos oder MOVplus, die vom Benutzer nicht selbständig angepaßt werden können, stehen hierbei den Bedürfnissen individuell zu gestaltenden Anwendungsprogrammen wie CMB-Storager, GOS, HiDA, ImageFinder Museo, IMAGO, IMDAS, M-Box gegenüber.

Alle hier angeführten Collection Management Systeme verfügen über gewisse Vor- und Nachteile, die sich in unterschiedlichsten Aspekten darstellen. Nur eine klare Definition der eigenen Bedürfnisse kann helfen, sich im ›Dschungel digitaler Systeme‹[208] zurechtzufinden. Die Kenntnis der hier vorgestellten Beispiele kann m.E. keineswegs die Durchführung einer institutsinternen Strukturanalyse ersetzen, aber den zeitlichen und finanziellen Aufwand durch einen zielgerichteten Vergleich mittels Bewertungsprotokoll und Evaluation (s. Kapitel 2.4.) der vorhandenen Datenbank Management Systeme erheblich abkürzen.

---

206 (www.chin.gc.ca/Resources/Collect_Mgnt/e_intro.html)

207 Zu den offenen gehören Datenbanksysteme, die auf Programmen wie FileMaker Pro, Fox-Pro, MS-Access, MS-SQL-Server, 4th Dimension erstellt wurden. Zu den spezialisierten Datenbanksystemen zählen Faust, GOS, HiDA, LARS.

208 So lautete der gleichnamige Titel einer Fortbildungsveranstaltung, die vom Rheinischen Archiv- und Museumsamt 1997 im Wallraf-Richartz-Museum Köln ausgerichtet worden ist.

HiDA

›Hierarchischer Dokument Administrator‹[209] (HiDA) bezeichnet das ursprünglich textbasierte Datenbanksystem, welches 1985 von der Bonner Firma Startext programmiert auf dem Betriebssystem DOS erschien. HiDA zugrunde liegt das Regelwerk Marburger Informations-, Dokumentations- und Administrations-System (MIDAS). Angeregt durch zahlreiche Diskussionen kam es zur Programmierung der wesentlich benutzerfreundlicheren Version 2.1. als Windows-Variante.[210] Unter der Bezeichnung HiDA3 erschien im Winter 1997 ein Update, das sich neben der verbesserten graphischen Oberfläche durch die Möglichkeiten der Bildanbindung auszeichnet.[211] Diese Version wurde als 32-Bit-Anwendung neu programmiert, läuft nun unter Windows 95, Windows 98 und Windows NT und verfügt über umfangreiche Retrieval-Möglichkeiten. Neben MIDAS wurde bei der Strukturierung der Daten auch der Datenfeldkatalog der Landesstelle für die nichtstaatlichen Museen in Bayern, des Museumsverbandes für Niedersachsen und Bremen, der Sächsischen Landesstelle für Museumswesen, des Westfälischen Museumsamtes und des CIDOC berücksichtigt.

Videomuseum

Hinter dem etwas irreführenden Namen Videomuseum verbirgt sich keinesfalls eine Sammlung von Videofilmen, sondern eine Institution, die für 43 französische Museen moderner und zeitgenössischer Kunst eine umfangreiche Datenbank aufgebaut hat.[212] Das Videomuseum wird von Jean-François Depelsenaire geleitet. Neben der Hauptaufgabe der Datenbankbetreuung und -organisation ist das Videomuseum mit einem auf CD-ROM erschienen ›dictionnaire

209 Aktuelle Angaben zu HiDA (http://www.startext.de/HiDA3) s.: Software-Vergleich Museumsdokumentation 1998, S. 26–27. R. Denzin: HiDA3 - Reengineering eines Dokumentations- und Inventarisierungssystems, in: EDV-Tage Theuern, Tagungsbericht, 1997, S. 64–69. Natürlich kann hier nicht die ganze Literatur zu HiDA wiedergegeben werden. Dennoch sollte auf den Schlagabtausch zwischen dem anonymen Verfasser der Software Rezension E.B.(?): Die Software-Besprechung: Kritisches zu HiDA, in: Museum Aktuell, 1996, Juni, Heft Nr. 10, S. 199–200 und K. Ruwisch (Leserbrief als Entgegnung in: Museum Aktuell, 1996, September, S. 315. hingewiesen werden, da hier die Für und Wider erörtert wurden.

210 V. Pröstler: Inventarisation als Grundlage der Museumsarbeit. hg. von der Landesstelle für die Nichtstaatlichen Museen, 1993 und ders.: EDV-gestützte Inventarisation und Inventarverbund. Bestandsaufnahme und Perspektive. in: EDV-Tage Theuern, Tagungsbericht, 1991. hierzu auch: T. Nagel, Computer und (Kölner) Museen, in: Kölner Museums-Bulletin, 1992, Heft 3.

211 P. Eßer: HiDA3, in: Museum Aktuell, 1996, Heft Nr. 10, S. 201–203. Um den Verbreitungsgrad der HiDA-Anwender zu zeigen, sei an dieser Stelle auf die Verteilung der Lizenzen hingewiesen: 103 Systeme auf OS/2, 232 Systeme auf DOS und 123 Systeme auf Windows.

212 s. http://www.videomuseum.fr/bdd/organism/mnam/mnaminf.htm

multimédia de l'ART moderne et contemporain‹ und dem Projekt ›magnets‹[213] in Erscheinung getreten. Letzteres war ein Projekt der EU, welches unter der Leitung von Xavier Perrot die Erstellung eines Netzwerkes aller europäischen Museen, Ausstellungsinstitutionen und Forschungseinrichtungen moderner und zeitgenössischer Kunst zum Ziel hatte. In der Datenbank des Videomuseums sind neben allen öffentlichen Sammlungen auch der Fonds National d'Art Contemporain (FNAC) und der Fonds Regional d'Art Contemporain (FRAC), sozusagen die Bundes- und Landessammlungen vertreten. Die Datenbank verwaltet gattungsübergreifende Information zu 130.000 Kunstwerken von über 1.800 internationalen Künstlern. Von den genannten Werken gibt es derzeit auf zwei Bildplatten lagernd digitale Bilder von 90.000 Kunstwerken. Da von der französischen Kulturverwaltung die Notwendigkeit von standardisierten Eingabemöglichkeiten, identischen Datenfeldern und einem einheitlichen Thesaurus schon recht früh erkannt worden war, benutzen alle am Projekt beteiligten Museen dasselbe Datenbanksystem. Die eingegebenen Objektdaten nebst Photomaterial eines Museums gelangen zum Videomuseum nach Paris. Dort werden die Daten überprüft (z.b.: unterschiedliche Schreibweisen von Künstlern), das Photomaterial bearbeitet. Text- und Bilddaten werden separat verwaltet, d.h. dem Benutzer stehen zu Suchabfragen auch zwei Monitore, je einer für Text und Bild, zur Verfügung. Die Bilddaten sind hierbei auf einer Bildplatte abgelegt. Im Gegensatz zur CD-ROM speichert die Bildplatte bis zu ca. 55.500 Bilder im analogen Format. Suchabfragen nach unterschiedlichsten Kriterien sind möglich (z.b.: alle von Picasso und Matisse in den Jahren 1915 bis 1923 gezeichneten Frauenportraits). Nach der Bearbeitung der Daten im Videomuseum werden diese allen anderen am Projekt beteiligten französischen Institutionen im Sinne einer nationalen Datenbank für moderne Kunst zugänglich gemacht.

IMDAS

Das Institut für Informationsmanagement der Joanneum Research Forschungsgesellschaft in Graz entwickelte ein Archivierungs- und Digitalisierungsprogramm namens IMDAS[214] (Integrated Museum Documentation and Administration System). Durch die Anlehnung an internationale Organisationen wurden museologische Standards (CIDOC Information Categories) und technologische Normen (CIMI Standards Framework for the Computer Interchange of Museum

213 s. http://www.vasari.co.uk/magnets
214 Aktuelle Angaben zu IMDAS von Joanneum Research Graz (http://www.joanneum.ac.at/iis) s.: Software-Vergleich Museumsdokumentation

1998, Münster, 1998, S. 30–31. W. Koch: Modernste Museumsinformatik aus Graz, in: Museum Aktuell, 1996, Juni, Heft Nr. 10, S. 204–206.

Information) berücksichtigt. IMDAS verfügt über eine flexible, funktionale Struktur, die auf die gängigsten Verwaltungs- und Dokumentationsaktivitäten von Museen und Archiven eingeht. Hierbei wurde auf die Belange der unterschiedlichen Sammlungsstrukturen kleiner und mittelgroßer Museen besonders geachtet. So existieren zwei Produkte: Das Einstiegsmodell IMDAS-ELS (Entry Level System) und IMDAS-Pro (Profimodell). Erstgenanntes basiert auf einer Microsoft Access Datenbank und steht seit Frühjahr 1996 als Einzelplatzversion zur Verfügung. Software, die zur digitalen Erfassung der Bilder benötigt wird, ist konfigurierbar. Letztgenanntes Profimodell ist eine Erweiterung des Einsteigerproduktes und wesentlich umfangreicher. So bietet IMDAS-Pro 1.3 neben der Erfassung und Verwaltung von AV-Trägern (Video, Ton) auf Client/Server Basis diverse Netzwerkkonfigurationen (z.B.: Linux) auch über ein Z39.50 Gateway Anschlüsse zu Internet-Diensten. Hervorzuheben ist die Strukturierung der Beschlagwortung, die neben einem fachspezifischen Thesaurus und der Verwaltung von freien objektspezifischen Schlagworten auch mit einem Publikumsthesaurus aufwarten kann. Hierbei handelt es sich um einen hierarchisch strukturierten, erweiterbaren Katalog von Begriffen, die den Bedürfnissen der Museumsbesucher entstammen. Diese sind das vorläufige Ergebnis der Diskussion einer österreichischen Arbeitsgruppe, welche sich derzeit der Erstellung eines museums- und sammlungsübergreifenden Publikumsthesaurus widmet.

EmbARK

Hinter EmbARK[215] verbirgt sich ein auf 4th Dimension (4D) programmiertes, mächtiges Collection Management System. Vom Server, dem Bild- und Textdatenspeicher ausgehend, werden die einzelnen Clients versorgt, die sich in folgende Bereiche gliedern lassen: Katalogisierung / Inventarisierung, Forschung / Studien, Diathek / Photothek, Konservierung / Restaurierung, Leihverkehr / Ausstellungswesen, Versand / Verpackung, Erwerb, Versicherung / Wertbestimmung, Zwischenhandel / Verlagsgeschäft, Öffentliches Image / Public Relations / Shop. Hierbei wird davon ausgegangen, daß sich die Benutzer der Datenbank die Objektinformationen und die jeweiligen Datenfelder aus einer umfangreichen Vorgabe, einem Datenfeldpool, für ihre Bedürfnisse nehmen und weiterverwerten. Wichtiger Bestandteil des Collection Management Systems EmbARK ist das Bilddatenbankprogramm ImageAXS, das zahlreichen CD-ROMs zugrunde liegt. An dieser Stelle soll exemplarisch die CD-ROM 'Great Paintings – Renaissance to Impressionism: The Frick Collection' genannt werden, die zwar nur 241 Bilder

---

215 EmbARK 2.0 von Digital Collections, Inc., Alameda, California. s.a.: Kathy Jones-Gar- mil: EmbARK in: Archives And Museum Informatics, 1994, Vol. 8, No. 3.

bzw. Details aufweist, diese jedoch in ausgezeichneter Auflösung. Die umfangreichen Recherchemöglichkeiten, die übersichtliche Benutzeroberfläche und der durchdachte Umgang mit wissenschaftlichen Informationen auf der CD-ROM geben einen kleinen Einblick in die Möglichkeiten dieses im deutschsprachigen Raum viel zu wenig beachteten Datenbank Management Systems. EmbARK wurde von der kalifornischen Firma Digital Collections[216] entwickelt, die durch die New Yorker Softwarefirma Gallery Systems übernommen wurde.

The Museum System

Angesichts der Referenzen durch die Übernahme von Digital Collections und nicht zuletzt durch die geschäftliche Partnerschaft mit New Media Solutions, einer Tochterfirma der Virgin Gruppe, ist Gallery Systems auf dem besten Weg, Vorreiter für Collection Management Systeme zu werden. In die Entwicklung des Collection Management Systems „The Museum System"[217] flossen die Erfahrungen von EmbARK mit ein. Entstanden ist eine leicht zu handhabende Datenbank Software, die neben einer ansprechenden graphischen Oberfläche auch in mehreren Sprachen (u.a. deutsch, dänisch, italienisch) erhältlich ist. The Museum System deckt die üblichen Bedürfnisse des Sammlungsmanagements ab und integriert standardisierte Terminologien, wie den Art and Architecture Thesaurus oder den Thesaurus for Geographic Names ebenso wie mittels des Interface „eMuseum" die Anbindung an das Internet und www.

Multi-Mimsy 2000

Von der Firma Willoughby Associates[218] entwickelt, unterstützt das offene und modular gestaltete Collection Management System Multi-Mimsy 2000 die Plattformen Novell, Unix, Windows NT und Macintosh. Das System ist nicht nur plattformunabhängig, sondern zeichnet sich sowohl durch die Möglichkeiten der Integration von audiovisuellen Daten als auch durch die Benutzung von Terminologien und Thesauri (z.B.: AAT) aus. Multi-Mimsy 2000, vom LASSI[219] Consortium getestet und empfohlen, darf als führendes Collection Management

---

216 Zur Entwicklungsgeschichte von Digital Collections und EmbARK s. K. M. Pfaff, S. Bell und A. T. Notman: The EmbARK Trilogy, in: Proceedings of the 1994 Electronic Imaging and the Visual Arts Conference, London, 1994, p. 52–69.

217 http://gallerysystems.com Gallery Systems existiert bereits seit 1981 und weist eine renommierte Liste an Referenzen auf (z.B.:

Smithsonian Institutions, The J. Paul Getty Museum)

218 www.willo.com

219 Zu LASSI (Larger Scale Systems Initiative) s.: A. Grant: Putting Spectrum to Work, mda Information, 1998, Vol 3, No. 1 (www.mdo-cassn.demon.co.uk/info31ag.htm); S. Keene: LASSI: the Larger Scale Systems Initiative, in: Information Services & Use, 1996, Vol. 16, p. 223–236.

System in britischen Museen bezeichnet werden. Gegenwärtig orientieren sich die Strategien der Firma Willoughby am Auf- und Ausbau von Multi-Mimsy 2000 zu komplexen Contextual Management Systemen, denen »*Knowledge-oriented data models*« zugrunde liegen.[220]

MUSEUMplus

Das Collection Management System MUSEUMplus[221] ist als Standardlösung für alle Aspekte der Sammlungsverwaltung (Standortverwaltung, Restaurierung, Literatur- und Provenienzdaten) und für die Ausstellungsorganisation (Leihverkehr, Leihvertragserstellung, Transport, Versicherung, Verwaltung der Katalogautoren und der Katalogabbildungen) konzipiert. Das multifunktionale Datenbank Management System entstand in gemeinsamer Entwicklungszusammenarbeit der Schweizer Firma Zetcom mit dem Kunstmuseum Bern, dem Historischen Museum Zürich und der Kunstsammlung Nordrhein-Westfalen in Düsseldorf. Aufgrund seiner technischen Voraussetzungen (Windows 95/98/NT, Macintosh, Microsoft Access, SQL-Server) ist es für mittlere und größere Sammlungen interessant. MUSEUMplus wird u.a. in der Sammlung der Universität für angewandte Kunst in Wien, in diversen Berliner Museen, aber auch in den zur Museumsstiftung Post und Telekommunikation gehörenden Sammlungen eingesetzt. Letztere verfügen über 1 Million Objekte und bilden somit eine besondere Herausforderung an das Datenbank Management System, dessen Vorzüge eindeutig in der Unterstützung des Leihverkehrs liegen. Gegenwärtig erfährt MUSEUMplus eine Weiterentwicklung durch zusätzliche Module und durch die Gestaltung eines Benutzerinterface, um in Datenbankbeständen via www zu recherchieren.

CMB Storager

Ausgehend von einer Bilddatenbank, die von der Firma CMB Informationslogistik GmbH im Jahre 1993 für die Wiener Kunsthandels- und Beratungsfirma Portfolio Kunst AG adaptiert wurde, fand in weiterer Zusammenarbeit mit dem Historischen Museum der Stadt Wien und der Graphischen Sammlung Albertina die Entwicklung des CMB Storager[222] statt. Auf der Basis des SQL Standards be-

---

220 J. Brownlee: The Importance of being useful: Museum Automation Evolution, Obstacles, and Strategies, 1998, p. 5ff. L. Sarasan; K. Donovan: The Next Step in Museum Automation: Staging Encounters with Remarkable Things (or, more prosaically, the Capture, Management, Distribution and Presentation of Cultural Knowledge On-Line, 1998.

221 (www.zetcom.ch) Aufgrund seiner Neuheit konnte MUSEUMplus nicht beim Software-Vergleich Museumsdokumentation berücksichtigt werden.

222 Aktuelle Angaben zu CMB Storager von CMB Informationslogistik GmbH, Wien (http://www.artefact.at) s.: Software-Vergleich Museumsdokumentation 1998, Münster, 1998, S. 14–15.

steht das Programm aus einer auf Windows laufenden relationalen Datenbank, die neben der Verwaltung der anfallenden Textinformationen und der digitalisierten Bilder, sowie den Abläufen der Inventarisierung durch die Möglichkeit 'automatischer Dokumentverwaltung' auch den Bereich des Leihverkehrs und des Ausstellungsmanagements abdeckt. Diese Berücksichtigung der Ablaufstrukturen ist ein an dieser Stelle hervorhebenswerter Schwerpunkt des CMB Storager, da viele Datenbanksysteme mehr auf die Bildverwaltung als auf die täglichen Abläufe Wert legen. Weitere Module berücksichtigen Erweiterungsmöglichkeiten durch Internet und Multimediaapplikationen (z.b.: CD-ROM). Die Katalogisierungsmöglichkeiten und die anfallenden Aufgabenbereiche sind thematisch klar gegliedert. Erstere sind als sechs Hauptgruppen (Objekte, Bilder, Personen, Literatur, Ereignisse und OLE-Dokumente, die den Windows Programmen (Word, Excel etc.) entnommen werden können) mit Unterklassen und vielfältigen Verknüpfungsvarianten in vorgegebene Tabellen zerlegt, letztere u.a. in die Aufgabenbereiche ‚Katalogisieren', ‚Recherchieren' und in die Zusatzmodule ‚Ausstellungen', ‚Internet' und ‚CD-ROM Export'. Für die Beschlagwortung bzw. die Suche nach Begriffen wurde die Struktur eines hierarchischen Thesaurus und einer alphabetischen Indexliste vorgegeben. Dieser Thesaurus ist frei definierbar und beliebig erweiterbar, muß jedoch von den jeweiligen Bearbeitern erst in einer baumartigen Struktur erstellt werden. Die gefundenen Bilder werden in Leuchtpult- und Vollbilddarstellung angezeigt. Im Rahmen einer sog. Recherchebox, einem elektronischen Arbeitsplatz, können in der Datenbank recherchierte Informationen jeglicher Art gesammelt und ggf. durch Paßwort geschützt abgelegt werden. Wurde im Programm jedoch auf graphische Übersichtlichkeit und Benutzerfreundlichkeit Wert gelegt, erscheint die Recherchebox durch die massive Überlagerung von Texten, Tabellen, Bildern und Kommandofenstern recht gewöhnungsbedürftig.

KLEIO

Bereits seit einigen Jahren im Einsatz ist das von Manfred Thaller am Max-Planck-Institut für Geschichte in Göttingen 1978 ursprünglich für Großrechneranlagen entwickelte Datenbankprogramm CLIO / KLEIO (κλειω).[223] In Österreich kommt es in Krems/Donau am Institut für Realienkunde des Mittelalters und der frühen Neuzeit der Österreichischen Akademie der Wissenschaften zur Anwen-

---

223 Das Programm ist gegen eine geringe Schutzgebühr am Institut für Geschichte in Göttingen erhältlich. M. Thaller: CLIO. Einführung und Systemüberblick, Göttingen, 1983. M. Thaller: κλειω 3.1.1. Ein Datenbanksystem, St. Katharinen, 1989. s.a. G. Jaritz: Bilder mittelalterlichen „Alltags" in: Das audiovisuelle Archiv. Informationsblatt der Arbeitsgemeinschaft audiovisueller Archive Österreichs, 1989, Juni, Heft 25, S. 8–18.

dung. Hierbei handelt es sich um ein semantisch vernetztes Datenbanksystem, dessen Hauptcharakteristika neben frei definierbaren Datenfeldern (bspw. für eine quellentreue Erfassung von Texten), ein nach Hierarchien vorgegebenes Deskriptionsschema für die Bildquellen und die Bildanalyse ist. *»KLEIO bietet hierzu das Konzept der 'logischen Umwelt'. Das bedeutet, daß der Bearbeiter mit einer Reihe von Definitionen, die er selbst gemäß seinem (fortschreitenden) Wissensstand zu treffen hat oder auch zu aktualisieren vermag, für den Rechner Kriterien zum Umgang mit den Unschärfen in den Quellen vorgibt.«*[224] Das Programm bietet neben einer einfachen und überschaubaren graphischen Oberfläche bildbearbeitende Maßnahmen wie Verstärkung der Kontraste oder Konturenreduktion, auch die Möglichkeit, beschriebene Details isoliert darzustellen (z.B.: alle Kopfbedeckungen) und diese zu archivieren. Da die Eingabe und Beschreibung der bisher über 5.000 Bilder am Institut für Realienkunde des Mittelalters und der frühen Neuzeit hauptsächlich durch Studenten erfolgte, kann das Suchergebnis jedoch recht inhomogen ausfallen (z.B.: Mann mit rotem Hut oder männliche Figur mit rötlicher Kopfbedeckung).

ImageFinder

Weitaus klarer in der gesamten Benutzeroberfläche und der graphischen Übersichtlichkeit erscheint das Bilddatenbanksystem ImageFinder Museo 2.0, das von der Schweizer Firma ImageFinder Systems[225] gemeinsam mit dem Institut für Klassische Archäologie der Universität Wien[226] erstellt wurde. Ausgehend von einer in Zusammenarbeit mit dem österreichischen Institut für Kulturwissenschaft in den Jahren 1994/1995 entstandenen umfangreichen Strukturanalyse[227] als Grundlage für das Pflichtenheft und die Ausschreibung erfolgte nach der Phase der Evaluation und Ermittlung des Bestbieters die Zusammenarbeit für die Entwicklung einer kunstwissenschaftlichen Bilddatenbank auf Basis des für ursprünglich Bildagenturen entwickelten in 4th Dimension laufenden Programmes ImageFinder. Bei diesem Programm handelt es sich um ein relationales Datenbankprogramm, das sich für große Mengen unterschiedlichster Datentypen eignet und dessen Stärke die problemlose Integration diverser Umgebungen ist. So

---

224 J. Nemitz: KLEIO, in: Volkskunde in Niedersachsen, 1991, S. 4–17.

225 Aktuelle Angaben zu ImageFinder Museo2.0 (sales@image.finder.ch) s.: Software-Vergleich Museumsdokumentation 1998, S. 28–29. ImageFinder kommt im von der Europäischen Kommission geförderten Projekt ArtWeb zum Einsatz.

226 Vortrag vom 24.09.1996 von B. Kopf, gehalten anläßlich der Jahreskonferenz des Committee for Education and Cultural Action (CECA) des ICOM in Wien.

227 s. Fallbeispiel (Kapitel 2.6.) Projekt ›Bilddatenbank‹ am Institut für Klassische Archäologie der Universität Wien.

ist das ursprünglich für Macintosh entwickelte 4th Dimension mittlerweile ebenso in gemischten Netzwerken mit Windows NT Servern z.b. problemlos lauffähig. Sich im Zentrum des übersichtlich geordneten Bildschirms befindend, wird das Bildfeld von den für die Identifizierung des Objektes notwendigen Kerndaten umrahmt. Im unteren Bildschirmdrittel findet sich ein hierarchisierter Thesaurus (Aufbewahrungsort, Fundort/Topographie, Kultur/Epoche, Objektgruppe, Material, Technik, Ikonographie) nebst einer alphabetischen Schlagwortliste (frei zu vergebene Deskriptoren). Die einzelnen Ebenen der Hierarchien treten so zurückhaltend hervor, daß der Eindruck entsteht, es handele sich um gleichwertige Begriffe (Aufbewahrungsort: Italien, Tarquinia, Museo Nazionale Tarquiniese oder Kultur/Epoche: griechisch, archaisch, spätarchaisch). Erst bei der Beschlagwortung der Objekte durch den Bearbeiter treten die acht Ebenen klar gegliedert in Erscheinung; eine rasche Beschlagwortung nach vorgegebenen und noch erweiterbaren Begriffen ist somit gewährleistet. Unter der Prämisse der Erstellung sogenannter ›elektronischer Duplikatnegative‹ zu Zwecken der Verwaltung der Diathek und Photothek des Institutes und des historischen Glasplattenarchives der Ephesosgrabung des Österreichischen Archäologischen Instituts, wurde auf die Qualität der Digitalisierung besonderer Wert gelegt. Hierbei werden mittels einer Digitalkamera (ProgRes 3012) Durchlichtvorlagen, Photographien, Kartenmaterial und mittels Schräglichtbeleuchtung auch kleinere dreidimensionale Objekte (z.b.: Gemmen, Münzen) in hochauflösender Auflösung gescannt.

Aufgrund einer Initiative des österreichischen Bundesministeriums für Unterricht und kulturelle Angelegenheiten fand von September bis Dezember 1996 eine dreimonatige Test- und Erprobungsphase des Bilddatenbanksystems Image-Finder Cultura durch die österreichischen Bundesmuseen statt, dessen Ergebnis keineswegs zu einer eindeutigen Akzeptanz führte. Viel eher wurde ersichtlich, daß die Museen erst durch eine genaue Analyse ihrer Anforderungen in der Lage gewesen wären, die Möglichkeiten eines Datenbank Management Systems für ihre eigenen Bedürfnisse abzuschätzen. Gegenwärtig findet in Zürich ein ähnliches Pilotprojekt statt. Angesichts des starken Interesses, das dem Projekt von Instituten, Museen und Archiven entgegengebracht wird, werden zur Zeit folgende Erweiterungsmöglichkeiten diskutiert: Museumsmodul, Grabungsdokumentationsmodul und Einbindung eines Geographischen Informationssystems.

IMAGO

Einerseits als System zur Verwaltung der Belange der Diathek, andererseits als reines Nachschlagewerk mit Referenz auf die Diathek präsentiert sich die am Institut für Kunst- und Kulturwissenschaften der Humboldt Universität zu Berlin installierte Bild- und Textdatenbank IMAGO media database.[228] Aufgrund der einfachen Benutzerfreundlichkeit und der übersichtlichen graphischen Oberfläche darf diese kunsthistorische Bilddatenbank als gutes Arbeitsinstrument für den wissenschaftlichen Institutsalltag bezeichnet werden. Ausgehend von den Anforderungen einer Datenbank zur Verwaltung der Textdaten (Künstler, Werktitel, Datierung etc.), einer leicht handhabbaren Datenbank zur Verwaltung der Bilddaten (Leuchtpultfunktion, Ablage der gefundenen Bilddaten in Arbeitsmappen) und einem hierarchischen Thesaurus (Vergabe beliebig vieler Stichworte zu einem Objekt) programmierte die Hamburger Firma Techview für das Institut für Kunst- und Kulturwissenschaften dieses Datenbanksystem.[229] Besonderes Augenmerk verdient neben der Diatheksverwaltung (Bestellung, Leihverkehr, Abrechnung) der Aufbau und die Gestaltung des Thesaurus, der von der klassischen Systematik der in Hängeordnern (Register) sortierten und geordneten Karteikarten ausgehend, einen Überblick über die jeweiligen Stichworte einer hierarchischen und thematischen Ebene gibt. Ein Bild wird hierbei unter beliebig vielen Stichworten in unterschiedliche Register abgelegt. Beinah ganz im Warburgschen Sinne hat der Benutzer bei seiner Recherche die Möglichkeit, verwandte Begriffe, die sogenannten ›guten‹ Nachbarn, mitzulesen und die gefundenen Bilder als Ergebnisse in Arbeitsmappen abzulegen. Hiernach können die betreffenden Dias bestellt und der Diathek entnommen werden. Die überarbeitete Version Imago-V5[230] erlaubt dem Benutzer aufgrund der offenen Struktur und des modularen Aufbaus des Systems für die Suche Bilder, Schlagwortbäume und Textinformation parallel zu benutzen. Dies bedeutet, daß die individuellen Suchstrategien des Benutzers, also visuell, begriffsorientiert, assoziativ oder zielgerichtet, optimal unterstützt werden.

Bilddatenbank am Oppland College in Lillehammer

Am norwegischen *Oppland College in Lillehammer* existiert eine Bilddatenbank, die am Kunsthistorischen Institut der Universität für Lehr- und Unterrichtszwecke genutzt wird. Bent Kure[231], Initiator des Projektes, nennt mehrere Gründe für ein digitales Bildarchiv in der Kunstwissenschaft:

---

228 IMAGO media database, Büro für Kommunikation, ehemals Techview, Hamburg (http://www.achtg.de) wurde bei dem Software-Vergleich Museumsdokumentation 1998 nicht berücksichtigt. Kontakt über A. Reifenrath: a.reifenrath@achtg.de

229 Das Projekt wurde 1993 unter der Führung von Horst Bredekamp begonnen und durch André Reifenrath realisiert.

230 Dorothee Haffner und Uta Simmons referierten über die IMAGO-Datenbank zum Sammlungsprojekt der Humboldt-Universität Berlin anläßlich eines Workshops der Tagung ›Verwandlungen durch Licht‹, LVR Rheinisches Archiv- und Museumsamt; SLUB, Dresden; Rundbrief Fotografie, im Hygienemuseum Dresden, 29.06.2000.

231 B. Kure: Digital Image Database As A Teaching Tool In Art History, in: Proceedings of

1. Gegenüber der Anordnung der Dias in einem materiellen Diaschrank können die Informationen zu den einzelnen digitalen Bildern in der Datenbank nach unterschiedlichen Gesichtspunkten systematisiert, geordnet und abgerufen werden.

2. Einzelne Dias verschwinden immer wieder, digitale Bilder bleiben vorhanden oder verschwinden im Falle eines Systemabsturzes und angesichts mangelnder Sicherungskopien samt und sonders.

3. Digitale Bilder bleichen nicht aus, sondern behalten ihre gleichbleibende Qualität.

4. Vom Aspekt des Arbeitsaufwandes ist die Produktion (Scannen) von digitalen Bildern einfacher und kostengünstiger als die Herstellung von Dias.

Die Bilddatenbank startete auf einer Apple Macintosh Plattform mit einem selbst entworfenen Bilddatenbanksystem namens ›Media Finder‹. Einer der Arbeitsplatzrechner stand im Arbeitsraum der Studenten, der zweite diente der Projektion der Bilder mittels Videobeamer (Barco Video) während der Lehrveranstaltungen in den Hörsaal. Die Anforderung, Details zu zoomen und die Bilder noch höher aufgelöst einzuscannen, verlangte jedoch in absehbarer Zeit nach größeren Speichern. In diesem Zusammenhang ist auch die noch mangelnde Qualität der Projektion der Bilder auf die großflächige Leinwand zu sehen. Gegenüber den eingesetzten Scannern, hierbei kam es zu einem Test diverser angebotener Produkte, wurden die Ergebnisse mit Kodak PhotoCD von Bent Kure als enttäuschend bezeichnet.

Konzeption des Datenbanksystems: Funktionale Anforderungen

Laut Richard Light gibt es für die Analyse der Datenfelder und der Struktur des Datenbanksystems zwei Möglichkeiten.[232] Die erste Möglichkeit besteht aus einer aufgabenorientierten Anwendungsentwicklung. Diese erarbeitet aus den funktionalen Anforderungen die Daten und die Datenbankstruktur heraus. Auf abstrakter Ebene werden die funktionalen Anforderungen der Institution an das künftige Datenbanksystem beschrieben. Je nach Komplexität der Aufgabenbereiche einer Institution können sich mehrschichtige und parallele Anforderungen ergeben. Eine hauptsächlich auf Wechselausstellungen konzentrierte Institution

the 1993 EVA Conference London, 28. July 1993, p. 22–29.

232 R. Light: The scope and design of Collections Management Systems, in: Museum Documentation Association (MDA): Collections Management for Museums, Conference of the MDA, Cambridge, ed. by D. Andrew Roberts, 1998, p. 48–53.

hat andere funktionale Anforderungen als eine universitäre Diathek oder ein Museum mit mehreren Sammlungsbereichen und einem florierenden museumspädagogischen Angebot. Hierbei ist es sinnvoll, von übergeordneten Funktionen (sogenannten »*Superfunktionen*«) zu untergeordneten Funktionen (sogenannten »*Subfunktionen*«) überzugehen. Die zweite Möglichkeit wird als Datenmodellierung bezeichnet. Hierauf wird im folgenden Kapitel noch genauer eingegangen.

In der Folge soll an drei Beispielen die diversen Strukturen von Nutzungsabläufen und funktionellen Anforderungen unterschiedlich visualisiert werden.

Im Rahmen der Erstellung des Datenbank Management Systems der Wiener Secession (s. Kapitel 2.6.) war die Konzeption von Ausstellungen als zentrales Element vorgesehen. Nach dem Ablauf der Ausstellung wären die eingegebenen Daten – so sah es das Konzept ursprünglich vor – als Dokumentation der Ausstellung zum Bestandteil des Archives geworden.

Beispiel 1: Wiener Secession – Ausstellungskonzeption

Abb. 8 *Ausstellungskonzeption*

Zur aufgabenorientierten Anwendungsentwicklung der Ausstellungskonzeption gehören folgende Funktionen:
1. Der Benutzer kann Ausstellungen definieren und für jede Ausstellung wesentliche Eigenschaften festlegen.
2. Der Benutzer kann grundlegende Informationen, die sog. Kerndaten, zur betreffenden Ausstellung eingeben und die auszustellenden Objekte festlegen.
3. Der Benutzer kann Personen bzw. Personengruppen, die an der Ausstellungsorganisation beteiligt sind, erfassen.
4. Der Benutzer kann externe Ausstellungsorte, an denen die Ausstellung noch stattfinden wird bzw. Kooperationen (Fremdübernahme, Weiterreichungen), verwalten.
5. Der Benutzer kann Materialien bzw. zur Ausstellung gehörende Produkte verwalten.
6. Der Benutzer kann die Organisation der Autoren, Texte und des Bildmaterials für den Ausstellungskatalog durchführen.

Für die Konzeption des Datenbank Management Systems bedeutet dies:
1. Der Benutzer legt in der Datenbank ein Ausstellungsobjekt an und ordnet dieses der Ausstellung zu. Ein Ausstellungsobjekt kann immer genau einer aktuellen Ausstellung zugeordnet sein. Sollte ein Objekt in verschiedenen Ausstellungen gezeigt werden, muß der Datensatz Ausstellungsobjekt für jede Ausstellung neu erstellt werden.
2. Neben den Kerndaten hat ein Ausstellungsobjekt noch zahlreiche Attribute: Leihgeber, Leihvertrag mit Leihbedingungen, Versicherung, Transport, Transportbehältnis, diverse Nummern (Abbildungen, Werkverzeichnisnummer, Bildnummer etc.).
3. Desweiteren kann zusätzlich noch die konkrete Angabe des Standortes innerhalb der Ausstellung (Raum, Wand, Vitrine) genannt werden.

Beispiel 2: Institut für klassische Archäologie – Benutzerführung

In der Diathek des Institutes für klassische Archäologie der Universität Wien (s. Kapitel 2.6.) wurden die generellen funktionalen Anforderungen und die Benutzerführung am Beispiel einer Ersteingabe und der Weiterbearbeitung von Daten, des Entlehnvorgangs und des Bestellvorgangs in Form von Diagrammen wiedergegeben. Es handelt sich hierbei um folgende schematische Darstellungen von Funktionsabläufen.

Abb. 9 *Funktionsablauf bei Ersteingabe*

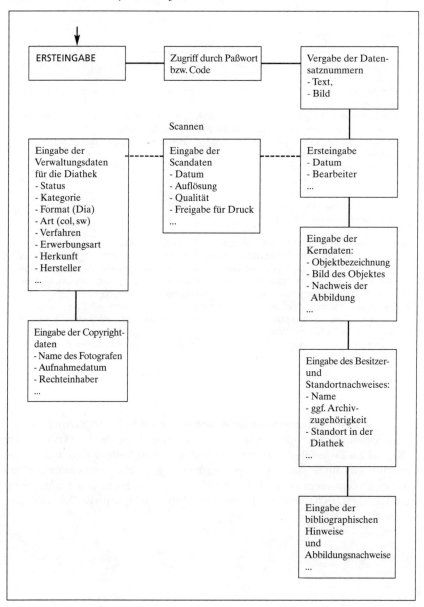

Abb. 10 *Funktionsablauf bei wissenschaftlicher Weiterbearbeitung*

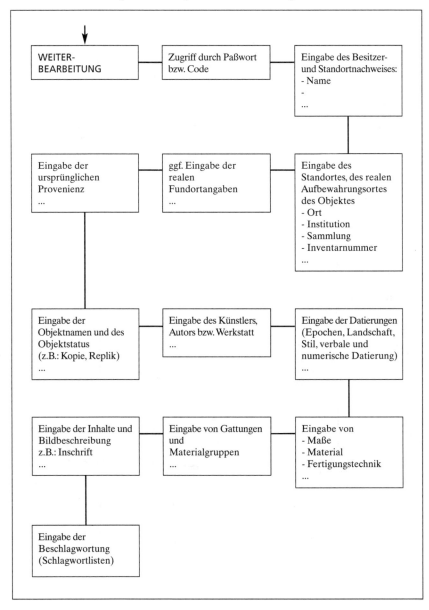

Abb. 11 *Funktionsablauf bei Entlehnung*

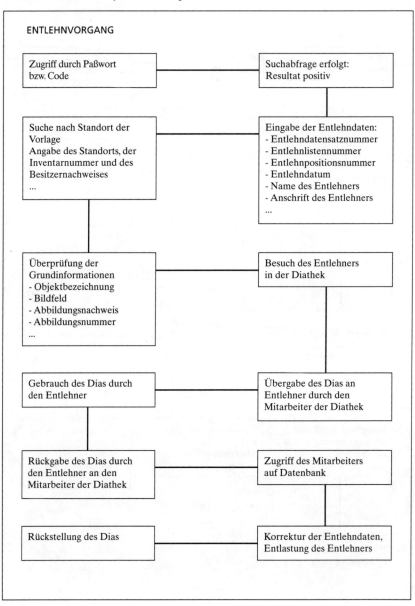

ENTLEHNVORGANG

Zugriff durch Paßwort bzw. Code	Suchabfrage erfolgt: Resultat positiv
Suche nach Standort der Vorlage Angabe des Standorts, der Inventarnummer und des Besitzernachweises ...	Eingabe der Entlehndaten: - Entlehndatensatznummer - Entlehnlistennummer - Entlehnpositionsnummer - Entlehndatum - Name des Entlehners - Anschrift des Entlehners ...
Überprüfung der Grundinformationen - Objektbezeichnung - Bildfeld - Abbildungsnachweis - Abbildungsnummer ...	Besuch des Entlehners in der Diathek
Gebrauch des Dias durch den Entlehner	Übergabe des Dias an Entlehner durch den Mitarbeiter der Diathek
Rückgabe des Dias durch den Entlehner an den Mitarbeiter der Diathek	Zugriff des Mitarbeiters auf Datenbank
Rückstellung des Dias	Korrektur der Entlehndaten, Entlastung des Entlehners

Abb. 12 *Funktionsablauf bei Bestellung*

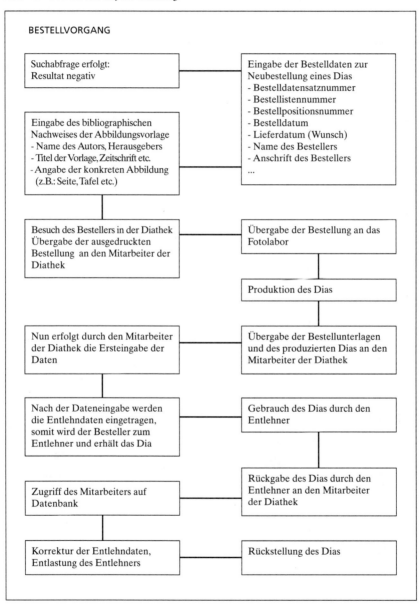

3. Beispiel: Wiener Secession – Bibliotheksstruktur

Als ein weiteres Beispiel für funktionelle Anforderungen ist die Prioritäts-struktur zur Zuordnung der Publikationen in die Präsenz- und Handbibliothek angeführt, wie sie im Rahmen des Projektes der Wiener Secession (s. Kapitel 2.6.) konzipiert wurde. Dies wurde aus mehreren Gründen notwendig. Es gibt keinen Bibliothekar, der sich um Eingabe und Aufstellung der Bücher kontinuierlich bemüht. Somit erfolgt die Eingabe der publikationsbezogenen Informationen und auch die Aufstellung der Bücher durch unterschiedliche Mitarbeiter, die verständliche Richtlinien benötigen. Es handelt sich um eine frei zugängliche Bibliothek, dies bedeutet für die Aufstellungssystematik, daß die Bücher leicht auffindbar und auch leicht rückstellbar sein müssen.

Abb. 13 *Konzeption einer Prioritätsstruktur zur Zuordnung von Publikationen*

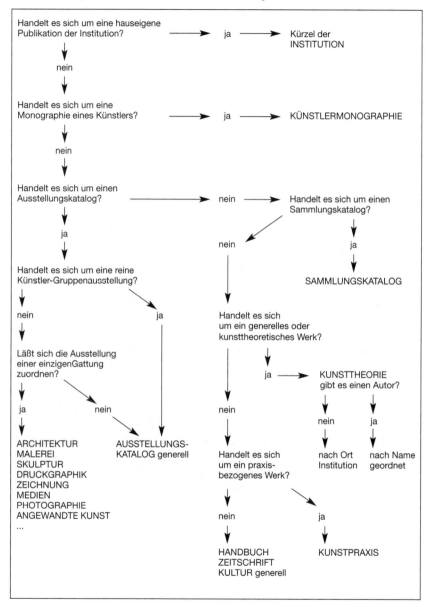

Konzeption des Datenbanksystems: Datenfelder und Datenmodelle

Neben dieser von den funktionalen Anforderungen ausgehenden Vorgehensweise gibt es eine zweite Möglichkeit, die Datenfelder zu eruieren, die Datenmodellierung. Vereinfacht gesprochen werden hierbei in einem ersten Schritt die Daten erhoben, dann hieraus die Organisationsstruktur entwickelt und zuletzt die Datenbank strukturiert. Der Vorteil der Datenmodellierung ist die Stabilität der Attribute einzelner Daten (z.b.: Kerndaten eines Objektes, Lebensdaten einer Person), die sich über längere Zeiträume kaum ändern. Sich orientierend am sogenannten Entity-Relationship-Modell (ERM) werden *»die organisatorischen Sachverhalte für eine Datenbankanwendung modellhaft dargestellt, in dem man Dinge (Entitäten), deren Beziehungen (Relationen) zu anderen Dingen und die Eigenschaften (Attribute) der Dinge und Beziehungen herausarbeitet. Am Ende stehen Beschreibungen der Dinge, Beziehungen und Eigenschaften und eine grafische Darstellung der Beziehungen zwischen den Dingen.«*[233]

In der Informatik wird unter Entität ein unabhängig von anderen Entitäten existierendes, eindeutig identifizierbares Objekt (z.b.: ein Museum, ein Künstler), Ereignis oder eine Aktivität (z.b.: eine Ausstellung) gemeint, das durch bestimmte Attribute (z.b.: Ausstellungstitel, Ausstellungsdauer der o.g. Ausstellung) gekennzeichnet ist und hierdurch den Entitätstyp bildet. Eine Beziehung (Relationship) bezeichnet die Verbindung zwischen zwei oder mehreren Entitätstypen (z.b.: AUSGESTELLT_IN bezeichnet eine Beziehung zwischen den Entitätstypen KÜNSTLERNAME und AUSSTELLUNG). Beziehungen können als eineindeutig (1:1), einseitig eindeutig (1:n) oder komplex (n:m) typisiert werden.[234]

Aufgrund der Funktionsanalyse der vorhandenen Formblätter und der hierbei ermittelten Felder können grundlegende Aussagen zur Struktur der Datenfelder, zur Zugriffsberechtigung und zum Datenbanksystem generell getätigt werden. Im Hinblick auf das Pflichtenheft und die Datenbank wird ein umfassender Datenfeldkatalog erstellt. Dieser gibt nicht nur Auskunft über die Fülle der unterschiedlichen Datenfelder, sondern legt auch in Anlehnung an internationale Normen und Standards den Aufbau der Thesauri und Beschlagwortung fest. Als Vorbild für Datenfeldkataloge darf sich im deutschsprachigen Raum am Regelwerk MIDAS orientiert werden, da dieses aufgrund seiner klaren und detailreichen Struktur eine nicht zu unterschätzende Grundlage für Datenfeldkataloge

233 K.-E. Lupprian: Wie modelliert man eine Datenbank? in: EDV-Tage Theuern 1996, Tagungsbericht, 1997, S. 57–63.

234 J. G. Hughes: Objektorientierte Datenbanken, 1992; A. Meier: Relationale Datenbanken, 2. Aufl., 1995; P. P. S. Chen: The Entity-Relationship-Model. Toward a unified view of data, in: ACM, Transactions on Database Systems, Vol. 1, 1976, S. 9–36.

bietet.[235] Zur Vorgangsweise ist anzumerken, daß vom Datenfeldbereich hin zum einzelnen Datenfeld, also vom groben Überblick hin zum Detail vorgegangen wird. Die Auflistung der Datenfelder ist als vorläufiges Diskussionsergebnis der Anforderungen an die einzelnen Felder der Datenbank zu verstehen. Die letztgültige Fassung (Feinpflichtenheft) wird dann in Zusammenarbeit mit dem für die Programmierung der Datenbank zuständigen EDV-Techniker erstellt.

1. Vorab werden die Datenfeldbereiche geliedert und benannt.
2. Zu jedem Bereich wird eine Übersicht über die dazugehörenden Datenfelder gegeben.
3. Als nächster Schritt werden diese Felder mit ihren Attributen und die Struktur des einzelnen Datenmodells mit all seinen Relationen dargestellt.

An Katalogen, die Datenfelder enthalten, mangelt es gegenwärtig nicht. Versuche, die unterschiedlichen Datenfeldkataloge zusammenzuführen, fanden in Projekten wie beispielsweise dem ›European Museum Network‹[236] (EMN) oder dem ›Remote Access to Museum Archives‹[237] (RAMA) erste Anläufe. Der breitere Erfolg blieb diesen Pilotprojekten jedoch verwehrt. Erst durch Initiativen wie ›Computer Interchange of Museum Information‹[238] (CIMI) und die von der EU mitgetragene Initiative ›Museum of Understanding‹[239] (MoU) konnte eine Grundlage für den Datenaustausch geschaffen werden. Da eine detaillierte Analyse aller Datenfeldkataloge den Umfang sprengen würde, wird an dieser Stelle nur eine kurze Übersicht über die wichtigsten von ihnen gegeben:

235 L. Heusinger: MIDAS Handbuch, hg. vom Bildarchiv Foto Marburg, 2. Aufl. 1992, 3. Aufl. 1994. T. Nagel: (Kölner) Stichworte zum Thema Museum und EDV, in: H. Krämer; H. John (Hg.): Bedeutungswandel, 1997, zu MIDAS s. S. 75–77.

236 F. Visser: European Museum Network, an interactive Multimedia Application for the Museum Visitor, in: EVA'93 London, hg. von J. Hemsley; Brameur & Vasari Enterprises, Conference Proceedings, 30. July 1993, p. 59–72; M. Lagendijk: Visitor tests in Museon. Short evaluation report, in: a.a.O. (EVA'93 London), p. 74–93; F. Visser; M. Lagendijk: Examples of EMN screens, in: a.a.O. (EVA'93 London), p. 95–105.

237 G. Cisneros; A. L. Delclaux: RAMA - Remote Access to Museum Archives, in: EVA'94 London, hg. von J. Hemsley; Brameur &

Vasari Enterprises, Conference Proceedings, 28. July 1994, p. 2–11.

238 Computer Interchange of Museum Information Committee (CIMI); D. Bearman; J. Perkins: Standards Framework for the Computer Interchange of Museum Information, Museum Computer Network, Silver Spring, First Edition May 1993. s.a.: in: SPECTRA, 1993, Vol. 20, No. 2 und 3. Aktuelle unter http//:www.cimi.org

239 V. Herman: The Memorandum of Understanding on Multimedia. Access to Europe's Cultural Heritage, Vortrag, gehalten am 14. November 1997 anl. EVA'97 Berlin; Multimedia access to Europe's Cultural Heritage. MoU, ed. by European Commission, DG XIII-B, 28 Juni 1996; Multi-media access to Europe's Cultural Heritage. MoU, ed. by European Commission, DG XIII-B, 4. März 1998.

Abb. 14 *Übersicht internationaler Datenfeldkataloge*

Comité International pour la Documentation (CIDOC):
  Data Model[240]
Museum Documentation Association (MDA):
  Spectrum: The UK Museum Documentation Standard[241]
Getty Information Institute (GII):
  Categories for the description of works of art[242]
Art Information Task Force:
  Categories for the Description of Works of Art[243]
Canadian Heritage Information Network (CHIN):
  Humanities Data Dictionary[244]
République Française, Ministère de la Culture et de la Communication:
  Inventaire général des monuments et des richesses artistiques de la France[245]
Istituto centrale per il catalogo e la documentazione (ICCD):
  Sistema informativo per il catalogo generale[246]
Arbeitsgruppe Dokumentation des Deutschen Museumsbundes (DMB):
  Datenfeldkatalog zur Grundinventarisation[247]
Datenbank Schweizerischer Kulturgüter (DSK):
  Informations-Kategorien zur Inventarisation mobiler Kulturgüter[248]
Bildarchiv Foto Marburg:
  Marburger Informations-, Dokumentations- und Administrations-Systems
  (MIDAS)[249]

---

240 Comité International pour la Documentation (CIDOC), Conseil international des musées, International Council of museums (ICOM): CIDOC Data Model, 1994, Aktualisierungen s.: www.cidoc.icom.org

241 Museum Documentation Association (MDA): Spectrum: The UK Museum Documentation Standard, compiled and edited by A. Grant, Cambridge, 1994, laufend aktualisiert, s. www.mda.org.uk

242 Getty Art History Information Program (Getty AHIP): Categories for the description of works of art, Santa Monica, seit 1993 laufend aktualisiert, s. www.gii.getty.edu

243 Art Information Task Force: Categories for the Description of Works of Art, revised by J. Trant, 1993.

244 Canadian Heritage Information Network: Humanities Data Dictionary of the CHIN, Documentation Research Group, Museum Services Division, Documentation Research, Publication No. 1, Revision 2, seit 1988 laufend überarbeitet, Aktualisierungen s.: www.chin.org

245 Inventaire général des monuments et des richesses artistiques de la France: Système descriptif des peintures, Paris, 1977; Principes d'analyse scientifique: La sculpture: Méthode et vocabulaire, Paris, 3e éd., 1990; ders.: Principes d'analyse scientifique: Le vitrail: Vocabulaire typologique et technique, Paris, 1993. s.: www.culture.fr/culture/inventai/presenta/invent.htm

246 Istituto centrale per il catalogo e la documentazione (ICCD): Sistema informativo per il catalogo generale dei beni ambientali, architettonici, archeologici, artistici e storici, Ministero per i beni culturali e ambientali, Roma, 1992. Weitere Informationen unter: www.iccd.beniculturali.it

Datenfeldbereiche und Datenfelder

Die zu definierenden Datenfeldbereiche sind als eigenständige Masken zu verstehen, die mittels Relationen miteinander in Beziehung stehen. Der zugriffsberechtigte Benutzer muß die Möglichkeit haben, alle Informationen zu einem Objekt abzurufen, andererseits aber auch alle Informationen innerhalb eines Datenfeldbereiches zu finden. Somit integriert die objektbezogene Gesamtabfrage alle vorhandenen Datenfelder und gibt alle verfügbaren Informationen wieder. Eine Abfrage in einem Datenfeldbereich hingegen verweist in der Regel nur auf die dort vorhandenen Felder. Durch die Verknüpfungen der Datenfeldbereiche und einzelner Datenfelder untereinander ergeben sich vielfältige Eingabe-, Such- und Auswertungsmöglichkeiten. Des weiteren sollten die einzelnen Datenfelder als Hilfefunktion auch Informationen über die Form und Art ihres Inhalts enthalten (z.b.: Erläuterungshilfe zum Datenfeld Entlehndatum: Das Entlehndatum bezeichnet den Termin des Entlehnens der Dias/Photos durch den Entlehner). Der Zugriff auf die einzelnen Informationen und Datenfelder muß durch Vergabe von Berechtigungen genauestens geregelt werden. Die Verwaltung der Zugriffsberechtigungen gehört zum Aufgabenbereich des Systemadministrators. Grundsätzlich sollte der Suchmodus generell freigegeben werden, außer bei Feldern, die als zugriffsgeschützt definiert wurden (z.b.: Versicherungssumme, Ankaufssumme).

Datenfeldbereiche – ein Beispiel

Anhand der im Rahmen der Strukturanalyse ermittelten Bereiche der Diathek des Institutes für Klassische Archäologie (s. Kapitel 2.6.) wird als einleitender Überblick eine Übersicht über die benötigten Datenfeldbereiche gegeben. Weitere Datenfeldbereiche finden sich beispielsweise beim Regelwerk MIDAS[250] wieder.

---

247 V. Pröstler: Datenfeldkatalog, 1993.

248 Datenbank Schweizerischer Kulturgüter (Hg.): Informations-Kategorien zur Inventarisation mobiler Kulturgüter, 1996.

249 MIDAS ist eigentlich ein Regelwerk, dessen Kategorien aber zugleich als Datenfelder verstanden werden. L. Heusinger: MIDAS Handbuch, Bildarchiv Foto Marburg, 2. Auflage, 1992, zahlreiche Ergänzungen, Aktualisierungen s. http://fotomr.uni-marburg.de

250 MIDAS Handbuch, 3. Aufl. 1994, S. 96f.

Abb. 15 *Übersicht Datenfeldbereiche*

---

1. Allgemein / Zugriffsregelung
2. Wissenschaftliche Ersteingabe und Bearbeitung
3. Grundinformationen
4. Besitzer- und Standortnachweis
5. Bibliographie
6. Neubestellung (Bestell-Daten)
7. Entlehnung (Entlehn-Daten)
8. Verwaltungsbezogene Daten
9. Druck- / Scan-Daten
10. Copyright-Daten
11. Aufbewahrung Objekt
12. Fundort Objekt
13. Provenienz Objekt
14. Weitere Objektbezogene Daten
15. Künstlerdaten
16. Datierung Objekt
17. Fertigungstechnik / Material / Maße des Objektes
18. Materialgruppe Objekt
19. Bild- / Textinhalt Objekt
20. Freie Beschlagwortung

Übersicht über die Datenfelder – ein Beispiel

Die Datenfeldbereiche verfügen über eine Fülle von Datenfeldern. Beim genannten Beispiel bleibend, soll hier ein kurzer Überblick gegeben werden.

Abb. 16 *Übersicht Datenfelder*

---

1. Datei Allgemein/Zugriffsregelung
   Paßwort bzw. Einstiegscode, Datensatznummer Text, Datensatznummer Bild
2. Datei Wissenschaftliche Ersteingabe und Bearbeitung
   Ersteingabedatum, Ersteingeber, Bearbeitungsdatum, Bearbeitername
3. Datei Grundinformationen
   Objektbezeichnung, Bildfeld, Abbildungsnachweis, Abbildungsnummer
4. Datei Besitzer- und Standortnachweis
   Besitzer, ggf. Archivzugehörigkeit, Standort, Inventarnummer
5. Datei Bibliographie
   Autor Name, Autor Vorname, Titel, Herausgeber/Institution, Zeitschrift/Reihe, Folge, Band/Jahrgang, Erscheinungsjahr, Kurztitel

---

6. Datei Bestell-Daten
   Bestelldatensatznummer bestehend aus: Bestellisten-Nummer und Bestell-Positions-nummer, Bestelldatum, Abholdatum, Lieferdatum, Besteller Name, Besteller Vorname, Besteller Anschrift, Besteller Telephonnummer, Verwendungszweck, Lehrveranstaltung, Freigabevermerk, Produktionsvermerk

7. Datei Entlehn-Daten
   Entlehndatensatznummer bestehend aus: Entlehnlisten-Nummer und Entlehn-Positionsnummer, Entlehndatum, Rückgabedatum, Entlehner Name, Entlehner Vorname, Entlehner Anschrift, Entlehner Telephonnummer

8. Datei Verwaltung-Daten
   Status, Kategorie, Format (Dia/Negativ), Format (Photo), Rahmung Dia, Kartonformat Photo, Art, Verfahren (Dia/Negativ), Verfahren (Photo), Referenznummer, Erwerbungsart, Herkunft, Hersteller, Herstellernummer, Abbildungszahl

9. Datei Druck-/Scan-Daten
   Publikationseignung, Druckfreigabe, Druckexport, Eingescannt am, Auflösung dpi

10. Datei Copyright-Daten
    Originalaufnahme, Photograph, Aufnahmedatum, Copyright-Inhaber, Bemerkungen Verwaltung, Restaurierungsbefund

11. Datei Aufbewahrung Objekt
    Aufbewahrung Land, Ort, Museum/Institution, Sammlung, Museum Inventarnummer, Aufbewahrung Bemerkungen, Vorbesitzer Museum/Sammlung

12. Datei Fundort Objekt
    Fundland, Fundlandschaft, Fundort, Ortsteil, Objekt, Fundstelle, Fundort Bemerkungen, Fundregion

13. Datei Provenienz Objekt
    Provenienz Land, Landschaft, Ort, Ortsteil, Objekt, Fundstelle, Provenienz Bemerkungen

14. Datei Name/Bezeichnungen/Ansicht Objekt
    Objektname, Zweitname, Bemerkungen Objekt, Ansicht, Objektstatus

15. Datei Künstler
    Künstler bzw. Autor oder Hersteller, Künstlertyp, Künstler Bemerkungen, Künstler Signatur, Künstler Signatur Bemerkungen

16. Datei Datierung Objekt
    Datierung Kultur, Epoche 1, Epoche 2, Epoche 3 (eventuell noch Epoche 4 und Epoche 5), Landschaftsstil, Stil, Datierung verbal, Datierung numerisch Beginn, Datierung numerisch Ende, Datierung Bemerkungen

17. Datei Maße/Material/Technik Objekt
    Maße, Material, Fertigungstechnik

18. Datei Materialgruppen
    Architektur, Gefäß, Gewebe, Malerei, Mosaik, Schmuck, Skulptur etc.

19. Datei Bild- / Textinhalt
    Ikonographie, Inschrift Sprache, Inschrift Text

20. Datei Freie Beschlagwortung

Datenfelder einzeln – einige Beispiele

Wie schon in der Einführung zu diesem Kapitel beschrieben, verfügt das einzelne Datenfeld über eine Vielzahl von datenbanktechnischen und inhaltlichen Informationen. Die Bezüge bzw. Zusammenfassungen gleichartiger Informationen werden als Entitäten bezeichnet. Jede Entität des Datenmodells ist durch Attribute und Relationen gekennzeichnet. Durch diese Informationen wird der Typus, die Funktionen und das Format der Entität, seine Optionen und die Relationen charakterisiert. Des weiteren wird der jeweilige Entitätentyp in ›fundamental‹, ›attributiv‹ und ›associative‹ klassifiziert. Ersteres bedeutet, daß die Entität als eigenständiges Objekt auch ohne mögliche Relation bestehen kann. Zweites legt die unbedingte Relation dar, da diese Entität für eine andere (›weak entity‹) eine beschreibende Bestimmung, also ein Attribut hat. Mit ›associative‹ werden vielfältige Relationen (sogenannte n:m-Beziehungen) des Entitättyps charakterisiert. Je nach Notwendigkeit kann die Struktur des Datenbanksystems auch durch ein Entity-Relationship-Modell (ER-Modell) dargestellt werden. Dieses gibt die Relationen der Entitäten zu den Referenztabellen und die Beziehungen der Datenfelder untereinander wieder.

Folgende Angaben werden zu den einzelnen Datenfeldern benötigt:

1. Jedes einzelne Datenfeld erhält einen unverwechselbaren Namen und aus Gründen der Identifizierung auch eine Kennzahl.
2. Durch eine kurze Beschreibung des Inhaltes, die auch als Semantik bezeichnet werden kann, wird eine Definition der inhaltlichen Notwendigkeit des Datenfeldes gegeben.
3. Durch die Angabe, ob es sich bei dem eingegebenen Inhalt um Informationen in Form von Text, Zahl, Datum, Bild, Film oder Ton handelt, wird der Daten(feld)typ ermittelt. Eine Längenangabe gibt die Feldlänge bzw. Zeichenlänge an.
4. Hierzu ergänzend erfolgt die Angabe von Optionen (z.B.: Automatische Eingabe von Erstellungsdatum, Änderungsdatum, Erstellername, Änderungsname, Seriennummer). An dieser Stelle kann auch markiert werden, wenn dem Datenfeld ein Wert zugewiesen werden muß.
5. Das Feldformat definiert das Format des dargestellten Feldes (z.B.: Standardfeld ggf. mit vordefinierter Länge, Aufklappliste (oder), Markierungsfelder (und), Auswahlfelder (entweder/oder).
6. Notwendige Verknüpfungen mit optionalen Datenfeldern oder Dateien werden im Feld Relationen angegeben (z.B.: Scandatei, Wissenschaftsdatei für Dozenten (eingeschränkter Zugriff), Entlehnformular). Die Anzahl der Datenfelder, zu denen eine Beziehung besteht, kann des weiteren durch Untergrenzen (U) und Obergrenzen (O) näher definiert werden (z.B.: Es besteht zu

maximal O Datenobjekten eine Beziehung). Auch sollte die Entität, zu der die Relation besteht, bezeichnet werden. (z.b.: Name und Funktion: Kurier Hintransport, Relation zu Entität Ausstellung).

7. Als Funktionen gelten ›erzeugen‹, ›ändern‹, ›suchen‹, ›löschen‹ von Informationen in Datenfeldern und Datensätzen. Diese können je nach Definition zugriffsgeschützt sein.

8. Unter Spezifikationen können frei zugängliche bzw. zugriffsgeschützte Datenfelder (z.b.: nur Systemadministrator, Buchhaltung, Restaurierung) bezeichnet werden.

9. Falls die Informationen eines Datenfeldes für eine bestimmte Auswertung vorgesehen sind, wird diese Auswertungsform genannt (z.b.: Listen, Etiketten, Karteikarten, Leihformulare, Bestellformulare, Beschriftung eines Dias oder Photos, Statistische Auswertungen).

10. Ein Feld für freie Bemerkungen unterschiedlichster Art muß kritisch hinterfragt werden, da es leicht als „Mülleimer" für Informationen aller Art benutzt werden kann. Besser wäre die Einbindung der Informationen in den jeweiligen Sachzusammenhang. Dies kann jedoch als Folge zu einer hohen Anzahl von Datenfeldern führen, wie es das Beispiel des Regelwerkes MIDAS belegt. Anhand von zwei Beispielen werden die Informationen eines Datenfeldes näher erläutert.

Abb. 17 *Datenfeld*

Beispiel 1: Datei Besitzer- und Standortnachweis

Nummer:
Datenfeldname: Inventarnummer
Definition: Die Inventarnummer ist alphanumerisch aufgebaut und gibt durch die Buchstaben Auskunft über den Standort (z.b. Schrank), als auch durch die Nummer die exakte Aufstellung innerhalb dieser Ordnung an.
Feldtyp: Text/Zahl
Optionen: Automatische Vergabe der nächsten Serienbezeichnung, aber auch Angabe der bestehenden Lücken wird gefordert.
Feldformat: Standardfeld
Relationen: Bestandteil der Kerndaten
Funktionen: erzeugen, ändern, suchen, löschen
Spezifikationen: suchen (frei zugänglich), erzeugen, ändern, löschen (zugriffsgeschützt nur für zuständigen Mitarbeiter)
Auswertungen: Listen
Bemerkungen: Die Inventarnummer bezeichnet auch den Standort des Objektes. Innerhalb der einzelnen Archive wird deren archiveigene Inventarnummer übernommen.

Beispiel 2: Datei Entlehn-Daten (Entlehnung)
Nummer:
Datenfeldname: Rückgabedatum
Definition: Das Rückgabedatum bezeichnet konkret den Termin der Rückgabe der entlehnten Objekte (z.b.: Dias/Photos) durch den Entlehner. Das Rückgabedatum könnte sich beispielsweise durch die Eingabe des Entlehndatums ergeben (z.b.: Entlehndatum + xx Tage = Rückgabedatum).
Feldtyp: Datum
Optionen: Formel
Feldformat: Standardfeld
Relationen: Verwaltungsdb, Wissenschaftsdb generell, Entlehnmaske
Funktionen: erzeugen, ändern, suchen, löschen
Spezifikationen: suchen (frei zugänglich), erzeugen, ändern, löschen (zugriffsgeschützt nur für zuständigen Mitarbeiter)
Auswertungen: Ausdruck Entlehnformular
Bemerkungen: Durch das Systemdatum des Computers werden die entlehnten und nicht rechtzeitig zurückgegebenen Objekte (z.B.: Dias/Photos) am Tag nach dem Rückgabedatum automatisch angezeigt und können nach Ablauf einer Mahnfrist somit eingefordert werden.

2.4. Ausschreibung und Evaluation

Die weitere Vorgehensweise sieht die Ausschreibung vor. Wurde im Rahmen der o.g. Strukturanalyse das Pflichtenheft und die Leistungen an die Anbieter erstellt, wird die Programmierung und Gestaltung einer Datenbank für Text- und Bilddaten und dem dazugehörenden System ausgeschrieben.

Informationen über bereits bestehende Anwendungen geben einen guten Überblick. Neben einem Überblick über internationale Entwicklungen in den Bereichen der Technologie und Dokumentation hilft insbesondere die Kenntnis bestehender Systeme in anderen vergleichbaren Institutionen und Kontakten zu Herstellern und deren Produkten unnötige Entwicklungskosten zu zahlen. Die Informationsgrundlage über bereits bestehende Anwendungen und die Kontakte zu Herstellerfirmen kommt dann der Ausschreibung vorbereitenden Interessentensuche zu Gute. So stellt der bereits genannte Bericht der Arbeitsgruppe Software-Vergleich der Fachgruppe Dokumentation beim Deutschen Museumsbund zahlreiche, im deutschsprachigen Raum eingesetzte Datenbank Management Systeme vor und darf als gute Arbeitsgrundlage zur Ausschreibung und Bestbieterermittlung[251] bezeichnet werden.

---

251 Näheres im Kapitel 2.4. Ausschreibung und Bestbieterermittlung durch Leistungsverzeichnis und Bewertungsprotokoll.

Für die Interessentensuche können Interessenten entweder über die Publikationsorgane der zuständigen Berufsvertretungen (z.b.: Europäisches Multimedia Forum, Deutscher Multimedia Verband) informiert oder auch direkt kontaktiert werden. In Form einer Anfrage werden die wichtigsten Angaben zum Projekt (Angebotsumfang, Zeitplan, grundlegende Informationen zur Institution, zum Stand des Projektes) angegeben und um Informationen (u.a.: Produktinformationen, Preisliste, Wartungskosten, Referenzliste, Demoversion) zum Datenbanksystem und zu der dazugehörigen Firma ersucht. Mit diesen Informationen kann eine erste Vorabevaluierung stattfinden, der dann die Einladung zur Präsentation oder die Ausschreibung folgt.

Anforderungen

Die Ausschreibungsbestimmungen und schriftlichen Erläuterungen für den Bieter gliedern sich in:

1. Allgemeine Vertragsbedingungen
Für die Ausschreibung gelten die Allgemeinen Vertragsbedingungen der für die Ausschreibung rechtlich zuständigen Institution.
2. Ansprechpartner
Vorname, Name, Funktion, Telefonnummer, Adresse
Alle Fragen, die mit der vorliegenden Ausschreibung in Zusammenhang stehen, sind mündlich oder schriftlich an die bezeichneten Ansprechpartner zu richten.
3. Datum der Ausschreibung
Bei einer Ausschreibung ist unbedingt auf die zeitlichen Fristen zu achten. Ein im Wirtschaftsraum der Europäischen Union auszuschreibendes, sogenanntes „Offenes Verfahren" dauert 52 Tage und muß im Amtsblatt der Europäischen Union ausgeschrieben werden. Ein Verhandlungsverfahren hingegen gliedert sich in drei Phasen:
a) Dauer 37 Tage, mindestens 3 Angebote müssen eingeholt werden,
b) Dauer 21 Tage, mindestens 2 Angebote müssen verglichen werden können,
c) Dauer 14 Tage, Evaluierung und Bestbieterermittlung.
4. Datum der Angebotsabgabe
Die Phase der Sichtung der eingelangten Angebote und der Evaluation der Produkte kann bis zu 4 Wochen in Anspruch nehmen.
5. Datum des voraussichtlichen Zuschlages an den Bestbieter
6. Anforderungen
Hier werden weitere Anforderungen (z.B.: Einschränkungen, Garantien etc.) genannt, wie beispielsweise:

Der Auftragnehmer verpflichtet sich, alle angebotenen Hard- und Software-Komponenten sowie sonstige Leistungen in Generalunternehmerschaft anzubieten, zu vertreiben und zu warten.

Der Auftragnehmer legt dar, mit welchen Produkten die Anforderungen des Datenbank Management Systems auf der angebotenen Hardwareplattform (Server und Arbeitsplatzgeräte) zu realisieren sind und gibt eine verpflichtende Erklärung ab, daß die angebotene Software, das Datenbankprogramm und die Zusatzgeräte (Drucker, Scanner und deren Software etc.) auf der angebotenen Hardwareplattform lauffähig sind.

7. **Erläuterungen**

Die Ausschreibung kann anwendungs- bzw. aufgabenbezogen aufgebaut sein. Dies bedeutet, daß sich die aus den geplanten Anwendungen, sowie der vorhandenen Infrastruktur zwingend ergebenden Forderungen teilweise bereits umgesetzt bzw. funktional formuliert worden sind. Diese Vorgabe technischer Spezifikationen erklärt sich aus der Maßgabe, die zu beschaffende Leistung und die Produkte in ein bereits bestehendes Konzept zu integrieren.

Darstellung der Institution und des Projektes

Ein kurzer Überblick über die Institution, die institutionellen Schwerpunkte (Sammlung, Ausstellung etc.) dient zur Erläuterung des Anlasses und der Ziele des Projektes. Außerdem werden noch Informationen über die Sammlungsbeschaffenheit (Standorte, Art und Anzahl der Bestände), über den jährlichen Zuwachs und über die Art und Weise der Katalogisierung bzw. Dokumentation gegeben. Abschließend wird kurz der Verlauf und der gegenwärtige Stand des EDV-Projektes bezeichnet, d.h., welche konkreten Vorleistungen bisher erbracht worden sind.

Anforderungen an die Hardware

Das gesamte Auftragsvolumen kann die Hardware (zentraler Server, diverse Arbeitsplatzgeräte für Eingabe und Abfrage nach DIN-Norm) inklusive Peripherie (Speichermedien für Text und Bild, Netzanschluß zur Einbindung ins Datennetz, Datensicherungsgeräte etc.), Software (Betriebssystem, OCR-Software, etc.), Datenbanksystem (Diskussion, Erstellung des Pflichtenheftes, Programmierung, Einschulung), Installation und Wartung des Systems umfassen. Darüber hinausgehend sollten je nach Anforderungen und Umfang des Projektes auch weitere benötigte Geräte zur Bearbeitung (Scanner, digitale Kamera, Diabeschriftungsgeräte etc.), die Anschlußmöglichkeiten an ein Global Area Network (wie sie Internet und World Wide Web bieten) und die Auswertung durch Instrumente der Multimedia-Technologie[252] oder für die spätere Publishing[253] Nutzung berücksichtigt werden. Die ausschreibende Institution sollte sich vorbehalten, gegebenfalls nur Teile der Ausschreibung zu realisieren.

Informationen über die derzeitige Ausstattung der Institution erlauben dem Anbieter, das Systemumfeld genauer kennenzulernen. Hiervon hängt eine Teilnahme an der Ausschreibung unmittelbar ab, denn in den meisten Fällen soll das neu zu implementierende System das bereits vorhandene System unterstützen. So sollte nach Möglichkeit versucht werden, Vorkehrungen zu treffen, die vorhandene Hardware in das neu zu installierende System einzubinden. Bei dem geplanten Ausbau müssen folgende Forderungen berücksichtigt werden:

Zum einen werden, bedingt durch die Personalausstattung im EDV-Bereich der Institution (zumeist nur ein Systemadministrator bzw. ein Haustechniker), höchste Ansprüche an eine wartungsarme, effektive und übersichtliche Verwaltung des Zentralrechners, der Arbeitsplatzrechner und des Netzwerkes gestellt. Zum anderen muß das System für die Nutzer, die, wie bereits erwähnt, über sehr unterschiedliche EDV-Erfahrungen verfügen, extrem komfortabel, einfach und sicher in der Bedienung sein. Dies gilt für Hardware und Software gleichermaßen. Von daher wird großer Wert auf relativ einfache Benutzeroberflächen gelegt. Bei der Einrichtung der Hardware und Betriebssystemsoftware in allen Bereichen ist auf maximale Ergonomie und Betriebssicherheit zu achten. Zu prüfen ist, ob bereits vorhandene Hardware in das neu zu installierende System eingebunden werden kann.

Des weiteren ist darauf zu achten, daß das angebotene System für das Gesamtvorhaben (Text- oder/und Bilddaten) ausreichend dimensioniert ist. Das Datenbank Management System muß problemlos lauffähig sein, ein angemessenes Antwortzeitverhalten sollte garantiert werden und genügend Speicherkapazität (ggf. Verdopplung der Datenmenge im Rahmen der Sicherung der Daten durch Spiegelung) für die nächsten 5 Jahre vorhanden sein. Darüberhinaus muß das System problemlos erweiterbar und ausbaufähig sein, um auch künftigen Anforderungen (z.B.: digitaler Film) gerecht zu werden. Hierbei ist das regelmäßige Umkopieren der Daten auf neue, zukunftsträchtige Träger- und Speichermedien miteinzuplanen.

Falls die LAN-Verkabelung für EDV-Netzwerke mit Anschlüssen zu den Räumlichkeiten noch nicht verlegt worden sind, kann dies ggf. zu einer separaten Ausschreibung führen. Die technischen Spezifikationen hierzu müssen un-

252 R. Steinmetz: Multimedia-Technologie, 2. Aufl. 1999.

253 N. Alm: Personal Web-Publishing. Möglichkeiten, Bedingungen und Konsequenzen der Publikation privater Inhalte im World Wide Web, Diplomarbeit, Grund- und Integrativwissenschaftliche Fakultät der Universität Wien, 2000.

bedingt mit der Hardware und den Anforderungen an das Betriebsystem abgestimmt werden. Es sollte die Möglichkeit bestehen, Zusatzgeräte wie Drucker, Scanner oder sonstige Geräte lokal an die Arbeitsplatz-PCs anzuschließen, wobei eine Nutzung über die Netzdienste möglich sein muß. Eine besondere Verkabelung der Zusatzgeräte könnte damit entfallen. Ein physikalisches Einbinden oder Entfernen von Arbeitsplatzcomputern in bzw. aus dem Netzwerk muß im laufenden Betrieb ohne Störungen oder Unterbrechungen möglich sein.

In welchem Raum des Gebäudes befindet sich der Server? Wo befinden sich die Arbeitsplatzrechner, wo die Peripheriegeräte (z.b.: Scanner)? Wer hat Zugriff und Zugang zu diesen Räumlichkeiten? Zu beachten ist die Wärmeentwicklung des Servers. Der hierfür vorgesehene Raum muß gegebenenfalls klimatisiert werden. Auf jeden Fall sollte er über stromausfallsichere EDV-Steckdosen verfügen, die den Anforderungen an eine unterbrechungsfreie Stromversorgung für Computer entsprechen.

Folgende Gründe können die Lösung eines zentralen Servers befürworten: bauliche Verhältnisse, zentrale Datenhaltung und -sicherung, zentrales Systemmanagement und Nutzerbetreuung. Für die meisten Institutionen dürfte ein Rechnersystem mittlerer Größenordnung als Server genügen. Dieser Server soll hardware- und softwaremäßig so ausgelegt sein, daß xx Arbeitsplätze angeschlossen werden können, von denen aus auch interaktiv am Server gearbeitet werden kann. Der Server dient zum einen zur Sicherstellung der zentralen Dienste (Server-Client im LAN, externe Kommunikation und Datenaustausch) und zum anderen zur zentralen Ablage der gesamten Datenbasis (Applikationen, Dateien, Datenbank, Bilder).

Der angebotene Server soll über ausreichend Speicherkapazität verfügen. Der zu realisierende Speicherausbau ist abhängig von der Hardware-Architektur des Rechners, von dem Ressourcenbedarf der Funktionen des Betriebssystems und der systemnahen Software, von der geplanten Anwendungssoftware und der Mächtigkeit der zu realisierenden Datenbankanwendungen und gespeicherten Bilder. Darüberhinaus muß der Server das Antwortzeitverhalten und den Plattenplatz betreffend ausbaufähig sein. Auch ist ein Backup-Gerät anzubieten, das eine vollständige, komfortable, operatorlose Komplettsicherung erlaubt. Es sollte sich hierbei um ein kompaktes, ergonomisches Gerät handeln, das auch dem künftigen Stand der Technologie entspricht.

Neben der adäquaten Hardware-Ausstattung ist ein leistungsfähiges, standardisiertes multitasking-/multiuserfähiges Betriebssystem erforderlich, das dem Benutzer den Zugriff auf einer graphischen Ebene gestattet. Adäquate Betriebssystemfunktionen in Hinblick auf komfortables System- und Netzwerkmanagement, Spiegelplatten, Backup-Verfahren, Sicherheit und Nutzeraccounting sind obligatorisch. Vom Anbieter sollte die Leistungsfähigkeit des Standard-Betriebssystems dargelegt und gegebenenfalls optional entsprechende Betriebssystemergänzungen angeboten werden. Es sollten nur ergonomische, hochauflösende Farbmonitore mit einer ausgezeichneten Darstellungsgüte und extremen Schärfe zum Einsatz kommen. Wichtig sind eine flimmerfreie Darstellung durch hohe Bildwiederholraten (mindestens 70 Hz), die Einhaltungen der MPR-Empfehlung für strahlungsarme Bildschirme (schwedische Norm), der Energiesparfunktionen nach TCO 92 und der Ergonomie nach ISO 9241-3. Die Einhaltung der ergonomischen Eigenschaften gelten auch für den Drucker, wie z.B. geringe Geräuschentwicklung (max. ca. 30 dB). Die Wahl eines geeigneten Drucker richtet sich nach der Quantität und angestrebten Qualität der Ausdrucke. Für den Ausdruck von Bildvorlagen sind sowohl Tintenstrahldrucker als auch Laserdrucker denkbar.

Betriebssicherheit und Speichermedien

Die angebotene Rechneranlage muß erhöhte Anforderungen an Systemsicherheit und Betriebstandfestigkeit erfüllen, da ggf. ein weitestgehend operatorloser Betrieb angestrebt wird. Insbesondere sind wiederkehrende Vorgänge wie Backup des Systems durch automatisierte Verfahren mit entsprechender Hardwareunterstützung vorzusehen.

Systemmanagementaufgaben sollen weitestgehend durch standardisierte Prozeduren zu erledigen sein. Die Erfordernisse nach einem weitgehend operatorlosen Betrieb sind auch auf die Reaktionen bei eventuellen Betriebsstörungen abzubilden. Die zentrale Datenhaltung des Systems muß durch Spiegelplattensysteme abgesichert werden, d.h. alle System- und Datenplatten müssen jeweils redundant mittels Plattenspiegelungen doppelt vorhanden sein. Diese doppelte Abspeicherung der Textdaten muß die Serverhardware in Zusammenspiel mit dem Betriebssystem effizient und mit geeigneter Performance leisten. Ein automatisches Rückladen der Daten auf bei Reparatur ausgetauschten Platten muß gewährleistet sein, d.h. das Wiedereinspielen von Backup-Sicherungen darf nur in Notfällen notwendig werden.

Zur Frage der Sicherung und Speicherung der digitalisierten Bilddaten gelten folgende Anforderungen:

· Hohe Speicherkapazität ohne Verlust der Daten
  (gleichbleibende Bildqualität trotz Komprimierung)
· schneller und wahlfreier Direktzugriff
  (kurze Komprimierungs- und Dekomprimierungszeiten)
· Archivfähigkeit des Speichermediums
  (Speicherung der Daten über einen langen Zeitraum)
· vernünftiges Preis-Leistungs-Verhältnis bei Datenzuwachs

Die erhöhten Anforderungen an solche Systeme machen es unbedingt notwendig, eine mit dem vorhandenen System geeignet abgestimmte USV-Anlage (Unterbrechungsfreie Stromversorgung) für den Server und seine unmittelbar angeschlossene Hardware mitanzubieten.

Daten- und Systemschutz

Das angebotene Rechnersystem (Server, Netzwerk, Arbeitsplatzrechner, Peripheriegeräte) muß geeigneten Schutz vor dem Verlust der Vertraulichkeit, Integrität und Verfügbarkeit bieten. Die einzelnen Komponenten müssen sich gegen externe Zugriffe etwa mittels externer Kommunikationsleitungen und interne Manipulationen von Geräten und Software durch unbefugte Personen schützen lassen.

Geeignete Maßnahmen können beispielsweise sein:

· Protokollierung des Benutzerverhaltens
· Protokollierung externer Kommunikation
· Differenzierte Benutzerrechte
· Datenverschlüsselung
· Vergabe von Passwörtern
· Umfangreicher Dateischutz
· Zugang zu den Arbeitsplatzrechnern und den Peripheriegeräten über Passwörter

Diese Maßnahmen und die Überprüfungen der Maßnahmen sollten durch den Systemadministrator bzw. eine mit Sicherheitsaufgaben betraute Person einleitbar und jederzeit abrufbar sein. Geeignete Maßnahmen gegen die Einschleusung und Verbreitung von Computerviren durch PCs und externe Kommunikation und für deren Erkennung und Beseitigung sind anzubieten.

Benutzerfreundliche Anforderungen

Angaben zum Kenntnisstand der Benutzer ergänzen die Ausschreibungsunterlagen. Normalerweise umfaßt der Kreis der Benutzer sowohl Anfänger als auch mit dem Computer vertraute Personen. So ist auf Benutzerfreundlichkeit und einfache, sich selbst erklärende Bedienung zu achten. Die Oberfläche der Datenbank ist so zu gestalten, daß ein problemloser Zugriff möglich wird, der wenig Betreuung seitens eines Systemsadministrators benötigt. Dies gilt vor allem für die Suchmaske und die Bereitstellung unterschiedlicher Suchstrategien, die aus den Datenstrukturen der Institution (Forschungsvorhaben, wissenschaftliche Projekte) zu entwickeln sind.

Das geplante System soll den Anwendern zum einen eine einheitliche, leicht zu bedienende graphische Benutzeroberfläche (beispielsweise Windows oder Apple Macintosh) bieten und zum anderen die dringlichen Anforderungen nach geregeltem Zugriff durch die unterschiedlichen Benutzer, Abläufe in Vorgängen der Dokumentation, Inventarisierung, Verwaltung, Verrechnung, ggf. Leihverkehr und Restaurierung/Konservierung und interner/externer Kommunikation abdecken. Ziel ist letztlich die Unterstützung der Arbeitsbereiche, um innerhalb der Institution einen optimalen Informationsfluß zu erreichen und um das durch den Einsatz der EDV entstehende Arbeitsaufkommen bewältigen zu können. Nicht zuletzt aus Kostengründen sollte die Gesamtarchitektur des Systems ein modulares System von Produkten und ausbaufähigen Erweiterungsmöglichkeiten vorsehen, so daß auch Museen mit geringem Budget hieran Anteil nehmen können. Im Hinblick auf künftigen Datenaustausch muß die Einhaltung von internationalen Standards und Normen unbedingt gewährleistet werden.[254] Besonderes Augenmerk verdient in diesem Zusammenhang auch die Frage nach der Beschlagwortung bzw. der Unterstützung des Systems durch einen Thesaurus.

Anforderungen an Bildvorlagen

Bei der Konzeption eines digitalen Bildarchives[255] ist die Qualität und Eingabepriorität der einzuscannenden Bildvorlagen unbedingt festzulegen. So muß grundsätzlich zwischen marktpolitischen, d.h. verwertungsstrategischen, und sammlungserhaltenden, d.h. konservatorischen Gründen unterschieden werden. Erstere orientieren sich eher an der raschen Bereitstellung der für den täglichen wissenschaftlichen Alltag notwendigen Bilder (z.B.: Erschließung der Diathek oder Auswertung ›populärer‹ Bilder), letztere rechtfertigen die Bevorzugung der gefährdeten Originalbestände (z.B.: Druckgraphik, Zeichnungen, Handschriften, Codices, aber auch alte Repronegative oder Photos). Je nach Anforderung muß zwischen einer raschen Bereitstellung der niedrig aufgelösten Bilder in Form eines digitalen Bildkataloges (Thumbnails) oder der zeitintensiven Archivierung durch Aufnahme jeder einzelnen Bildvorlage mittels hochauflösender Digitalisierung für druckfähige Bildvorlagen (RGB-Vollbild) unterschieden werden. Dem For-

---

254 Hierzu zählen museologische Standards wie: International Guidelines for Museum Object Information: The CIDOC Information Categories, ed. by CIDOC Data and Terminology and CIDOC Data Model Working Groups (Juni 1995) und technologische Standards: D. Bearman & J. Perkins: Standards Framework for the Computer Interchange of Museum Information, in: Spectra, 1993, Vol. 20, No. 2, 3 oder ed. by Museum Computer Network, Silver Spring MD, 1993.

255 Als Einführung: H. Besser und J. Trant: Introduction to Imaging. Issues in Constructing an Image Database, The Getty Art History Information Program, Santa Monica, California, 1995; A. Geschke: Nutzung elektronischer Bilder im Museum, IfM, 1995, Heft 42; R.-D. Hennings (u.a.): Digitalisierte Bilder im Museum, IfM, Band 14, 1996. Kurz und prägnant: K. Bulle: Standards beim Aufbau digitaler Bildarchive, s.: www.museumsbund.de/termine/dm-bokt99/bildarchiv.htm (18.07.2000)

schenden sollte es möglich sein, die Vorlagen am Monitor vom Thumbnail bis hin zur ganzseitigen Darstellung zu sehen. Außerdem sollte man Einrichtungen zur Verfügung stellen, die gute Ausdrucke für Studienzwecke anfertigen und Bilder auf einem digitalen Datenträger für Druckzwecke zum Mitnehmen aufbereiten können. Die Anforderungen an digitale Kamera, Scanner, Drucker und Speichermedien haben sich nach diesen Vorgaben zu orientieren.

Zumeist kommen Flachbett- und Kleinbildscanner zum Einsatz. Falls es im Sammlungsbestand auch historische Bildvorlagen gibt, scheiden Trommelscanner grundsätzlich aus. Der für die Ablage des Bildes benötigte Speicherplatz (Speicherbedarf, Größe des Hauptspeichers und die Prozessorleistung) hängt einerseits von der Scandichte (dpi), andererseits vom Komprimierungsverfahren ab.[256] Die Bilddaten sind unabhängig von den Textdaten zu speichern, damit bei der Suchabfrage einem Textdatensatz mehrere Bilddatensätze zugeordnet werden können. Gescannte Bilder müssen zumeist mittels einer herkömmlichen Bildbearbeitungs-Software (z.B.: Adobe Photoshop) nachbearbeitet werden können.

Für den Vorlesungs- und Lehrbetrieb[257] sollte der Einsatz von LCD-Projektions-Panels, die über Overhead-Projektoren projizieren, als auch zusatzgerätlose, tragbare LCD-Projektor-Systeme (Beamer) berücksichtigt werden. Die Kompatibilität des Datenbanksystems mit den Projektor-Systemen muß gewährleistet sein.

Bestbieterermittlung durch Leistungsverzeichnis und Bewertungsprotokoll

Mit Hilfe eines Leistungsverzeichnisses kann dann ggf. die gemäß EU-Richtlinien vorgegebene Aussschreibung und Bestbieterermittlung durchgeführt werden. Bei einem Vergleich der angebotenen Systeme[258] werden die durch das Soll-Konzept ermittelten Anforderungen und die für die Realisierung vorhandenen finanziellen Mittel berücksichtigt. Als EDV-technisches Anforderungsprofil hat das Lei-

---

256 Hierzu: R.-D. Hennings (u.a.): Digitalisierte Bilder im Museum, IfM, Bd. 14, 1996; A. Geschke: Nutzung elektronischer Bilder im Museum, IfM, H. 42, 1995.

257 K. Erber; R. Erber: Autorensysteme in der Aufbereitung kunsthistorischer Information, in: H. Kohle (Hg.): Kunstgeschichte digital, 1997, S. 41–50.

258 Für deutschsprachige Programme s. Software-Vergleich Museumsdokumentation 1998, Münster, 1998; K. Ruwisch: Systemanalyse zur EDV-gestützten Bestandser-

schließung in kleinen und mittleren Museen, 1992; für englisch- und französischsprachige Programme s.: D. Bearman (Ed.): 1994–1995 Directory of Software for Archives and Museums, in: Archives and Museum Informatics, 1994; D. Dawson; T. Gill: The MDA Survey of Onformation Technology in Museums 1996–1997, 1997; Canadian Heritage Information Network: Collection Management Software - Review. An indepth Analysis of 21 Collections Management Software Products, 1997.

stungsverzeichnis das Ziel, die qualitativ und preislich bestbietende Firma für die Erstellung der notwendigen Software und der dafür bestgeeignetsten Hardware zu ermitteln.

Aufgrund der zu vergleichenden Daten – hierbei wird die Leistungsfähigkeit von Hard- und Software, die Netzwerktauglichkeit (Problematik der Schnittstellen!), die Benutzerfreundlichkeit bzw. Ergonomie des Systems, aber auch die Folgekosten wie Wartung bzw. Betrieb und vor allem das Preis-Leistungsverhältnis ermittelt – kein leichtes Unterfangen. Eine Leistungsübersicht über die einzelnen „Bewerber" kann mittels einem Bewertungsprotokoll durch den direkten Vergleich zwischen den gewünschten Mindestanforderungen (SOLL) und den vorhandenen Angaben (IST) erstellt werden. Ratsam und hilfreich ist in diesem Zusammenhang auch die wertende Vergabe von Punkten für besondere Anforderungen (z.b. Benutzer-Interface, Datenübertragungsraten, Kompatibilität, Frage der Betreuung und Wartung vor Ort) und die Erstellung einer Leistungstabelle, die einen Gesamtüberblick über die Leistungen der einzelnen Systeme gibt.

Das Leistungsverzeichnis kann als eine Art Fragebogen an die betreffende Produktionsfirma gesandt werden, wird von dieser beantwortet und dann an die Institution zurückgesandt. Somit ist eine gute Grundlage, die eine Reihe von Informationen über die Leistungsfähigkeit der Hardware und Software wiedergibt, verfügbar. Bei der Präsentation des Datenbanksystems durch die Firma, ist ein Bewertungsprotokoll zum Vergleich der unterschiedlichen Leistungen dringend anzuraten. Für den Präsentationstermin ist es ratsam, einen Bestand von unterschiedlichen Testdaten[259] vorzubereiten. Diese sollten aus Textdaten, also Kerndaten mit längeren Textpassagen (z.b.: Bildbeschreibungen), aus Bilddaten in unterschiedlichen Auflösungen und aus komplexen Datengefügen, die auch einen Einblick in bestimmte Abläufe (z.b.: vollständige Erfassung mehrteiliger Objekte mit Bezügen zu Zustandsprotokollen, Leihverkehr, Literaturangaben und Ausstellungsprovenienz) erlauben, bestehen. Am schwierigsten ist es nach wie vor, die Leistungsfähigkeit eines Programmes im Hinblick auf die Unterstützung von Abläufen bzw. Tätigkeiten zu testen, da diese sich in der Regel von den Abläufen der eigenen Institution stark unterscheiden.

---

259 Im Projekt Software-Vergleich des Deutschen Museumsbundes wurden beispielsweise 22.000 Datensätze vorbereitet, die den Anbietern zum Testen ihrer Programme zur Verfügung gestellt wurden. s. Software-Vergleich Museumsdokumentation 1998, S. 8.

Bewertungsprotokoll

Im Rahmen eines Bewertungsprotokolls[260] werden die einzelnen Leistungen und der Gesamteindruck des jeweiligen Datenbanksystems beurteilt. Im folgenden werden die Felder des Bewertungsprotokolls für die Bewertung der Leistungen des Anbieters eines Datenbanksystems angegeben. Die Fragen werden mit Ja / Nein / Optional beantwortet, erhalten Punkte (0, 5 10, 20), die je nach Priorität noch gewichtet werden können. Manche Antworten sind an eine schriftliche Garantiezusage der Firma verknüpft. Außerdem ist noch ein Feld für weiterführende Begründungen und Bemerkungen vorzusehen.

260 Speziell zu Leistungsverzeichnis und Bewertungsprotokollen: J. Sunderland; L. Sarasan: Checklist of Automated Collections Management System Features or, how to go about selecting a system, in: Museum Documentation Association: Collections Management for Museums, Cambridge, 26.-29.09.1987, ed. by D. A. Roberts, 1998, p. 54–81; J. Sunderland; L. Sarasan: Was muß man alles tun, IfM, 1990, System-Checkliste S. 1–23; K. Ruwisch: Systemanalyse zur EDV-gestützten Bestandserschließung in kleinen und mittleren Museen, 1992; Software-Vergleich Museumsdokumentation, 1998, Kapitel Checkliste für den Softwarevergleich. Für das vorliegende Muster eines Bewertungsprotokolls bzw. einer Checkliste ist die o.g. Literatur und insbesondere die im Rahmen der Fallbeispiele gemachten Erfahrungen eingeflossen.

Abb. 18 *Bewertungsprotokoll*

Generelle Informationen _____
Name des Programms _____
Programmversion _____
Herstellungsjahr _____
Name der Firma _____
Standort _____
Ansprechpartner _____
Präsentationstermin _____
durch _____

	J/N/O	Punkte	Gewichtung	total	Begründung
Firmendarstellung vorhanden?					
Gibt es Referenzen über vergleichbare, von Ihrer Firma realisierte Projekte?					
Verfügt die Firma über einen Firmensitz bzw. Niederlassungen in der Nähe der Institution?					
Handbuch vorhanden?					
Hilfe bei der Installation?					
Deutsche Online Hilfe vorhanden?					
Gibt Programm Fehlermeldungen?					
Ist System betriebssystemunabhängig?					
Welche Betriebssysteme werden empfohlen?					
Welche Mindestanforderungen werden an die Hardware gestellt?					
Welche Mindestanforderungen werden von Ihnen empfohlen/gewünscht?					
Handelt es sich um ein relationales Datenbanksystem?					
Handelt es sich um Mehrplatzsystem / client server architecture?					
Können Sie garantieren, daß die bereits eingegebenen Daten in Ihr angebotenes System verlust- und fehlerfrei übernommen werden können?			J = x5		GARANTIE
Verlust- und fehlerfreie Datenübernahme aus (Name des betreffenden Datenbanksystems)			x5		
Ist eine Einbindung bestehender Datenbanksysteme (z.B.: Literatur- und BibliotheksDBS) in das Netzwerk möglich?			x5		
Falls nein, nennen Sie Vorschläge für die Einbindung.					

	J/N/O	Punkte	Gewichtung	total	Begründung
Läuft Software problemlos in der vorhandenen Hardware- und Softwareumgebung und Netzwerk-Topologie der Institution?			x5		
Können Sie eine verpflichtende Erklärung abgeben, daß angebotene Software bzw. das Datenbankprogramm auf der vorhandenen Hardwareplattform lauffähig ist?			x5		GARANTIE
Ist die im Haus vorhandene Speicherkapazität ausreichend groß dimensioniert, so daß die Datenbank problemlos lauffähig ist?			x5		
Geben Sie eine Garantie ab, daß die in den nächsten drei (fünf) Jahren zu erfassende Datenmenge von der Software verarbeitet werden kann?					GARANTIE
Ist das System ausbaufähig, um auch zukünftigen Anforderungen gerecht zu werden?					
Sind separate Hardware- oder Peripheriegeräte notwendig (Anzahl, Typ, Kosten)?			x5		
Falls ja, schätzen Sie die hinzukommenden Kosten ab.					
Kann eine wartungsarme, effektive und übersichtliche Verwaltung des Zentralrechners, der Arbeitsplatzrechner und des Netzwerkes gewährleistet werden?					GARANTIE
Wird maximale Ergonomie und Betriebssicherheit gewährleistet?					GARANTIE
Kann ein angemessenes Antwortzeitverhalten garantiert werden?					GARANTIE
Hat das angebotene System eine einheitliche, leicht zu bedienende graphische Benutzeroberfläche?			x5		
Sind Masken durch den Benutzer adaptierbar?					
Können Listen, Etiketten, Formulare selbstständig durch den Benutzer erstellt werden?					
Sind Listen leicht zu gestalten und zu drucken?					
Auswertung in Form von Statistiken möglich?					
Ist das System benutzerfreundlich?			x5		
Kann das System die dringlichen Anforderungen nach geregeltem Zugriff (Umfangreicher Dateischutz, Paßwort, bis auf Feldebene etc.) abdecken?			x5		
Unterstützt das System Adressverwaltung? (Aussendung, history function etc.)			x5		
Unterstützt das System PR-Maßnahmen? (z.B.: history function)					
Unterstützt das System Eventorganisation? (z.B.: Rahmenveranstaltungen)			x5		

	J/N/O	Punkte	Gewichtung	total	Begründung
Ist Textverarbeitung möglich?					
Können in gängigen Textverarbeitungs-programmen (z.B.: word für windows) geschriebene Texte problemlos übernommen werden?			x5		
Unterstützt das System Buchhaltung? Rechnungswesen?					
Unterstützt System Lagerverwaltung? (Kataloge, Shop etc.)					
Unterstützt System Leihverkehr? (Entleihe bzw. Entlehnvorgänge)			x5		
Unterstützt System Sammlungsverwaltung? (Ankauf, Versicherung etc.)			x5		
Unterstützt System Vorgänge der Inventarisierung? (Vergabe von Invertar-nummern etc.)			x5		
Unterstützt das System wissenschaftliche Dokumentation?			x5		
Werden Künstlerdaten separat verwaltet?					
Unterstützt System Ausstellungsorganisation?			x5		
Transportlisten erstellbar?					
Zustandsprotokolle vorhanden?					
Verwaltung der Kuriere (Abrechnung etc.) möglich?					
Unterstützt System Ausstellungs-dokumentation? (z.B.: Medienecho)					
Unterstützt System Restaurierungs-dokumentation?					
Unterstützt System Belange der Museumsvermittlung?					
Unterstützt System leicht und verständlich die Verwaltung von Bildern?			x5		
Sind für Bildverwaltung bestimmte Peripherie-geräte vorgesehen? Handhabung Scanner? Bestimmter Scannertyp vorgesehen?					
Möglichkeiten der Komprimierung sind vorgesehen? TIFF, JPEG, Fraktal?					
Welche Auflösungen sind vorgesehen?					
Ist Import und Export von Bildern möglich?					
Kann ein angemessenes Antwortzeitverhalten für die Bilder garantiert werden?					GARANTIE
Unterstützt System Maßnahmen des Desktop Publishing?					
Import und Export von Tabellen, Graphiken möglich?					
Unterstützt System Maßnahmen des Projektmanagement? (Zeit-Maßnahmenpläne, Checklisten, Quality Management etc.)			x5		

	J/N/O	Punkte	Gewichtung	total	Begründung
Unterstützt System interne Kommunikation? (Mailing)			x5		
Erlaubt System externe Kommunikation? (Zugriff von www auf Datenbanksystem)			x5		
Werden technische Normen und Standards gewährleistet? Welche?					
Werden inhaltliche Standards (Anbindung an internat. Thesauri) unterstützt? Welche?					
Ist ein problemloser Zugriff (dies gilt vor allem für die Suchmaske und die Bereitstellung unterschiedlicher Suchstrategien) möglich, der wenig Betreuung seitens eines Systemadministrators benötigt?					
Wird Volltext-, Index-, Thesaurus-Recherche unterstützt?			x5		
Sind Rechercheprozeduren speicherbar?					
Sind Rechercheergebnisse verknüpfbar?					
Sind Ergebnisse sortierbar?					
Unterstützt das Datenbanksystem die in der Institution vorhandenen Produktionsabläufe? (Angabe in %)			x5		
Sind die von der Institution vorgesehenen Datenfelder vorhanden? (Angabe in %)			x5		
Wieviel/welche Datenfeldbereiche müssen hinzugefügt werden? (Angabe in %)			x5		
Mit welchem Programmieraufwand rechnen Sie? Wie hoch veranschlagen Sie den zusätzlichen Aufwand?					
Kann der vorgesehene Zeit-/Maßnahmenplan eingehalten werden?			x5		
Wie hoch ist der Preis für Einplatzversion?					
Fünfplatzversion?					
Zehnplatzversion?					
Kosten für Updates?					
Kosten für Mannstunde?					
Kosten für Manntag?					
Kosten für Installation?					
Kosten für Einschulung?					
Wartungskosten?					
Schätzen Sie bitte die ungefähren Kosten den Aufwand (Zeit und Personal) der Programmierung, Installation, Schulung und Instandhaltung (Wartung) betreffend.					
Zusätzliche Bemerkungen					

Gesamtvergleich der Leistungen und Kosten
 Nachdem die einzelnen Präsentationen erfolgt sind, können die Punkte und Kosten errechnet und in einem Gesamtvergleich miteinander verglichen werden. Bei dem folgenden Beispiel wurden fiktive Zahlen eingegeben.

Abb. 19 *Gesamtvergleich*

	Firma 1	Firma 2	Firma 3
Produktname	1	2	3
Präsentationsdatum			
präsentiert durch	N.N.	N.N.	N.N.
erreichte Punkte	300	200	500
Kaufpreis 1 Lizenz	(6.000,– DM)	(2.600,– DM)	(4.000,– DM)
Kaufpreis 10 Lizenzen	60.000,– DM	20.000,– DM	40.000,– DM
20 Lizenzen	(90.000,– DM)	(35.000,– DM)	(65.000,– DM)
Kosten für Installation, Schulung, Wartung	ca. 6.000,– DM	ca. 8.000,– DM	ca. 10.000,– DM
zusätzlich geschätzte Programmierungs- und Adaptionskosten (laut Anforderungen)	ca. 50.000,– DM	ca. 40.000,– DM	ca. 20.000,– DM
zusätzlich geschätzte Kosten für Hardware- und Poripheriegeräte	ca. 40.000,– DM	ca. 15.000,– DM	ca. 30.000,– DM
voraussichtliche Gesamtkosten	ca. 165.000,– DM	ca. 83.000,– DM	ca. 90.000,– DM

Fazit des Beispiels eines Gesamtvergleichs:
Produkt 3 hat zwar etwas höhere Gesamtkosten, erreichte aber mit 500 Punkten den besten Stand bei der Beurteilung der zu erfüllenden Anforderungen.

Grundlegendes und allgemeine Anforderungen an den Anbieter
 Der Anbieter wird aufgefordert, die angebotenen Leistungen und das Realisierungskonzept kurz und zusammengefaßt (einschließlich einer schematischen Übersicht über Hardware und Software) darzustellen. Zu jedem angebotenen Produkt sollten technische Spezifikationen (Informationen, Prospektmaterial etc.) beigelegt werden. Falls der Platz für die Beantwortung der Fragen nicht ausreichen sollte, besteht unter Angabe der betreffenden Kapitelnummer die Möglichkeit noch Seiten anzufügen. Alle genannten Preise sollten in der jeweiligen Landeswährung bzw. in EURO excl. MWSt. angegeben werden. Erst zu der Gesamtsumme wird dann die jeweilige Mehrwertsteuer hinzugerechnet.
 Der Anbieter wird gebeten, sich selbst (das Unternehmen) darzustellen, über den organisatorischen Aufbau und Produktschwerpunkte des Unternehmens,

Firmensitz bzw. Niederlassungen in der Nähe zur Institution und Referenzen über vergleichbar realisierte Projekte mit dem Umfang des installierten Systems und der Anzahl der Arbeitsplätze Auskunft zu geben. Gegebenenfalls muß der Auftragnehmer sich verpflichten, alle angebotenen Hard-, Software sowie sonstige Leistungskomponenten in Generalunternehmerschaft anzubieten, zu vertreiben und zu pflegen. Falls weitere Vertragsbedingungen vorliegen, muß auf diese gesondert hingewiesen bzw. müssen diese beigelegt werden.

2.5. Fertigstellung

Die Phase der Fertigstellung beginnt mit der Vergabe des Auftrages und der Ausarbeitung der Verträge. Auf letztere sollte genaues Augenmerk und besondere Sorgfalt gelegt werden. Nach der Konzeption des Feinpflichtenheftes finden mehrere Testphasen, die Endabnahme und die Wartung statt.

Auftragsvergabe und Vertragsausarbeitung

Nicht zu unterschätzen ist neben der Frage nach dem ›richtigen‹ System auch die bewußte Entscheidung für die Firma bzw. für die Menschen, die hinter dem Produkt stehen. So sollte bedacht werden, daß für einen langen Zeitraum ›institutsfremde‹ Personen maßgeblich in die Abläufe und die Struktur des Institutes eingebunden werden müssen. Ob eine optimale Realisierung des Datenbanksystems mit dieser Firma realistisch ist oder, ob sich die Firma mit den Zielen des Projektes gänzlich identifiziert; dies sind Fragen, die leider zu selten und häufig zu spät gestellt werden. Bei der Ausarbeitung der Verträge ist unbedingt darauf zu achten, daß beiden Vertragspartnern alle Vertragspunkte, d.h. sowohl alle Pflichten, Leistungen, Verantwortungs- und Haftungsbereiche, als auch alle verwendeten Begriffe und Fachtermini, eindeutig klar sind und diese auch verstanden wurden. Dies ist häufig nicht der Fall, so daß es bei unklaren Situationen rasch zu mißverständlichen Auslegungen und in der Folge auch zu Rechtsstreitigkeiten kommen kann. Diese bedeuten dann zumindest eine Verzögerung des Projektes, wenn nicht sogar das Ende.

Auch sollte der Wert der eigenen Leistungen bekannt sein, da dieser für die späteren Verhandlungen genutzt werden sollte. Die meisten Kunstwissenschaftler, ebenso wie zahlreiche Museumskuratoren verkaufen den Datenbankfirmen ihr Fachwissen fast immer unter Wert. Gelingt es, eine Firma für die gemeinsame Entwicklungsleistung an einer Datenbank zu gewinnen, dann sollten Fachwissen der Kunstwissenschaftler und Datenbankentwickler gleichberechtigt nebeneinander gelten. Dies gibt eine gute Ausgangsposition für die Verhandlungen über Investitionskosten und spätere Lizenzen. Sollte die Computerfirma für den Auftraggeber eine individuelle Lösung extra programmieren, so ist unbedingt abzuklären, was mit dem Quellcode, der dem Programm zugrunde liegt, passieren soll. Da der Auftraggeber aufgrund des inhaltlichen Knowhows als Mitentwickler gilt, sollte die Firma erst die Rechte erhalten, wenn sie den Auftraggeber bezahlt. Bei Benutzung einer handelsüblichen Software hingegen gilt der Auftraggeber nur als Lizenznehmer und hat demnach am Quellcode auch keine Rechte.

Konzeption des Feinpflichtenheftes

Gemeinsam mit dem Gewinner der Ausschreibung wird das vorhandene Pflichtenheft überarbeitet und adaptiert. Ausgehend vom vorhandenen Datenbankprogramm der Computerfirma nimmt das Feinpflichtenheft in der Gestaltung der Datenfelder auf die besonderen Vorgaben des Museums Rücksicht. Die im Programm vorhandenen Datenfelder verstehen sich als Grundlage, die es durch die Wünsche des Museums zu ergänzen gilt. Besondere Berücksichtigung müssen hierbei die hausinternen Produktionsabläufe nehmen, die unbedingt durch das neue System unterstützt werden sollen.

Vorentwurf und Abnahme des Vorentwurfs

Diese Korrekturen werden schriftlich festgehalten und bilden das Feinpflichtenheft, das der Programmierung des Datenbank Management Systems dient. Von der Firma sollte unbedingt ein erster Vorentwurf der Oberflächen und Datenfeldmasken geliefert werden, damit schon zu diesem Zeitpunkt über Benutzerfreundlichkeit und leichte, zielführende Handhabbarkeit entschieden werden kann. Nach der Abnahme des Vorentwurfs beginnt die Phase der Programmierung.

Programmierung

Während der Phase der Programmierung werden vorbereitende Schritte unternommen. Im Rahmen der Testphase vorgesehene Informationen (Karteikarten, Inventarblätter etc.) werden für die Eingabe vorbereitet. Hierbei bietet sich ein überschaubarer Bereich – beispielsweise ein durch Seminare, Ausstellungs- oder Forschungsprojekte gut erschlossenes Thema – am besten an. Nicht nur im museologischen Betrieb wird der Arbeits- und Zeitaufwand für den Schritt der Datenvorbereitung und Datenpflege zumeist grob unterschätzt, da die Daten in den seltensten Fällen 1:1 übernommen werden können, sondern nach Datenfeldern strukturiert, ergänzt und häufig erst grundlegend erarbeitet werden müssen. Die verlustfreie Übernahme von Daten in bereits bestehenden Datenbanksystemen (Adressdaten, Pressedatei etc.) wird getestet.

Testphasen und Endabnahme

In der Testphase der Programmierung eines ersten Prototyps werden nach der Implementierung des Datenbank Management Systems vom Bearbeiterteam Daten eingegeben. Der Arbeitsaufwand in der Phase der Eingabe wird zumeist grob unterschätzt. Am Beispiel einer mittelgroßen Sammlung mit ca. 7.500 Objekten zeigt eine einfache Hochrechnung, daß bei einer fiktiven Bearbeitungszeit (Vorbereitung, Eingabe und Kontrolle der Inventardaten) von einer Stunde pro Objekt bei ca. 1.500 Arbeitsstunden im Jahr bereits fünf Mannjahre (!) zur Erfassung der Kerndaten benötigt werden. Mittels eines Probelaufs kann für den nachfolgenden Arbeits-, Sachmittel- und Personaleinsatz eine weitgehend realistische Beurteilungsgrundlage geschaffen werden. 100 bis 200 Datensätze zufällig ausgewählter Objekte der Sammlung werden im Rahmen dieser Testphase eingegeben. So kann einerseits die Datenstruktur und der Einsatz des Datenbanksystems im Produktionsablauf überprüft werden und andererseits die benötigte Zeit zur Vorbereitung und Eingabe der Daten ermittelt werden. Die Ergebnisse der Testphase sollten am besten in Form schriftlicher Ereignisprotokolle dokumentiert werden. Somit lassen sich Fragestellungen und Änderungsvorschläge nachvollziehbar machen. Nach der zwei- bis dreimonatigen Testphase fließen die neu hinzugekommenen Erkenntnisse dann in die endgültige Programmierung ein.

Hiernach kann mit der Dateneingabe des Zuwachses, der Aufarbeitung des Altbestandes und der generellen Datenpflege begonnen werden. Nachdem bereits im SOLL-Konzept die Prioritätenfolge der Dateneingabe des Neuzuwachses, der Aufarbeitung des Altbestandes und der generellen Datenpflege festgelegt wurde, kann nunmehr mit der Testphase im laufenden Betrieb begonnen werden. Nach Beendigung dieser Testphase im laufenden Betrieb erfolgt eine letzte Korrektur und schließlich die Endabnahme.

Wartung

Die Durchführung der genannten Arbeitsschritte der Strukturanalyse, Programmierung und Testphase beansprucht in der Realität – je nach Komplexität der geforderten Datenbank – einen Zeitraum von 1–2 Jahren. Die Datenbank kann jedoch keineswegs die traditionelle Struktur des Hauses direkt ersetzen, so daß beide Systeme für einen mittelfristigen Zeitraum parallel Bestand haben.

2.6. Fallbeispiele

Im Zeitraum 1991 bis 2000 hatte der Verfasser Gelegenheit, an mehreren Strukturanalysen mitzuarbeiten, sowie eigenverantwortlich das Management von Projekten der EDV-gestützten Dokumentation in diversen museologischen und wissenschaftlichen Institutionen im deutschsprachigen Raum durchzuführen.[261] In manchen Fällen handelte es sich auch nur um eine Beratertätigkeit. Aus diesem praxisnahen museologischen Umfeld heraus entwickelte sich die Hypothese, daß die Durchführung einer Strukturanalyse unbedingte Voraussetzung für den erfolgreichen Einsatz der EDV-Technologie in museologischen Institutionen ist. Voraussetzung für das erfolgreiche Gelingen eines Datenbank Management Projektes im Museum ist hierbei die Beantwortung der Frage, ob die an das künftige umfangreiche Datenbank oder Collection Management System gerichteten Anforderungen in Form einer Strukturanalyse ermittelt worden bzw. in Form eines Pflichtenheftes festgehalten worden sind.

Ausgehend von dieser Frage sieht die »empfohlene«[262] Vorgehensweise die Durchführung einer Strukturanalyse (IST-Analyse und SOLL-Konzept) und die Erstellung eines Pflichtenheftes vor. »*Ohne sorgfältige Bedarfsplanung wird man kein Softwareprogramm finden, das genau die Bedürfnisse des jeweiligen Museums erfüllt bzw. über die notwendigen Funktionen verfügt, so daß es angepaßt werden kann. Nicht paßgenaue Software aber kompliziert die Arbeit, führt unter Umständen zu einer Verfälschung der Angaben und zur Demotivation der Mitarbeiter und Mitarbeiterinnen.*«[263] Die Beantwortung dieser Frage gibt auch Aufschluß über das Vorhandensein einer »*langfristigen, strategischen Informationssystemplanung*«[264], welches die Gesamtkonzeption des Projektes und die Realisierung für einen mittleren Zeitraum von 5–10 Jahren festlegt. Angesichts der budgetären Situation der meisten Institutionen und Museen, erscheinen die in Kapitel 2 beschriebenen Schritte einer umfassenden Strukturanalyse vielleicht übertrieben, doch bedeutet die Umsetzung einer solchen Strukturanalyse neben einem Innehalten, neben dem Erkennen und Lösen der ›historischen Verkrustung‹ auch die Chance zur Neuorientierung, Erarbeitung künftiger Strategien und Setzung neuer Ziele. Um diese Hypothese zu beweisen oder zu entkräften, mußte, wie bereits erwähnt, der zu beforschende Gegenstand erst als solcher sichtbar gemacht werden. Nur durch die Mitarbeit an

261 s. (www.transfusionen.de)

262 D. Williams, Guide to Museum Computing, 1987; J. Sunderland; L. Sarasan, Materialien: Was muß man alles tun, IfM, 1990; Ch. Wolters, Materialien, IfM, H. 33, 1991; Gaunerstorfer et al., Bildarchiv, 1996.

263 Software-Vergleich Museumsdokumentation, 1998, S. 10.

264 Zur long-range strategic information systems planning, kurz SISP, s.: H. R. Hansen, Wirtschaftsinformatik 1, 7. Aufl., 1998, S. 117–123.

der Konzeption der Implementierung von Datenbank Management Systemen konnte dies geschehen. Aus diesem Grund wurde die empirische Methode der Feldforschung gewählt. So ergab sich die Möglichkeit, das Gelingen und Mißlingen diverser Projekte selbst zu erfahren und die aufgestellte Behauptung in der praktischen Anwendung zu überprüfen.

Eine Voraussetzung zur Untersuchung war die Klärung der Frage, ob die Notwendigkeit der Strukturanalyse auf alle Institutionen zutrifft und zweitens, welche Arten von Institutionen es gibt. Die ausgewählten praktischen Fallbeispiele sind exemplarische Stellvertreter einer Typologie, die solch unterschiedliche Typen wie öffentliche und private Sammlung, Ausstellungsinstitution, Galerie, Bildarchiv und Diathek eines universitären Institutes vereinigt. Im einzelnen beinhalten die Fallbeispiele folgende Institutionen und Inhalte:

Typus eines Museums mit einer Sammlung und starker Ausstellungstätigkeit:
Kunstsammlung Nordrhein-Westfalen Düsseldorf
Die Konzeption und Umsetzung eines umfassenden Collection Management Systems (1997–1999) für die Kunstsammlung Nordrhein-Westfalen ist das Ergebnis einer gelungenen Strukturanalyse, die auf ein gutes Zusammenwirken aller Beteiligten zurückgeht.

Typus der privaten Sammlung mit gattungsübergreifenden Kunstwerken:
Kunstsammlungen Schloß Lengenfeld, Niederösterreich
Der Schwerpunkt dieses EDV-gestützten Projektes (1991–1992) lag auf Inventarisierung, Dokumentation und der Erstellung eines Bestandskataloges, der den unterschiedlichen Anforderungen der einzelnen Sammlungen des Schlosses Lengenfeld gerecht wird.

Typus des Archivs einer Ausstellungsinstitution und Künstlervereinigung:
Archiv Wiener Secession
Innerhalb des Projektes Archiv der Wiener Secession (1997–1998) erfolgte die Strukturanalyse und Konzeption eines umfassenden Datenbank Management Systems. Dieses verwaltet die Konzeption und Dokumentation von Ausstellungen, die Mitglieder der Vereinigung der Wiener Secession, die Bibliothek und das bestehende Archiv.

Typus des Archivs einer Kunstgalerie:
Galerie im Griechenbeisl, Wien
Um die Geschichte dieser Wiener Galerie aufzuarbeiten und der kunstwissenschaftlichen Forschung zugänglich zu machen, wurde ein Forschungsauftrag durchgeführt (1992–1994) und ein EDV-gestütztes Archiv angelegt. Die vielfäl-

tigen Informationen wurden hierbei mittels eines für das Projekt konzipierten Datenbank Management Systems verwaltet. Die Auswertung dieser Datenbank erfolgte in Form einer umfangreichen Dokumentation, welche die Vielfalt an Auswertungsmöglichkeiten der Datenbank visualisiert.

Typus eines Bildarchivs mit komplexen Aufgaben:
Projekt Bilddatenbank der Porträtsammlung / Bildarchiv / Fideikommißbibliothek der Österreichischen Nationalbibliothek, Wien
Neben der umfangreichen IST-Analyse, die in erster Linie die Erforschung der Bestände und Nutzungsabläufe berücksichtigt, liegen in diesem Fallbeispiel (1995–1997) weitere Schwerpunkte auf dem SOLL-Konzept, der Raum- und Funktionsplanung des realisierten Projektes.

Typus einer Diathek eines universitären Institutes:
Projekt Bilddatenbank am Institut für Klassische Archäologie der Universität Wien
Anhand des vorliegenden Fallbeispiels (1994–1995) werden die funktionalen Anforderungen und die Konzeption der Datenfelder und Datenmodelle des Projektes Bilddatenbank am Institut für Klassische Archäologie der Universität Wien dargelegt.

Die Fallbeispiele berücksichtigen unterschiedliche Aspekte, Probleme und Fragestellungen, die sich im Rahmen der Konzeption von Datenbanksystemen und im Management von EDV-Projekten in der Praxis ergeben haben. Innerhalb des Kapitels ist das jeweilige Fallbeispiel in folgende Punkte untergliedert:

- · Erläuterung
- · Ausgangslage
- · Aufgabenstellung
- · Probleme
- · Umsetzung
- · Lösungen
- · Abschließende Anmerkungen

Generell ist anzumerken, daß bei dieser Untersuchungsreihe kunstwissenschaftliche, museologische und vor allem museums- und dokumentationstechnische Anforderungen ihre Berücksichtigung fanden. Die Fallbeispiele verstehen sich als in Einzelprojekten verteilte Bausteine zur Erhebung und praktischen Gestaltung des zu beforschenden Gegenstandes und wurden nach folgenden Kriterien ausgewählt:

· Divergenz der Ausgangspositionen
· Schwierigkeitsgrade der Ansprüche der Inventarisierung und Dokumentation
· Multifunktionalität der Anforderungen an das Datenbank Management System
· Multifunktionalität der Vermittlungs- und Auswertungsmöglichkeiten durch das Datenbank Management System
· Berücksichtigung unterschiedlicher Benutzergruppen
· Unvorgesehene Probleme in der Durchführung der Strukturanalyse
· Erfolg oder Mißerfolg der Realisierung der Ergebnisse der Strukturanalyse

Die angeführten Studien haben wesentlich zur Erstellung der Konzeption eines Collection Management Systems in Form einer »idealen« Strukturanalyse beigetragen. Durch weitere Fallbeispiele und die Berücksichtigung der Belange anderer Museumstypen und Gattungen (z.B.: Angewandte Kunst, Zeitgenössische Kunst, Medienkunst) könnte dieses Modell eines Projektverlaufes zwar noch ergänzt und vertieft werden, dennoch bleibt der generelle Ablauf der Strukturanalyse bestehen. Einzig die Schaffung einer einheitlichen übergeordneten Struktur der Dokumentation und der Produktionsabläufe für alle Museen und Institutionen, wie es im zentralistischen Frankreich oder in der ehemaligen DDR geschah, oder aber die Konzeption und Programmierung eines Datenbank Management Systems, welches alle Eventualitäten berücksichtigt bzw. sich über alle bestehenden historisch gewachsenen Produktionsabläufe hinwegsetzt, könnte der gegenwärtig noch zeitaufwendigen Strukturanalyse ein Ende bereiten.

Fallbeispiel Kunstsammlung Nordrhein-Westfalen Düsseldorf
Im Zeitraum Februar 1997 bis August 1998 fand in der Kunstsammlung Nordrhein-Westfalen Düsseldorf (im folgenden KNRW genannt) eine umfassende Strukturanalyse[265] statt. Diese diente in weiterer Folge zur Grundlage der Programmierung und Implementierung des Collection Management Systems ›MuseumPlus‹.

---

265 Das Projekt wurde durch den Verf. in Zusammenarbeit mit der Fachplanungsgruppe der Kunstsammlung Nordrhein-Westfalen durchgeführt, deren Mitgliedern Hannelore Bareiß, Otmar Böhmer, Julia Breithaupt, Volkmar Essers, Harms, Dorothee Jansen, Jutta Kerkmann, Anette Kruszynski, Maria Müller, Birgid Pudney, Angela Wenzel, Zoltan Ternai, Henry Vauth, Herrn Dir. Armin Zweite und insbesondere Pia Müller-Tamm mein Dank gilt.

Ausgangslage

Aufgrund der Aktualisierung und geplanten Erstellung eines Gesamtbestandskataloges[266] wurde die Neukonzeption eines Datenbank Management Systems angestrebt. Im Februar 1997 kam es zu einem ersten Beratungsgespräch, dem in Form einer Vorstudie die Beurteilung der damaligen Situation folgte. Zu jenem Zeitpunkt erfolgte die Verwaltung der Kern- bzw. Stammdaten der 1.900 Objekte der Kunstsammlung mittels des Datenbanksystems ›Dataease‹. Dieses läuft auf dem Betriebsystem DOS, ist mit gängigen Microsoft Word-Programmen nur schwer kompatibel und erlaubt auch keine Anbindung von digitalisierten Bildern. Die Adressverwaltung erfolgte durch das gängige Adressverwaltungsprogramm ›Cobra‹ und in der Bibliothek kam das Literaturdatenbanksystem ›Allegro‹ zum Einsatz. So präsentierte sich ein Nebeneinander von schwer bzw. nicht kompatiblen Systemen, die jeweils nur für einen bestimmten Bereich existieren. Dies führte mittelfristig zu einer Datenredundanz, zu einem hohen Aufwand an Personal für die permanent zu leistende Datenpflege und zu Problemen mit der mangelnden Leistung der Software, wie beispielsweise dem Scheitern der Serienbrieferstellung aus Dataease heraus. Hinzu kamen die Kosten für Geräte, Wartung und Updates der unterschiedlichen Softwareprodukte. Statt die eingegebenen Daten der Datenbank nach unterschiedlichsten Kriterien optimal auszuwerten, wurden die Daten je nach Vorgabe neu bearbeitet. Ein sinnvoller Synergieeffekt konnte nicht erreicht werden.

Aufgabenstellung

Nach der Begutachtung der Ergebnisse der Vorstudie wurde die Durchführung einer Strukturanalyse beauftragt. Diese sollte als Ergebnis die Implementierung eines Collection Management Systems beinhalten, welches die eruierten Anforderungen der einzelnen Mitarbeiter und die im Haus vorherrschenden Produktionsabläufe unterstützt. Als Hauptaufgaben stellten sich neben der permanenten Ausstellung und der wissenschaftlichen Sacherschließung der Sammlungsbestände, insbesondere der Konvolute von Paul Klee und Julius Bissier, die Konzeption und Durchführung von zahlreichen Wechselausstellungen heraus. Hiermit verbunden sind hohe organisatorische Anforderungen an Katalogerstellung, Öffentlichkeitsarbeit, Vermittlungstätigkeit und den Leihverkehr, der auch Transport, Versicherung, Kuriere, Begutachtungen etc. enthält.

---

266 Die Fertigstellung des Bestandskataloges wurde als Ziel erreicht.

Probleme

Die Anforderungen bestimmter Bereiche der Administration wie Logistik und Buchhaltung als auch die Restaurierung wurden nicht in die Konzeption des Collection Management Systems integriert. Für die Bibliothek wurde das vorhandene Datenbank Management System Allegro beibehalten, da es sich hierbei um eine von der Arbeitsgemeinschaft Kunst- und Museumsbibliotheken unterstützte Verbundlösung handelt. Abgesehen von der Frage, wie die vorhandenen Daten verlustfrei übernommen werden können, gab es bei der Durchführung der Strukturanalyse keine nennenswerten Probleme.

Umsetzung

Die Strukturanalyse erfolgte von März bis Dezember 1997, die Ausschreibung und Bestbieterermittlung fand im Zeitraum Januar bis April 1998 statt. Im Frühsommer 1998 wurde gemeinsam mit der Schweizer Firma Zetcom das Feinpflichtenheft erstellt, dann erfolgte die Programmierung des Datenbank Management Systems MuseumPlus[267] und die Testphase.

Lösungen

Nach der Begutachtung der präsentierten Datenbankmanagementsysteme erfolgte die Auswertung der Ergebnisse durch ein Bewertungsprotokoll, eine Diskussion der Für und Wider und schließlich eine einstimmige Befürwortung des Datenbankmanagementsystems MuseumPlus von Zetcom. Mitausschlaggebend für MuseumPlus war hierbei auch die kostenreduzierende Berücksichtigung der Mitarbeit und Entwicklung eines Collection Management Systems, das nicht nur der KNRW, sondern auch anderen Museen zugute kommt.

---

267 s. Kapitel 2.3. Einige Beispiele für Datenbank Management Systeme.

Abb. 20 *Graphische Darstellung des Konzeptes des Collection Management Systems
der Kunstsammlung Nordrhein-Westfalen*

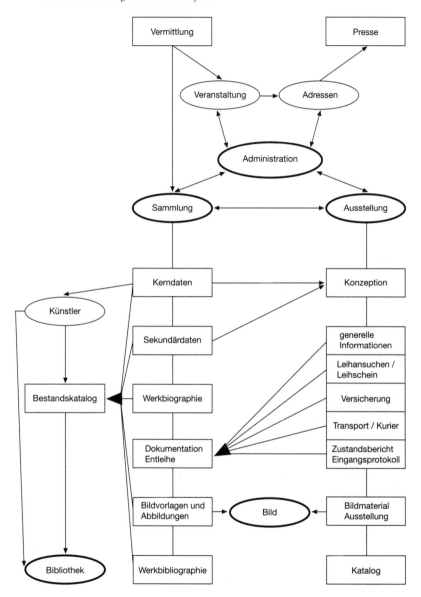

Aufgrund der überschaubaren Menge an Objekten wurde ein erweitertes Collection Management System realisiert, das modular folgende Datenfeldbereiche beinhaltet und relational miteinander vernetzt.

Abb. 21 *Datenfeldbereiche des Konzeptes des Collection Management Systems der Kunstsammlung Nordrhein-Westfalen*

---

1. Datenbank zur Organisation der Administration
(Logistik und Buchhaltung sind ausgegliedert)
· Verteiler
· Adressen
    allgemeine und spezielle Adressen
    Presse
    Ausstellungsbezogene Adressen (Kuriere, Autoren etc.)
· Verwaltung der Veranstaltungen
    Veranstaltungen generell
    Veranstaltung des Bereichs Bildung und Kommunikation

2. Datenbank zur Verwaltung der Sammlungsobjekte
· Kern- bzw. Stammdaten (Inventarisierung, Erwerbsdaten etc.)
· Sekundärinformationen (Provenienz, Vorprovenienz, Restaurierungsmaßnahmen etc.)
· Werkbiographie (Dokumentation von Entleihe und Ausstellungen)
· Werkbibliographie (Verknüpfung zur Bibliotheksdatenbank Allegro)
· Bildmaterial (Verknüpfung zur Bilddatenbank)
· Künstler (Verknüpfung zur Künstlerdatenbank)

3. Datenbank zur Konzeption und Organisation der Ausstellungen
· Ausstellungskonzeption
· generelle Informationen zur Ausstellung
· Ausstellungsorganisation
    Leihansuchen, Leihschein, Leihvertrag
    Versicherung
    Transport
    Kurier
    Zustandsbericht, Eingangsprotokoll
· Erstellung des Ausstellungskataloges
    Verwaltung der Autoren, Beiträge, Abbildungen
· Veranstaltungen
· Produkterstellung und Produktmarketing
· Ausstellungsdokumentation
· Medienecho

4. Datenbank zur Verwaltung des Bildmaterials
Bildvorlagen der Sammlungsobjekte (hoch- und niedrigaufgelöst)
Verwaltung der Katalogabbildungen
Verwaltung vorhandener Photos, Dias, Ektas

5. Bibliotheksdatenbank
Die Verbundlösung des Bibliothekdatenbank Management Systems Allegro wird beibehalten.

6. Datenbank zur Unterstützung von Restaurierung / Konservierung
Dieser Datenfeldbereich wird zu einem späteren Zeitpunkt integriert.

Abschließende Anmerkungen

Trotz der starken Inanspruchnahme der Kuratoren und Mitarbeiter durch die Vorbereitung und Organisation von Wechselausstellungen konnte die Strukturanalyse und Evaluation des Produktes in einem Zeitraum von 12 Monaten durchgeführt werden. Dies ist der starken Mithilfe der Fachplanungsgruppe, der bereitwilligen Unterstützung aller Beteiligter, der anregenden Arbeitsatmosphäre und nicht zuletzt der positiven Haltung des Direktors dem Projekt gegenüber zu verdanken. Das Projekt wurde von allen Beteiligten professionell durchgeführt und darf, nicht zuletzt des funktionierenden Collection Management Systems wegen, als mustergültig bezeichnet werden.

Fallbeispiel: Kunstsammlungen Schloß Lengenfeld

In diesem Fallbeispiel wird anhand der recht unterschiedlichen Objekte der Kunstsammlungen in Schloß Lengenfeld die Konzeption, die Umsetzung und Erstellung eines gemeinsamen Bestandskataloges als Inventarbuch jeder einzelnen Sammlung exemplarisch dargestellt. Das Projekt ›Bestandskatalog des allgemeinen Inventars der Kunstsammlungen im Schloß Lengenfeld‹ wurde von Mai 1991 bis März 1992 im Rahmen des Lehrganges ›Kuratoren für Kunstmuseen und Kunstausstellungen‹ vom Institut für Kulturwissenschaft an der Niederösterreichischen Landesakademie Krems betreut und vom Amt der Niederösterreichischen Landesregierung Kulturabteilung beauftragt.[268] Neben der Bestandsaufnahme wurden auch Informationen zum historischen Hintergrund, zu Schloß Lengenfeld selbst, zur Geschichte und kulturwissenschaftlichen Beurteilung seiner vielfältigen Sammlungen und zu den Vorschlägen für die künftige Nutzung erstellt.

Ausgangslage

Aufgrund der beabsichtigten Schenkung eines Teils der Kunstsammlungen des Schlosses Lengenfeld durch die Besitzerin Christa Hauer-Fruhmann an das Land Niederösterreich entstand die Anforderung, die Sammlungen zu sichten und zu inventarisieren.

---

[268] Für ihre fachliche Betreuung und Unterstützung danke ich Renate Goebl, Dieter Bogner vom Institut für Kulturwissenschaft und Peter Zawrel, der zu diesem Zeitpunkt für das Amt der Niederösterreichischen Landesregierung Kulturabteilung tätig war.

Aufgabenstellung

Im Auftrag der Kulturabteilung des Amtes der Niederösterreichischen Landesregierung erfolgte der Auftrag zur Bestandsaufnahme der Kunstsammlungen von Schloß Lengenfeld (Niederösterreich), der sich in folgende Punkte gliederte:

1. Bestandsaufnahme des allgemeinen Inventars der Kunstsammlungen im Schloß Lengenfeld, ausgenommen die Werke von Christa Hauer, Leopold Hauer und Johann Fruhmann, und photographische Erfassung in Form von Diapositiven.
2. Erarbeitung einer begleitenden schriftlichen Dokumentation von Schloß Lengenfeld und seinen Sammlungen, die eine kunsthistorische Beurteilung und die Erstellung von Nutzungsmodellen miteinschließt.

Probleme

Folgende unterschiedliche Problemstellungen ergaben sich bei der Konzeption des Bestandskataloges:

· Auflistung aller Objekte der unterschiedlichen Sammlungen als geschlossener Bestand (Katalog des Gesamtbestandes)
· Sammlungsorientierte Strukturierung des Bestandskataloges nach den Inhalten der Sammlungen
· Möglichkeit zur Inventarisierung von noch hinzukommenden Kunstwerken in die Sammlungen durch ein ›offenes‹ Inventarbuch
· Erstellung eines Registers der Künstler (Alphabetische Liste)

Umsetzung

Im Zeitraum von Januar 1991 bis Januar 1992 fand die Sichtung, Inventarisierung mittels Karteikarten und kunstwissenschaftliche Ausarbeitung statt. Hiernach erfolgte bis März 1992 die Eingabe der Kerndaten in ein einfach gestaltetes Datenbank Management System, welches auf der Grundlage von FileMaker programmiert wurde. Nach einer ersten Sichtung der Sammlungsobjekte und des Schlosses entstand folgendes Konzept:

1. Vorläufige Einteilung der Sammlungsobjekte in Haupt- und Untergruppen und photographische Erfassung des gesamten bezeichneten Bestandes. Ausarbeitung und Beschriftung der Diapositive.
2. Anlegung von Inventarkarten (fortlaufende Durchnummerierung innerhalb der Gattung durch arabische Zahlen, Spezifizierung von Untergruppen)
3. Zwischenbericht
4. Kunstwissenschaftliche Ausarbeitung besonderer Hinweise auf der Inventarkarte (Wertschätzung, Provenienz, Literatur etc.)
5. Anlegung eines durchnummerierten und geordneten Inventarbuches, Erstellung einer Diathek und Photothek aufgrund der nun vorhandenen Ordnung

6. Erstellung der Dokumentation von Schloß Lengenfeld und seinen Sammlungen nebst einer kunsthistorischen Beurteilung und späteren Nutzungsmodellen

7. Abschlußbericht und Abgabe des Inventarbuches, der Diathek und Photothek

Um eine Ordnungsstruktur in das unüberschaubare Konglomerat der Kunstwerke, die in elf Räumen des Schlosses verteilt waren, zu bringen, wurden die einzelnen Werke in folgende Gattungen zusammengefasst:

Abb. 22 *Gattungen der Kunstsammlungen Schloß Lengenfeld*

I	A	Skulptur, Plastik
II	B	Malerei
III	C	Druckgraphik
IV	D	Zeichnung
V	E	Keramik
VI	F	Möbel
VII	G	Glas
VII I	H	Textil
IX	I	Außereuropäische Kunst und kunsthandwerkliche Erzeugnisse
X	J	Objekt, Installation, Relief, Collage, Environment

Die erste Unterteilung mittels römischen Ziffern mußte aus Gründen der Sortierreihenfolge des Computers[269] später aufgegeben werden, da der Computer die römischen Ziffern wie alphabetische Buchstaben behandelt und in folgender Reihenfolge sortiert: I, II, III, IV, IX, VI, VII, VIII, X. Ein numerisches Sortieren mit römischen Ziffern ist demnach nicht möglich. Bei der Erstellung der Inventarkarte und den Versuchen, diese Angaben in ein Datenbanksystem zu übertragen, kam es zu zahlreichen Irrtümern und Hinterfragungen.

Aufgrund der Vielfalt der Objekte wurden alle Objekte einer Gattung innerhalb eines Raumes inventarisiert und photographiert, dann kamen die Werke derselben Gattung des nächsten Raumes an die Reihe. Nachdem in allen 11 Räumen eine Gattung erfasst war, folgte die Inventarisierung der nächsten Gattungsgruppe. Somit konnte einerseits gewährleistet werden, daß kein Objekt einer be-

---

269 Erste Hilfe hierzu geben: Ch. Wolters: Wie muß man seine Daten formulieren, IfM, H. 33, 1991; Datenbank Schweizerischer Kulturgüter (Hg.): Informations-Kategorien zur Inventarisation mobiler Kulturgüter, Eigenverlag, 1996.

stimmten Gattung übersehen wurde, andererseits wurde das spezifische Aufstellungskonzept eines jeden Raumes kennengelernt.

Die Eintragungen erfolgten zunächst händisch auf eine Kartei- bzw. Inventarkarte (DIN A 5). Diese Inventarkarten wurden nach Gattung und aufeinanderfolgender Inventarnummer in mehreren Ordnern abgelegt. Im Rahmen der Vergabe der Inventarnummern wurden Werke eines Künstlers zu einer bzw. mehreren gattungsbezogenen Werkmappen zusammengefasst. Diese Werkmappen erhielten eine übergeordnete Inventarnummer. Die einzelnen Werke tragen sowohl die übergeordnete Inventarnummer als auch die Unternummer.

Abb. 23 *Felder der Inventarkarte der Kunstsammlungen Schloß Lengenfeld*

Name der Sammlung
Auf allen Inventarkarten befindet sich der Name der Institution: Schloß Lengenfeld.

Inventarkartennummer
Die Inventarkarten erhielten eine eigene Nummer, um den Gesamtbestand zu beziffern.

Gattung
Hier wurde das Kürzel der betreffenden Gattung angegeben.

Inventar Nummer
Innerhalb dieser Gattung erfolgte die Vergabe der jeweiligen Inventarnummer. Somit konnte der Bestand innerhalb einer Gattung benannt werden.

Objektbezeichnung
In diesem Feld wurde eine kurze Bezeichnung des Objektes vergeben. Dies diente einerseits einer schnellen Identifizierung des Objekte, andererseits war es besonders hilfreich bei Objekten, die einen anonymen Künstler bzw. Hersteller haben.

Künstler, Hersteller
Vergabe des Namens, Vornamens, des Pseudonyms des Künstlers bzw. ggf. die Bezeichnung des Meisters oder der Werkstatt.

Titel / Motiv / Kurzbeschreibung
Vorgefundene, vom Künstler vergebene Titel wurden in Anführungszeichen gesetzt. In diesem Feld erfolgte auch eine kurze Beschreibung des Gegenstandes.

Ort / Herkunft
Dieses Feld bezeichnet den Herkunftsort bzw. die Region der Entstehung, also die Kunstlandschaft, aus der das Objekt stammt (z.B. oberrheinisch).

Datierung
Angaben zur Datierung und Datierungszusätze. Hierbei kann es sich um exakte Datierungen in numerischer Form (Tagesdatum) und verbale Datierungen (Epochen-, Stil, Zeitbegriffe und Personale Begriffe) handeln.

Beschriftung
Jegliche Beschriftung und Angabe der Stelle auf dem Objekt (z.B.: Signatur ggf. Monogramm, Auflagenbezeichnung, Titel etc.).

Material
Angabe aller benutzten Materialien

Fertigungstechnik
Angabe der Fertigungstechniken

Rahmenmaß
Besitzt das Objekt einen Rahmen? Dann wird hier das Maß des Rahmens angegeben.

Passepartout
Befindet sich das Objekt in einem Passepartout? Wenn ja, dann erfolgt hier die Maßangabe des Passepartouts.

Maße
Höhe, Breite, Tiefe, Durchmesser und Angabe der Maßeinheit (z.B.: mm)

Erhaltungszustand
Eine kurze Zustandsbeschreibung zur Lokalisierung der Schadstellen.
Dies kann ggf. auch mit einer Skala erfolgen (z.B.: 1 = guter Zustand bis 5 = sehr schlechter Zustand, nicht transportfähig).

Restauriergeschichte
Wurde das Objekt bereits restauriert, sollten diese Angaben unter Nennung der Maßnahmen, des Datums der Restaurierung und des Namens des Restaurators erfolgen.

Provenienz / Vorprovenienz
Mit der Angabe der Provenienz wird die letzte Person bzw. Institution bezeichnet, aus dessen oder deren Eigentum das Objekt stammt; mit Vorprovenienz alle Vorbesitzer, sofern sich dies nachvollziehen läßt.

Funktionszusammenhang / Handhabung
Aus welchem ursprünglichen Funktionszusammenhang stammt das Objekt?
Ist es Teil eines Flügelaltars oder vielleicht Relikt einer Aktion?
In diesem Feld wird einerseits der ursprüngliche Funktionszusammenhang, aus dem das Objekt entstammt, bezeichnet, andererseits werden Hinweise zur richtigen Aufstellung bzw. Installation (Handhabung) gegeben.

Erwerbsart / Zugangsart
Neben der Angabe der Erwerbsart (Schenkung, Kauf, Leihgabe, Dauerleihgabe) wird des weiteren das Datum des Zuganges in die Sammlung und der Name der Person bzw. Institution, von dem bzw. der das Objekt erworben wurde, angegeben.

Kaufpreis / Datum
Neben dem Rechnungsdatum erfolgt hier auch die Nennung der Währung und die Höhe des Kaufpreises.

Schätzwert / Datum
Unterschiedliche Angaben bezüglich des Schätzwertes werden neben der Nennung des betreffenden Datums in diesem Feld verwaltet.

Versicherungswert / Datum
Da der Versicherungswert erheblich vom Schätzwert abweichen kann, wird die aktuelle Summe neben der Nennung des Datums in diesem Feld separat verwaltet.

Literatur
Diese Angaben beziehen sich nur auf Literaturstellen, die das Objekt direkt betreffen (z.B. Ausstellungs- oder Auktionskataloge).

Ausstellungen
In diesem Feld werden die Angaben zu Ausstellungen (Ausstellungsname, bzw. -titel, Ausstellungsort und Ausstellungsdatum, bzw. -dauer) verwaltet, bei denen das Objekt zu sehen war.

Allgemeine Hinweise
Dieses Feld dient etwaigen zusätzlichen Bemerkungen, die das Objekt, seine Stellung innerhalb der Sammlung etc. betreffen.
Standort
Hier erfolgt die genaue Angabe des ständigen Standortes innerhalb der Sammlung.
Leihverkehr
In diesem Feld werden Leihnehmer (Personen / Institutionen), der Leihzweck (z.B.: Ausstellung, Restaurierung) und die Leihdauer eingetragen, falls sich das Objekt außerhalb der Sammlung befinden sollte.
Diapositiv Nummer
Nummer des Diapositivs als Standortbezeichnung innerhalb der Diathek.
Photo Nummer
Nummer des Photos als Standortbezeichnung innerhalb der Photothek.
Erstellt am
Datum der Erstellung der Inventarkarte
Erstellt durch
Name des Bearbeiters

Lösungen

Die Lösung der Komplexität der o.g. Anforderungen fand schließlich in folgenden Resultaten ihre Umsetzung:

Es entstand ein Bestandskatalog, der

1. den gesamten erschlossenen Bestand zum damaligen Bearbeitungszeitpunkt widergibt,
2. die jeweiligen Gattungsbereiche einzeln zugänglich macht (sozusagen zehn Inventarbücher in einem),
3. durch die Möglichkeit von Eintragungen auf Ergänzungsblättern ein offenes, mitwachsendes Verzeichnis bietet,
4. durch die Vergabe von gattungsbezogenen Vorsatzbuchstaben auch die Eingliederung der vorhandenen Werkbestände zu einem späteren Zeitpunkt ermöglicht und
5. ein alphabetisches Register aller benannten bzw. anonymen Künstler enthält und sich somit von den Werkbeständen der Künstler Christa Hauer-Fruhmann, Johann Fruhmann und Leopold Hauer sichtbar abgrenzt.

Als Hauptergebnis der Bestandserschließung wurde neben einer Diathek und Photothek ein Künstler- und Werkverzeichnis erstellt, das den Bestand des allgemeinen Inventars der Kunstsammlungen im Schloß Lengenfeld wiedergibt. Ausgenommen hiervon sind die Werke von Christa Hauer-Fruhmann, Johann Fruhmann und Leopold Hauer. Diese gelten als abgegrenzte und zum Teil abgeschlossene Sammlungen bzw. Werkbestände, die zu einem späteren Zeitpunkt, nach ihrer jeweiligen Inventarisierung, dem vorliegenden Verzeichnis angegliedert werden müssen.

Der Bestandskatalog des allgemeinen Inventars der Kunstsammlungen im Schloß Lengenfeld gliedert sich in zwei Verzeichnisse:

Gattung / Inventarnummer
Im ersten Verzeichnis sind die bisher erfassten Werke nach Gattungen geordnet. Innerhalb ihrer Gattung sind die Objekte in numerischer Reihenfolge nach den Inventarnummern geordnet.
Da sich nach jeder Gattungsgruppe Ergänzungsseiten zum Eintragen neu zu inventarisierender Werke finden, handelt es sich um ein ›offenes‹ Verzeichnis.
Künstler / Anonym
Das zweite Verzeichnis listet die Künstler in alphabetischer Reihenfolge auf. Dieses ›geschlossene‹ Verzeichnis zeigt den Bestand an Kunstwerken der Sammlungen bis zum März 1992 an. Zugleich versteht sich dieser Teil als alphabetisches Register zum schnelleren Gebrauch des gesamten Bestandskataloges. Somit wird auch der Zugriff auf die Inventarkarten erleichtert.

Bei den im Bestandskatalog angegebenen Daten handelt es sich um die Primärdaten des jeweiligen Objektes. Alle weiteren Angaben waren für den Bestandskatalog von untergeordneter Bedeutung und finden sich nur auf der Inventarkarte. Der Bestandskatalog dient nicht nur der Auflistung des allgemeinen Inventars der Kunstsammlungen im Schloß Lengenfeld, sondern ist als ›vorläufiger‹ Gesamtkatalog untrennbar mit der Kartei der Inventarkarten, der Photothek und der Diathek verbunden. Aus rechtlichen Gründen sind die einzelnen Seiten des Inventarbuches durchnumeriert. Durch die Aufteilung des Bestandskataloges in die einzelnen Gattungsbereiche wurden eigentlich zehn eigenständige Inventarbücher erstellt.

Abschließende Bemerkungen
Die Komplexität der Sammlungen wurde unterschätzt, so daß der vorgesehene Zeitplan nicht eingehalten werden konnte. Die Projektdauer verlängerte sich hierdurch um weitere 6 Monate. Bei der inhaltlichen Strukturierung der Datenfelder konnte aufgrund der Vielschichtigkeit der Sammlungsinhalte auf bestehende Regelwerke keine Rücksicht genommen werden. Somit sind die eingegebenen Kerndaten in erster Linie zum rechtlichen Nachweis der Objekte, als

Überblick über den Gehalt der Sammlung und als Standortnachweis brauchbar. Eine Nutzung der Daten für die wissenschaftliche Forschung würde eine detaillierte Analyse der Daten und Informationen, wie sie im Regelwerk MIDAS beispielsweise angestrebt wird, voraussetzen. Ziel des Auftrages war jedoch die Erstellung eines Bestandskataloges. Das Projekt konfrontierte den Verf. mit der Vielzahl der Probleme, welche die Strukturierung von vorgefundenen kulturwissenschaftlichen Informationen in EDV-gestützte Daten mit sich bringt. Als eine unmittelbare Folge des Projektes war die Teilnahme am MIDAS Seminar des Bildarchiv Foto Marburg und an der CIDOC Konferenz 1993 in Ljubljana zu werten.

Fallbeispiel Archiv der Wiener Secession

Die Strukturanalyse[270] zum Projekt „Archiv Wiener Secession" wurde von November 1996 bis Februar 1997 im Rahmen des gleichnamigen Forschungsauftrages des Bundesministeriums für Wissenschaft, Forschung und Kunst durchgeführt. Das Datenbank Management System des Archives wurde mittels des Datenbankprogramms FileMaker erstellt. Anhand dieses Fallbeispiels wird die komplexe Struktur einer Institution sichtbar, die unterschiedlichste Ablaufstrukturen und Aufgabenbereiche miteinander zu verbinden und diese in einem Datenbanksystem zu integrieren sucht.

Ausgangslage

Das hundertjährige Jubiläum der Gründung der Wiener Secession (1897/98– 1997/98) bot den Anlaß, die historische und aktuelle Wirkungsgeschichte dieser bedeutenden künstlerischen Institution erstmals grundlegend zu dokumentieren, der wissenschaftlichen Forschung und einer breiteren internationalen Öffentlichkeit zu vermitteln. Im Rahmen des durch das österreichische Bundesministerium für Unterricht und kulturelle Angelegenheiten finanzierten Projektes ›Kunst ohne Grenzen‹ sollte durch die gezielte Erschließung der in Zusammenhang mit der Wiener Secession stehenden Daten, Informationen, Materialien und Kunstwerke ein Fundament für die wissenschaftliche Bearbeitung geschaffen werden. Als weitere dringende Notwendigkeit ergab sich die durch einen Wasserschaden (Anfang August 1994) stattgefundene rasche Auslagerung der

---

270 Die Strukturanalyse wurde durch den Verf. unter Mitwirkung der Mitarbeiterinnen der Wiener Secession, Christine Bruckbauer, Nora Fischer, Gabriele Grabler, Hermie Hillebrandt, Bärbel Holaus, Sylvie Liska, Kathrin Rhomberg, Kerstin Scheuch, Irene Stindl und nicht zuletzt Werner Würtinger erstellt. Ihnen allen danke ich an dieser Stelle recht herzlich für ihre tatkräftige Mithilfe. Die Programmierung des DBMS erfolgte durch Graf + ZYX.

Gesamtbestände. Im Frühjahr 1995 wurde eine Begasung der damals immer noch ungeordneten Bestände durchgeführt. Der Bestand war zu diesem Zeitpunkt für die Forschung und die Öffentlichkeit nicht zugänglich und nutzbar. Bis zum Jahre 1998 war ein Archiv der Wiener Secession als wissenschaftlich erschlossenes nicht existent. Die vorhandenen Kunstwerke, die der Secession von den ausstellenden Künstlern überlassen worden sind, waren an den unterschiedlichen Standorten verstreut, nicht katalogisiert und dokumentiert. Informationen, die der Erschließung dienen sollten, waren, abgesehen von wenigen speziellen Listen (Verzeichnis der lebenden Mitglieder, Verzeichnis der Ausstellungen und Publikationen), nicht erstellt, nicht zugänglich oder unvollständig. Es existierten weder Verzeichnisse aller Mitglieder noch aller Ausstellungen und Aktivitäten. Auch war nur wenigen bekannt, daß die Wiener Secession über einen umfangreichen Bestand an Graphiken, Plakaten, Bildern, Skulpturen, Objekten, Büchern, Ausstellungskatalogen, Autographen, Korrespondenz und Fotos (ca. 80 –100 Kartons) verfügt. Der Bestand des Archives wurde zwar grob erfaßt, ist aber zum Zeitpunkt der Strukturanalyse wissenschaftlich noch nicht erschlossen gewesen. Im Depot, das geradezu als Fundgrube für die kunst-, kultur-, sozial- und wirtschaftswissenschaftliche Forschung bezeichnet werden kann, befinden sich

- ca. 600 graphische Blätter (u.a. Egger Lienz, Orlik, Gütersloh, Sterrer, Slevogt, Whistler, Mikl, Olbrich, Klimt, Moser, Lüpertz, Jungwirth, Fruhmann, Meissner, Painitz, Messensee, Orlik, Beckmann, Rainer, Goeschl, Wickenburg)
- über 200 Bilder (u.a. Marden, Riedl, Baselitz, Bertoni, Damisch, Staudacher, Kappl, Kocherscheidt, Weiler, Lassnig, Szeni, Prachensky, Laske, Oberhuber)
- ca. 100 Skulpturen, Objekte, Fotos, Collagen etc. (u.a. West, Gilbert & George, Gironcoli, Wotruba, Nitsch, Sol le Witt, Valie Export)
- über 60 AV Medien (Videos, Filme, Cassetten)
- ca. 6.000 Autographen (Korrespondenz von Künstlern wie Klimt, Macintosh, Rilke, Monet, Segantini, von Alt etc.)
- über 2.500 (teilweise signierte) Künstler- und Ausstellungsplakate
- über 5.000 (teilweise signierte) Kataloge und Publikationen

Aufgabenstellung

Um nun einerseits das Archiv wissenschaftlich zu erschließen und andererseits die täglichen Abläufe zu vereinfachen und zu verwalten, wurde vom Vorstand der Künstlervereinigung beschlossen, ein Datenbank Management System zu installieren. Die Strukturanalyse diente dazu, die Anforderungen an das DBMS zu eruieren. Ausgehend von den vielfältigen Anforderungen wurden folgende Aufgaben definiert:

· Aufbau eines Archives der Wiener Secession zur Verwaltung und Betreuung der Archivalien und zu Zwecken der wissenschaftlichen Forschung
· Aufbau eines Datenbank Management Systems für Text- und Bild zur Erfassung und Bearbeitung der Archivalien, der internationalen Mitglieder und der ausstellungsbezogenen Informationen und Objekte.

Probleme

Die Anforderungen an das DBMS waren sehr vielfältig. Neben der Verwaltung der Mitglieder, Freunde und Sponsoren sollte auch die Konzeption und Dokumentation von Ausstellungen bzw. die Inventarisierung unterschiedlichster Kunstwerke, die als Ausstellungsrelikte dem Archiv der Wiener Secession überstellt wurden, verwaltet werden können. Aufgrund der Überlastung durch permanente Ausstellungsvorbereitungen gestaltete sich der Diskussionsprozeß mit den Mitarbeiterinnen äußerst zeitintensiv.

Die vorhandenen Datenbanken (FileMaker Pro) waren schlecht gepflegt. Die Eingabe der Daten, insbesondere der Adressen und Bibliothek, geschah eher sporadisch und nicht kontinuierlich. Aufgrund der unterschiedlichen Bearbeiterinnen erfolgte die Eingabe nicht nach gleichen formalen Vorgaben, die Daten waren unstrukturiert. Dies bedeutete, daß die eingegebenen Daten keiner Kontrolle unterlagen und nur eingeschränkt genutzt werden konnten. Die Datenbanken dienten in dieser Form in erster Linie nur als Standortverwaltung und dem Nachweis des Vorhandenseins von Gegenständen. Sie waren für wissenschaftliche Zwecke nur sehr eingeschränkt von Nutzen. Aufgrund der Beibehaltung des Programmes FileMaker konnte ein großer Teil der bereits eingegebenen Daten ohne große Probleme in das zu erstellende Datenbanksystem übernommen werden. Doch mussten alle bisher eingegebenen Datensätze kontrolliert, überarbeitet, nachbereitet und in der Bibliothek alle Publikationen gesichtet, die eingegebenen Daten überprüft, erfasst und ggf. neu aufgestellt werden.

Umsetzung

Um das Datenbanksystem den Bedürfnissen des Archives, die in der Aufarbeitung des Altbestandes durch Inventarisierung und Katalogisierung, andererseits der Verwaltung und Aufnahme der neu hinzukommenden Daten und Informationen von Objekten und Mitgliedern lagen, anzupassen, war eine umfassende Strukturanalyse notwendig. Diese setzte sich aus IST-Analyse und SOLL-Konzept zusammen und diente der Strukturierung der Datenfelder, der Automatisierung bestimmter Verwaltungsabläufe und der optimalen Nutzung der vorhandenen Ressourcen. Die Erstellung der Strukturanalyse und die Diskussion der Datenfelder fand im Zeitraum November 1996 bis Februar 1997 statt. Hiernach wurde das DBMS in einer reduzierten Version programmiert und mit der Eingabe begonnen.

Lösungen

Als Ergebnis der Strukturanalyse entstand ein komplexes Datenbank Management System. Das DBMS sollte der Verwaltung der unterschiedlichen Archivalien und der Mitglieder der Künstlervereinigung sowie der Dokumentation der Ausstellungen dienen. Ausgehend von der Konzeption eines übergeordneten DBMS, das die Bedürfnisse der Organisation und Dokumentation von Ausstellungen, Mitgliedern, Archiv und Bibliothek miteinander in Beziehung setzte, wurde eine für den alltäglichen Einsatz leichter bedienbare Lösung gefunden, die dem Personalstand und der budgetären Situation eher entgegenkommt. Da eine Einarbeitung in ein neues Datenbankprogramm zu zeitaufwendig erschien und die Mitarbeiterinnen mit dem vorhandenen Programm FileMaker Pro vertraut und zufrieden waren, wurde dieses beibehalten.

Zu Strukturanalyse und Konzeption des Datenbank Management Systems der Wiener Secession

Im folgenden wird einerseits ein kurzer Einblick in den Verlauf der Strukturanalyse gegeben und andererseits an einigen Datenfeldern die Konzeption des geplanten Datenbank Management dargelegt.

Abb. 24 *Konzeption der Struktur des DBMS Archiv der Wiener Secession*

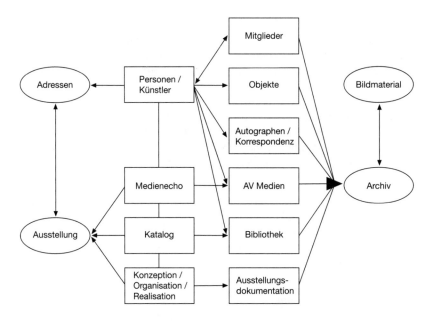

Verwaltung von Adressen und Personen

Aufgrund der separaten Arbeitsbereiche hatten sich im Laufe der Zeit unterschiedliche Adressdatenbanken mit unterschiedlich aktuellen Informationen gebildet, die nur äußerst schwer zu aktualisieren waren. Es gab keinen Zugriff auf einen gemeinsamen Datenpool. Bei Änderungen (z.b. Telefonnummer) mussten alle bestehenden Datenbanken der jeweiligen Mitarbeiterinnen geändert werden. Des weiteren gab es weder eine klare Absprache bei den verwendeten Kürzeln, die sehr uneinheitlich gebraucht wurden, noch eine klare Strukturierung der Adressen und der dazugehörigen Personen. Als Lösung bot sich ein einheitlicher Adressenpool an, der ausgehend von den Kerndaten der Adressen um Informationen zu den MitgliederInnen, den MitgliederInnen der Gesellschaft der Freunde und zu Presse und Öffentlichkeitsarbeit erweitert wurde. Hierzu zählten u.a. folgende Datenfelder:

- Art des Mediums (z.B.: Rundfunk, Fernsehen, Tageszeitung, Kunstzeitschrift etc.)
- Zusendung von (z.B.: Presseinformationen, Katalog, Photomaterial etc.)
- Zusendungsfrist (z.B.: 4/8/12 Wochen vor Ausstellungseröffnung etc.)

Konzeption und Unterstützung von Ausstellungen

Ursprünglich wurde daran gedacht, daß diese Datenbank zuerst zur Konzeption der aktuellen Ausstellungen verwendet wird. Nach dem Ablauf der Ausstellung wäre sie dann zur Datenbank Ausstellungsdokumentation und somit Bestandteil der Archivdatenbank geworden. Die für die Presse und Ausstellungsdokumentation erstellten Photos sollten zu einem späteren Zeitpunkt in der AV-Datenbank (Datenbank für Bild, Ton und Film) abgelegt und verwaltet werden. Dieser Datenbankbereich wurde bei der späteren Programmierung nicht realisiert.

Als Datenfelder, die allgemeine Informationen zu den Ausstellungen und zu deren Verwaltung enthielten, waren u.a. vorgesehen:

- Jahr / Nummer / Name / Titel / Dauer der Ausstellung
- Ausstellungsorte (Name der betreffenden Räumlichkeit innerhalb des Hauses)
- Externe Ausstellungsstationen, Orte und Dauer (Fremdübernahme, Weiterreichung)

Die vorhandenen Informationen zur Konzeption, Administration, Organisation, Aufbau und Abbau einer Ausstellung sind nach ihrer jeweiligen Art zu unterscheiden. In diesen Zusammenhang fallen so inhomogene Ausstellungsrelikte wie Einladungskarte, Ausstellungsfolder, Ausstellungsplakat, Ausstellungsplan, Eröffnungsrede, Rahmenprogramm, Text der Presseaussendungen, Liste der ausgestellten Werke, Preisliste der ausgestellten Werke (falls vorhanden) und Ausstellungsdokumentation durch Bildmaterial, Tonmaterial, Filmmaterial, Subventionsansuchen, Ausstellungskalkulation, Endabrechnung, Besucherstatistik.

Informationen zum Ausstellungskatalog wurden ebenfalls verwaltet: Titel des Ausstellungskataloges, ISBN Nummer, Herausgeber, Autoren, Künstler, Redaktionelle Mitarbeit, Lektorat, Übersetzungen, Gestaltung / Graphik / Layout, credits (z.b.: Nutzungsrechtinhaber Bildmaterial), Satz, Verlag, Auflage, Druck (Druckerei / Ort), Verkaufspreis, Restbestand.

Als wesentlicher Bestandteil der Dokumentation einer Ausstellung gilt das Medienecho. Hierfür waren folgende Datenfelder vorgesehen: Nummer der Kritik/Ausstellungsbesprechung, Name des Kritikers, Name des Mediums, Erscheinungsdatum / Sendetermin, Titel der Besprechung, Text der Besprechung (ggf. kurze Angabe über Inhalt).

Verwaltung des Archives des Wiener Secession

Neben der Verwaltung aller (ehemaligen und aktuellen) Mitglieder der Künstlervereinigung und der Vereinsdokumente bildet die Dokumentation der Ausstellungen einerseits und die Verwaltung der unterschiedlichen Objekte (Kunstwerke, Audiovisuelle Medien als auch Autographen) andererseits die Grundlage des Datenbankmanagementsystems des Archives.

Die Verwaltung der Kunstwerke bildet den Kern des DBMS. Neben den üblichen Kerndaten wird insbesondere auf die Dokumentation der Nennung bzw. Abbildung des einzelnen Werkes in Ausstellungskatalogen besonderen Wert gelegt. Befinden sich diese Publikationen in der Bibliothek der Wiener Secession, dann sollte an dieser Stelle auch die Nennung der Signatur erfolgen.

Die Verwaltung der Autographen und der Korrespondenz benötigte weitere Datenfelder. Bei der Eingabe wurde besonderes Augenmerk auf die Wertigkeit der Informationen gelegt, damit sich in dieser Datenbank nur wesentliche Korrespondenz wiederfindet. Bei der Aufstellung im Archiv wurde darauf geachtet, daß die Autographen in säurefreien Papiercouverts gelagert und alphabetisch nach Buchstaben in einzelnen Kisten / Kartons aufgestellt wurden.

> - Nummer der Autographen / Korrespondenz
> - Art der Vorlage (z.b.: Brief, Mitteilung / Benachrichtigung, Protokoll, Brief mit Zeichnung, Graphisches Werk, Glückwunschkarten, Postkarte etc.)
> - Inhalt der Vorlage (thematisch bezogen auf: Künstlervereinigung, Ausstellungskonzept, Architektur des Hauses)
> - Absender (von)
> - Adressat (an)
> - Datum (Datumsfeld)
> - Betreff
> - Erhaltungszustand
> - Standort
> - als Original vorhanden

Die Bestände der Bibliothek waren keineswegs alle erschlossen. Immer wieder fanden sich Lücken in der Inventarisierung. So war für die Nutzung durch eine Datenbank eine komplette Bestandserschließung anzustreben. Dies setzte nicht nur ein Überarbeiten der bisher eingegebenen Bücher, sondern neben der Kontrolle und Neueingabe auch die Sichtung und Diskussion der Aufstellung voraus. Die Bibliothek steht in erster Linie den Mitgliedern der Künstlervereinigung zur Verfügung. Auf Anfrage wird sie externen Benutzer für Forschungszwecke zugänglich gemacht. Da die Bibliothek als Freihandbibliothek gedacht ist, wurde eine Prioritätsstruktur zur Zuordnung von Publikationen entworfen (s. Abb. 13).

Noch sind Videofilme, CD-ROMs, AudioCDs, Diapositive und Kassetten eher spärlich vertreten, doch nutzen immer mehr Künstler diese Medien, so daß generell mit einem Zuwachs zu rechnen ist. Sollten diese Medien gezielt gesammelt werden, sind eine geeignete Lagerung und die jeweiligen technischen Abspielmöglichkeiten vorzusehen. Während Kunstwerke auf audiovisuellen Medienträgern als Objekte verwaltet werden, sollte die Datenbank für Audiovisuelle Medien der Verwaltung von Bild-, Ton- und Filmdokumenten (z.B.: Ausstellungsdokumentation, Kulturmagazin, Katalogbeitrag, Ausstellungsbericht, Sammlungsdarstellung, Künstlermonographie, Werkmonographie etc.) dienen. Neben den herstellerbezogenen Angaben zur Produktion würden auch Angaben zum Präsentationsequipment des Dokumentes und zum Trägermedium verwaltet.

Zur Auswertung der Datenbank

Aufgrund des anfallenden Arbeitsaufwandes bei der Konzeption und Organisation von Ausstellungen wurde auf die Auswertungen in Form von Listen, Formularen, Standardbriefen, Serienbriefen, Etiketten, Statistiken etc. besonderer Wert gelegt. Dies wurde durch die offene Struktur und Flexibilität der Relationen der einzelnen Datenbanken zueinander unterstützt.

Abb. 25   *Diverse Listen als Auswertung der Datenbank*

Listen Ausstellungen
· Chronologische Auflistung aller Ausstellungen
· Auflistung von Ausstellungen einer bestimmten Gattung
  (z.B. Zeichnung oder Malerei)
· Auflistung von Ausstellungen einer bestimmten Zeitepoche (80er Jahre)
· Alphabetische Auflistung der beteiligten Künstler
  (innerhalb der einzelnen Ausstellungen)
· Chronologische Auflistung der Kritiken
· Auflistung der gezeigten Werke bzw. bei Gruppenausstellungen auch der dazugehören-
  den Künstler
· Auflistung der zur Ausstellung gehörenden Relikte
· Auflistung aller Relikte einer bestimmten Gattung

Listen Mitglieder der Künstlervereinigung / Künstler
· Alphabetische Auflistung aller Mitglieder / Künstler (mit Nennung der Mitgliedschaftsda-
  ten, mit Geburts- bzw. Todesdaten und Kurzbiographie)
· Auflistung der Ausstellungsbeteiligungen eines Mitglieds / Künstlers mit Nennung der
  Ausstellungsdaten und Ausstellungstitel
· Alphabetische Auflistung der Nationalitäten der Mitglieder / Künstler
· Chronologische Auflistung aller Geburtstage der Mitglieder / Künstler
· Auflistung aller Präsidenten seit der Gründung mit Präsidentschaftsjahren
· Auflistung aller Vorstandsmitglieder seit der Gründung mit Jahres- und Funktions-
  angaben
· Auflistung aller Ehrenmitglieder

Listen Objekte / Kunstwerke
· Auflistung aller Werke eines bestimmten Künstlers
· Auflistung aller in einer Ausstellung gezeigten Werke
· Auflistung aller Werke einer Gattung bzw. Fertigungstechnik oder eines Materials
· Auflistung aller Werke einer bestimmten Zeitepoche

Listen Presse
· Auflistung und Kontrolle, welche Pressevertreter Pressephotos und Kataloge erhalten
  haben
· Ausstellungstitel: Name, Adresse, Medium, Datum, Anzahl Photos, Katalog erhalten,
  Unterschrift
· Pressespiegel: Name der Ausstellung, Ausstellungsdauer, Name des Mediums, Erschei-
  nungsdatum, Name des Berichterstatters
· Presseinformation: Name der Ausstellung, Ort der Ausstellung, Dauer der Ausstellung,
  Pressetext, Namen der Sponsoren

Listen Bibliothek
· Sortierte Liste nach Gattung und Signatur
· Sortierte Liste nach Autoren und Herausgeber
· Sortierte Liste nach Inventarnummern
· Erläuterungen zur Signatur
· Liste aller lieferbaren Kataloge und Publikationen

Abschließende Bemerkungen

Ein Datenbank Management System, das allen Anforderungen von Konzeption, Organisation, Dokumentation und Archivierung der Ausstellungen gerecht werden sollte, konnte sowohl aufgrund des hohen Zeitaufwandes, als auch aus personellen und budgetären Gründen nicht realisiert werden. So wurde zugunsten des zu bewältigenden Tagespensums eine realistischere Variante gewählt.

Im Rahmen des Projektverlaufes kam es zwischen dem Konsulenten und der Programmiererin zu unterschiedlichen Ansätzen bezüglich eines EDV-gestützten Dokumentationssystems. Während ersterer die Nutzung des Archives für die wissenschaftliche Forschung als oberstes Ziel anvisierte, verstand letztere das Archiv eher als bloße Standortverwaltung der Relikte, Autographen, Kataloge und Kunstwerke. Die programmierte Lösung wird nun beiden Ansätzen gerecht.

Da aufgrund der permanenten Arbeitsüberlastung die für die wissenschaftliche Betreuung des Archivs zuständige Mitarbeiterin sich anderen Aufgabenbereichen widmen mußte, wird das Archiv gegenwärtig sowohl durch temporäre, über den Forschungsauftrag finanzierte MitarbeiterInnen, als auch durch VolontärInnen, zumeist StudentInnen des Kunsthistorischen Institutes der Universität Wien, betreut. Aufgrund dieser Regelung ist es absehbar, daß es durch die Diskontinuität in der Datenpflege in naher Zukunft zu Problemen mit der Eingabe und der Auswertung der eingegebenen Daten kommen wird.

Die Zukunft des Archivs hängt von den Plänen und den Interessensgebieten des jeweiligen, aus KünstlerInnen bestehenden Vorstands der Wiener Secession ab. Da dieser Vorstand alle zwei Jahre neu gewählt wird, wird eine langfristige Vorausplanung, die eine qualitätsvolle Kontinuität in der wissenschaftlichen Arbeit sichern könnte, erheblich erschwert.

Fallbeispiel Archiv Galerie im Griechenbeisl

Das Projekt ›Archiv Galerie im Griechenbeisl‹ wurde von September 1992 bis Dezember 1994 im Rahmen des gleichnamigen Forschungsauftrages des Bundesministeriums für Wissenschaft, Forschung und Kunst durchgeführt.[271] Im folgenden sollen weniger die kunstwissenschaftlichen Ergebnisse des Forschungsauftrages vorgestellt, sondern neben der Konzeption, dem Aufbau und der Struktur des Datenbank Management Systems (DBMS) zur Unterstützung des Archives,

---

271 Als Projektleiter fungierte Peter Zawrel vom Amt der Niederösterreichischen Landesregierung Kulturabteilung. Vom damaligen Bundesministerium für Wissenschaft und Forschung wurde das Projekt durch Elisabeth Menasse-Wiesbauer und Maria-Christina Lutter betreut. Ihnen allen sei an dieser Stelle herzlich gedankt.

insbesondere auf die Auswertung der Datenbank in Form der Publikation einge-gangen werden.[272]

Ausgangslage

Durch die im Rahmen der Bestandserschließung der Kunstsammlungen Schloß Lengenfeld geleistete Vorarbeit und auf Anregung von Christa Hauer-Fruhmann wurde im Winter 1991/92 das Forschungsprojekt ›Galerie im Grie-chenbeisl‹ konzipiert. Die Galerie im Griechenbeisl ermöglichte im Zeitraum ihres Bestehens (14.06.1960–17.09.1971) zahlreichen Künstlern ihre erste öffentliche Präsentation (Ausstellungen, Lesungen und Konzerte) und trug somit wesentlich zu deren Entdeckung bei. Insgesamt fanden in der elfjährigen Gale-rietätigkeit 167 Ausstellungen statt, hiervon 108 Einzelausstellungen, teilweise Gegenüberstellungen zweier Künstler, und 59 Gruppenausstellungen. Damals wurden rund 180 ausländische und über 70 inländische Künstler einer interes-sierten Öffentlichkeit vorgestellt.

Gespräche mit den zuständigen Sachbearbeitern des österreichischen Bundes-ministeriums für Wissenschaft, Forschung und Kunst ergaben ein verstärktes In-teresse an der zu erforschenden Problematik. Der Forschungsauftrag wurde be-willigt und von September 1992 bis Dezember 1994 realisiert.

Aufgabenstellung

Der Aufbau eines Archives zur Geschichte der Galerie im Griechenbeisl er-schien aus mehreren Gründen sinnvoll. Das Material aus der Zeit der Galerie war größtenteils auf Schloß Lengenfeld vorhanden. Die gesamte Literatur zur Galerie im Griechenbeisl existiert, von wenigen Erwähnungen abgesehen, nur in Form von kritischen Auseinandersetzungen zu den Ausstellungen durch die Presse und in Katalogbeiträgen der Ausstellungskataloge. Dies ist kennzeichnend für die sechziger Jahre. Die Berichterstattung in den Tageszeitungen hatte einen we-sentlich stärkeren Stellenwert, da es noch nicht eine solche Fülle von Kunstzeit-schriften gab. Eine umfassende kritische Auseinandersetzung der wissenschaftli-chen Forschung mit den künstlerischen und kunstbetrieblichen Aktivitäten, dem nationalen und internationalen Künstler- und Ausstellungsprogramm, der kul-turpolitischen Einflußnahme und der herausragenden Stellung der Galerie im Griechenbeisl innerhalb der österreichischen Galerienszene hatte bis zu diesem Zeitpunkt noch nicht stattgefunden. Die damalige Galeristin Christa Hauer-Fruh-

---

272 Der Umfang des Forschungsauftrages beträgt 370 Seiten. Dieser Umfang wurde für die spätere Publikation auf 246 Seiten reduziert. s.: H. Krämer: Galerie im Griechenbeisl 1960–1971. Christa Hauer und Johann Fruhmann: Pioniere der zeitgenössischen Kunstszene in Wien, 1995.

mann und auch zahlreiche der damals Beteiligten konnten als Zeitzeugen befragt und Auskunft über die Aktivitäten und den Stellenwert der Galerie geben. Durch die Aufarbeitung der Galerie im Griechenbeisl konnte eine Forschungslücke geschlossen werden, welche die Kunst der sechziger Jahre unter besonderer Berücksichtigung der mitteleuropäischen Länder, die Geschichte der Kunstszene in Wien jener Jahre, das Galeriewesen, die Kunstkritik und die Subventionspolitik betraf. Hauptzielsetzung war die Erstellung einer Dokumentation der Ausstellungen und Aktivitäten der Galerie im Griechenbeisl.

Probleme

Im Rahmen der Sichtung des umfangreichen Materials traten zahlreiche Probleme zutage. Über die Frühzeit der Galerie war kaum Material vorhanden, da dieses damals noch nicht archivert worden war. Durch die lange und unsachgemäße Lagerung im Schloß war ein Teil des vorhandenen Materials unbrauchbar. Die bestehenden Lücken mußten definiert und durch zu recherchierendes Material aus diversen Archiven geschlossen werden. Die Recherche nach den damals beteiligten Personen und deren Verbleib stellte sich als sehr zeitaufwendig heraus. Die Ausstellungsbesprechungen in den Tageszeitungen enthielten zahlreiche Informationen, die schließlich zur Grundlage des Archives wurden. Diese Fülle an Textmaterial (über 1.500 Ausstellungsbesprechungen) mußte gesichtet, katalogisiert und ausgewertet werden. Ein weiteres Problem brachte die Komplexität der Anforderungen an die Datenbank mit sich. Neben den beteiligten Personen (Künstler, Kritiker, Sammler etc.) und deren Adressen sollten auch Daten zu den einzelnen Ausstellungen, Verzeichnisse der ausgestellten Werke, Relikte wie Einladungskarten etc. und auch komplette Kritiken und Katalogtexte verwaltet werden.

Umsetzung

Das Ziel der Forschungsarbeit war die grundlegende Darstellung, ausführliche Dokumentation und kritische Auseinandersetzung mit der Geschichte der Galerie im Griechenbeisl und deren bis dahin noch nicht aufgearbeiteten, aber maßgeblichen Einflußnahme auf das österreichische Kulturgeschehen der sechziger Jahre. Um diese Dokumentation erarbeiten zu können, mußte das auf Schloß Lengenfeld existierende Quellenmaterial gesichtet, inhaltlich strukturiert und in Form eines Archives zugänglich gemacht werden. Es sollte ein möglichst umfangreiches, vielseitiges und authentisches Bild jener Zeit über das kulturelle Geschehen und den Stellenwert der Galerie im Griechenbeisl geschaffen werden. Presseberichte und Ausstellungskritiken, vor allem die Stellungnahmen, Eindrücke, Texte und Äußerungen der unmittelbar beteiligten Kulturschaffenden und Künstler wurden neben den damals beteiligten Personen als Zeitzeugen zur Grundlage der Dokumentation. Um Ansichten, Meinungen, Anekdoten und kritische Äußerungen unmittelbar zu erhalten, wurde ein Fragebogen ausgearbeitet, der den während der Galeriezeit beteiligten Personen zur Beantwortung zugesandt wurde. Außerdem fanden zahlreiche Interviews mit ausgewählten Künstlern, Kunstkritikern, Kulturpolitikern und Zeitzeugen statt.

Abb. 26 *Projektverlauf Archiv Galerie im Griechenbeisl*

---

1. Phase
- Sichtung und Analyse der vorhandenen Unterlagen und des Quellenmaterials der Galerie auf Schloß Lengenfeld (Kataloge, Einladungen, Photos, Korrespondenz, Subventionsansuchen, Buchhaltung, Leihverträge, vorhandene Kunstwerke etc.)
- Sichtung des Medienspiegels
- Recherche der beteiligten Personen und deren Adressen
- Erste Aussendung mit Informationen über das Forschungsprojekt und dem Fragebogen
- Kontaktaufnahme mit ausgewählten Personen zwecks Interview

2. Phase
- Strukturanalyse und Konzeption des DBMS
- Programmierung des DBMS (FileMaker Pro)
- Konzeption und Aufbau des Archives

3. Phase
- Interviews mit ausgewählten Personen
- Sichtung und Auswertung der einlangenden beantworteten Fragebogen
- Zweite Aussendung mit der dringenden Bitte um Beantwortung der Fragebogen
- Eingabe der bereits vorhandenen Daten zu Ausstellungen, Künstlern, ausgestellten Werken, Relikten (Eröffnungsreden, Ausstellungskatalogen, Einladungskarten, Plakaten etc.) und Ausstellungsbesprechungen

4. Phase
- Eingabe der Informationen in das DBMS
- Sichtung und Auswertung der einlangenden, beantworteten Fragebogen
- Recherche und Aufarbeitung mit der Geschichte des Griechenbeisls und den maßgeblichen Personen
- Erstellung eines Grundlayouts in PageMaker zur Eingabe der Texte und im Hinblick auf die spätere Publikation
- Erstellung einer chronologischen Dokumentation der einzelnen Ausstellungen und Aktivitäten der Galerie
- Textliche Ausarbeitung der vorgefundenen Materialien
- Möglichkeit zur Anmerkung und Korrektur der Texte durch die Galeristin und den Projektleiter

5. Phase
- Textliche Ausarbeitung der vorgefundenen Materialien
- Letzte Möglichkeit zur Korrektur
- Erstellung ausführlicher Listen und Register (Namen, Künstler, Literatur, Abbildungen, Text- und Photonachweis)
- Graphische Gestaltung und Fertigstellung
- Abgabe der Forschungsarbeit
- Überarbeitung und Reduktion des Umfanges für die Publikation
- Produktion und Druck
- Präsentation anläßlich der Jubiläumsausstellung

Datenbank Management System und Datenfelder

Zur Verwaltung der umfangreichen Materialien einerseits und zum gleichzeitigen Erstellen des Forschungsberichtes und der später erfolgenden Publikation wurde auf Grundlage des FileMaker ein DBMS erstellt. Von Anbeginn des Projektes war es geplant, die Fülle an Material mit Hilfe eines Datenbank Management Systems zu verwalten. So wurde besondere Sorgfalt in der Diskussion der Anforderungen und auf die Strukturanalyse im Hinblick auf ein zu programmierendes DBMS[273] gelegt. Das DBMS des Archivs der Galerie im Griechenbeisl gliedert sich in folgende Datenbankbereiche.

Abb. 27 *Graphische Darstellung des DBMS Archiv Galerie im Griechenbeisl*

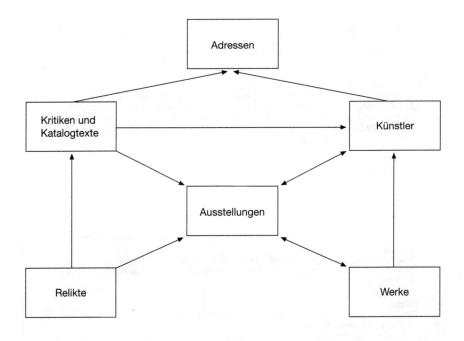

---

273 Der Flexibilität der Programmierung und den gestellten Anforderungen an die Datenmenge entsprechend, fiel hierbei die Wahl auf FileMaker. Die Programmierung wurde in Zusammenarbeit mit Stefan Pusch vorgenommen, die Eingabe der Daten, Kritiken und Katalogtexte erfolgte durch Michaela Kern. Beiden gilt mein Dank.

Verwaltung der Adressen

Zahlreiche der damals beteiligten Personen standen als Auskunftspartner und Informationsträger zur Verfügung. Durch die Adress-Datenbank wurden jedoch nicht nur die Adressen, die Aussendungen und die Antworten der Fragebögen verwaltet, sondern noch eine Reihe weiterer Informationen, die in der Folge durch einige Fragestellungen kurz charakterisiert werden:

- Welche Funktion hatte die betreffende Person innerhalb der Galerie?
- Welchen Bezug hatte eine Person zur Galerie? (Besucher, Künstler, Journalist etc.)
- Wer hat den Fragebogen mit welcher Aussendung erhalten?
- Verwaltung der Reaktionen hierauf
- Wer hat wann und was geantwortet?
- Wer hat nicht geantwortet?
- Verwaltung der Interviewdaten

Hinzu kam noch die Verwaltung der Adressen, die unmittelbar mit den Jubiläumsausstellungen 1995 zu tun hatte.

- Verwaltung der Leihgaben für die Ausstellungen 1995
- Aussendung der Einladungen zu den Vernissagen 1995
- Aussendung der Einladungen zum Rahmenprogramm 1995
- Verwaltung der Freiexemplare der Publikationen

Verwaltung der Ausstellungen der Galerie im Griechenbeisl

Zur Verwaltung der zur jeweiligen Ausstellung in der Galerie im Griechenbeisl gehörenden Information dienten folgende Datenfelder:

- Nummer der Ausstellung
- Name / Titel der Ausstellung
- Jahr
- von (Datum)
- bis (Datum)
- Gattung mit folgenden Gattungsgruppen:
  Malerei, Druckgraphik, Zeichnung, Collage, Skulptur, Objekte, Relief, Textil, Keramik, Installation / Environment, Aktion / Performance, Konzert, Lesung
- Zur Ausstellung (Text und Anmerkungen zur jeweiligen Ausstellung)

Von der Datenbank zur Verwaltung der Ausstellungen bestanden Verknüpfungen zur Künstlerdatenbank, Kunstwerkedatenbank und zur Kritikendatenbank.

Verwaltung der Künstler

Die zu den KünstlerInnen zugehörigen Informationen wurden in einer eigenen Datenbank verwaltet. Hier gab es folgende Datenfelder:

- Nummer Künstler/in
- Künstler Name (Nachname)
- Vorname Künstler
- Geburtsdatum
- Geburtsort
- Todesdatum
- Todesort
- Nationalität / Land
- Biographie
- Bibliographische Angaben
  (wichtige Monographien oder aktueller Ausstellungskatalog)
- Ausstellungsteilnahme (Einzelausstellung)
- Ausstellungsteilnahme (Gruppenausstellung)

Verwaltung der Kritiken und Katalogtexte

Aufgrund der Vielzahl der Ausstellungsbesprechungen und der Katalogtexte, wurde eine eigene Datenbank hierfür angelegt, die folgende Datenfelder enthielt:

- Nummer der Kritik / Ausstellungsbesprechung
- Name des Kritikers / Autors (Nachname, Vorname)
- Art des Textes (Kritik oder Katalogtext)
- Name des Mediums
- Erscheinungsdatum
- Titel der Besprechung
- Text der Besprechung

Verwaltung der Relikte

Im Rahmen der Archivierung wurden zahlreiche Relikte der jeweiligen Ausstellung gefunden. Auch diese wurden in einer separaten Datenbank verwaltet. Hierdurch ergab sich die Möglichkeiten gezielt einzelne Formen von Relikten (z.B.: alle Subventionsansuchen) zu finden.

- Art der vorhandenen Relikte
  Einladungskarte, Ausstellungsplakat, Ausstellungskatalog, Eröffnungsrede, Rahmenprogramm, Presseaussendung, Liste der ausgestellten Werke, Preisliste der ausgestellten Werke, Ausstellungsdokumentation durch Bildmaterial / Tonmaterial / Filmmaterial, Subventionsansuchen, Korrespondenz, Leihverträge, Transportscheine, Versicherungsunterlagen, Abrechnung, Besucherstatistik, Eintragungen in das Besucherbuch
- Anmerkungen
- Text des Reliktes

Verwaltung der ausgestellten Kunstwerke

Da auch Listen der ausgestellten Kunstwerke gefunden wurden, wurde für diese eine eigene Datenbank geschaffen. Hierdurch sind sowohl die damaligen Verkaufspreise, die Ausstellungen, als auch die Käufer der Werke dokumentiert.

- Nummer des Kunstwerkes
- Titel des Kunstwerkes
- Nummer des Künstlers
- Datierung
- Fertigungstechnik / Material
- Maße
- Preis (damaliger Verkaufspreis)
- erworben durch (Nennung von Ankäufen durch öffentliche Sammlungen)
- Standort (derzeitiger Standort)

Lösungen

Aufgrund der offenen Struktur und der Flexibilität der Relationen der einzelnen Datenbanken zueinander waren Auswertungen in Form unterschiedlichster Listen möglich.

Abb. 28 *Diverse Listen als Auswertung der Datenbank*

Liste Ausstellungen
· Chronologische Auflistung aller Ausstellungen
· Auflistung von Ausstellungen einer bestimmten Gattung (z.B. Zeichnung oder Malerei)
Innerhalb der einzelnen Ausstellungen:
· Alphabetische Auflistung der beteiligten Künstler
· Chronologische Auflistung der Kritiken
· Auflistung der gezeigten Werke bzw. bei Gruppenausstellungen auch der dazugehörenden Künstler
· Auflistung der zur Ausstellung gehörenden Relikte

Liste Künstler
· Alphabetische Auflistung aller Künstler (mit Geburts- bzw. Todesdaten und Kurzbiographie)
· Chronologische Auflistung der Ausstellungsbeteiligungen eines Künstlers mit Nennung der Ausstellungsdaten und Ausstellungstitel
· Numerische Auflistung der Ausstellungsbeteiligungen (Einzelausstellung bzw. Gruppenausstellung)
· Alphabetische Auflistung der Nationalität des Künstlers

Liste Kritiken
· Auflistung aller Kritiken zu einer bestimmten Ausstellung
· Auflistung aller Kritiken, die in einem bestimmten Medium erschienen sind
· Auflistung eines / aller Kritiker(s) mit allen zu bestimmten Ausstellungen verfaßten Kritiken

Liste Relikte
· Auflistung aller zu einer Ausstellung gehörenden Relikte
· Auflistung aller Relikte einer bestimmten Gattung

Liste Werke
· Auflistung aller Werke eines bestimmten Künstlers
· Auflistung aller in einer Ausstellung gezeigten Werke
· Auflistung aller Werke einer bestimmten Gattung bzw. Fertigungstechnik oder eines bestimmten Materials
· Auflistung aller Werke eines bestimmten Käufers (Standort bzw. Sammlung)

Neben der Datenbank zur Galerie und einem Archiv wurde auch ein umfangreicher Arbeitsbericht und eine Publikation, welche die Ergebnisse der Forschung dokumentierten und zugänglich machten, als Auswertungsergebnis realisiert.[274]

---

274 Michaela Kern war für die redaktionelle Bearbeitung der Text- und Bildmaterialien und für die graphische Gestaltung des Forschungsauftrages und der Publikation verantwortlich.

Für diesen Zweck wurden die einzelnen Daten in eine einheitliche Ordnung gebracht und gliederten sich in:

- Generelles zu Geschichte und Struktur der Galerie
- Wiedergabe der Ergebnisse der Aussendungen (Hommage)
- Chronologische Dokumentation der Ausstellungen
- Dokumentation der Konzerte und Lesungen
- Dokumentation der externen Aktivitäten
- Dokumentation der Aktivitäten auf Schloß Lengenfeld
- Alphabetische Liste der Künstler und deren Ausstellungsbeteiligungen
- Chronologische Liste der Ausstellungen und Kritiken

Abschließende Bemerkungen

Aufgrund der Veröffentlichung der Dokumentation des Forschungsauftrages in Form einer Publikation anläßlich zweier Ausstellungen konnte ein starkes öffentliches Interesse für die Galerie im Griechenbeisl geweckt werden.[275] Die Publikation fand aufgrund der sachlichen Art und Weise der dargestellten Inhalte starken Anklang und hat sich mittlerweile als grundlegende Darstellung österreichischer Kunst, Künstler und des Kunstgeschehens der sechziger Jahre in der kunstwissenschaftlichen Forschung positionieren können.

Trotz der vorhandenen Ausgangsbasis der Bereitstellung des Materials durch ein Datenbank Management System ist es nicht gelungen, das Archiv auf Schloß Lengenfeld für eine größere Öffentlichkeit und für die Forschung zu erschließen. Dies würde neben der kontinuierlichen Betreuung ein zentrales Archives für den österreichischen Kunsthandel voraussetzen, welches das vorhandene Archivmaterial repräsentativer Galerien gezielt sammelt und für die wissenschaftliche Forschung aufbereitet. Als Beispiel hierfür mag die vorbildhafte Institution des Zentralarchivs des deutschen und internationalen Kunsthandels gelten.[276]

Fallbeispiel Projekt ›Bilddatenbank‹ Porträtsammlung / Bildarchiv Fideikommißbibliothek der Österreichischen Nationalbibliothek

Das Projekt ›Bilddatenbank‹ Porträtsammlung / Bildarchiv / Fideikommißbibliothek der Österreichischen Nationalbibliothek umfaßte eine umfangreiche Struk-

---

275 H. Krämer: Galerie im Griechenbeisl, 1995. Die Publikation wurde im Rahmen einer Folge von zwei Ausstellungen, die im Frühjahr 1995 in den authentischen Galerieräumlichkeiten stattfanden, präsentiert.

276 W. Dörstel: Datenbank und Online-Findmittel im Zentralarchiv des deutschen und internationalen Kunsthandels, in: H. Krämer; H. John (Hg.): Bedeutungswandel, 1998, S. 168–174.

turanalyse[277], die von einer Fachplanungsgruppe des Bildarchives in Zusammenarbeit mit dem Institut für Kulturwissenschaft im Zeitraum Oktober 1995 bis Dezember 1996 realisiert wurde. Für den Projektverlauf wurden aus diesem Fallbeispiel insbesondere die Analyse der vorhandenen Sammlung und Bestände, der Produktionsvorgänge und Nutzungsabläufe, aber auch das Raum- und Funktionsprogramm zur Darstellung des Projektverlaufs übernommen (s. Kapitel 2.2.).

Ausgangslage

Die Abteilung Porträtsammlung / Bildarchiv / Fideikommißbibliothek der Österreichischen Nationalbibliothek (im folgenden Bildarchiv genannt) beabsichtigte, die Verfügbarkeit ihrer umfangreichen Bestände historischer und zeitgenössischer Bildquellen mittels eines Bilddatenbanksystems auf den aktuellen Stand kundenorientierter Kommunikationstechnologie zu stellen.

Aufgabenstellung

Geplant war der Aufbau einer Bilddatenbank, die mittelfristig den Einstieg in den weltweiten Informationsverbund ermöglichen sollte und in der Lage sei, die Konkurrenz mit anderen Anbietern von Bildmaterial aufzunehmen.

Als Grundlage für die Anschaffung bzw. Entwicklung einer leistungsstarken Hard- und Software erteilte das österreichische Bundesministerium für Unterricht und kulturelle Angelegenheiten dem Institut für Kulturwissenschaft den Auftrag, in enger Zusammenarbeit mit einer am Bildarchiv eingerichteten Fachplanungsgruppe[278] eine IST-Analyse und ein darauf aufbauendes SOLL-Konzept zu erarbeiten. Diese IST-Analyse untersuchte die Struktur des Archivs und der Arbeitsabläufe, vor allem aber sollten die für eine künftige Datenbank relevanten Gegebenheiten erfasst und strukturiert werden.

---

277 An der Strukturanalyse waren Dieter Bogner (Projektleitung, Rechnungswesen, Raum- und Funktionsanalyse), Christian Rapp (Sammlungsstruktur und -geschichte) und Harald Krämer (Analyse der Produktionsabläufe, Aufgabenbereiche, Katalogisierungsverfahren, Datenfelder, Beschlagwortung und technische Anforderungen) beteiligt. Die folgenden Erläuterungen orientieren sich am unveröffentlichten Abschlußbericht des Projektes.

278 In der engeren Fachplanungsgruppe des Bildarchives waren unter der Leitung von Gerda Mraz auch Ulrike Berger, Uwe Schögel und Wilfried Slama vereint. Für ihre tatkräftige Unterstützung darf an dieser Stelle auch Maria Ecker, Walter Fierlinger, Herbert Friedlmeier, Heinz Gruber, Gerhard Gut, Manfred Hennerbichler, Edwin Hofbauer, Monika Jagos, Robert Kittler, Irene Kohl, Eva Roy, Peter Schweizer, Otto Sokol, Roman Stadler, Hans Peter Zimmer, Wilhelm Zrounek, aber auch Michaela Gaunersdorfer, Daniela Lachs, Meinhard Rauchensteiner und besonders Gudrun Swoboda gedankt werden.

Probleme

Technische, wissenschaftliche und organisatorische Reformen haben in der gegenwärtigen Struktur des Bildarchivs ihre Spuren hinterlassen. Daher gibt es viele für Außenstehende schwer verständliche Ausnahmeregelungen. Auch wurden aus Rücksicht auf die ursprüngliche Sammlungsintention (als kaiserliche Privatsammlung von Büchern und Porträts) moderne Verfahren immer wieder mit traditionellen Praktiken kombiniert. Die solcherart gewachsene Archivstruktur lag nicht in systematisierter schriftlicher Form vor, sondern wurde durch das Wissen der Mitarbeiter und deren eingespielte Arbeitsweise getragen. Eine zentrale Aufgabe der IST-Analyse des Projektes war es daher, dieses Wissen über System und Abläufe zu objektivieren und aufzuzeichnen.

Umsetzung

Die Strukturanalyse[279] gliederte sich in eine IST-Analyse und ein SOLL-Konzept. Die IST-Analyse beinhaltete eine qualitative und quantitative Sichtung der Bildbestände, der Geschichte und Struktur der einzelnen Sammlungen des Bildarchivs, außerdem eine Analyse der Raumnutzung, der historischen Katalogisierungsverfahren der Objekte, der Produktionsabläufe, Funktions- und Aufgabenbereiche. Da die Methoden, die die Arbeit des Bildarchivs bisher bestimmten, nie schriftlich fixiert worden sind, stellt die IST-Analyse nun zugleich einen ›Kodex‹ der bisher angewandten Katalogisierungsverfahren dar.

Der Schwerpunkt der Strukturanalyse lag jedoch auf der Sammlungs- und Funktionsanalyse. Erstere trug durch Schätzungen, die sich auf Stichproben, auf Erfahrungen der Sachbearbeiter und partiell auf vorhandene Aufzeichnungen stützten, zur Quantifizierung und Qualifizierung der Sammlungsbestände bei. Letztere erfaßte alle Arbeitsläufe, wie Sammlungsverwaltung, -erschließung, Kundendienst und die für diese Anforderungen geschaffenen Verzeichnisse, Listen, Formulare und Statistiken.

Auf dieser Grundlage aufbauend wurde das SOLL-Konzept erstellt. Es umfaßte wesentlich mehr als nur die geplanten organisatorischen Abläufe, die Definitionen der Datenfelder und die Anforderungen an Hard- und Software. Grundsätzliche Probleme wie die Überführung der Altkarteien oder die Überarbeitung der bestehenden historischen Beschlagwortung wurden bei den Überlegungen ebenso berücksichtigt wie die fundamentalen Veränderungen im Publikumsverkehr bzw. in der Öffnung zu einer publikumswirksamen Positionierung dieser altehrwürdigen Institution.

---

279 Der Abschlußbericht gliedert sich in eine IST-Analyse (162 Seiten), einen Anhang zur IST-Analyse (137 Seiten), ein SOLL-Konzept (190 Seiten) und eine Kurzfassung (60 Seiten).

Lösungen

Neben dem umfangreichen Projektbericht, der sich in IST-Analyse, in einen ergänzenden Anhang zur IST-Analyse und in das SOLL-Konzept gliedert und einen Eindruck der Dimension des Projektes wiedergibt, ist die Erstellung eines Raum- und Funktionsprogramms das vielleicht einschneidendste Resultat des Projektes. Die systematische Erarbeitung eines Raumbuches und der damit verbundenen planlichen Darstellung des gegenwärtigen Raum- und Funktionsprogramms erleichterten die Überlegungen zur funktionellen Neudefinition der aktuellen Nutzungverteilung. Als weiteres Resultat trat die Reduzierung der Formularvielfalt zutage. Durch die Zusammenfassung und tabellarische Gegenüberstellung aller Verzeichnisse, Listen und Formulare konnten konzeptionelle Vereinfachungen initiiert werden.

Abschließende Bemerkungen

Im Rahmen der Strukturanalyse waren für die Zukunft des Bildarchives eine Reihe wichtiger inhaltlicher, wissenschaftlicher und organisatorischer Entscheidungen zu treffen, die zum Teil weit über die Fragen, die für die Entwicklung und Installierung einer Bilddatenbank geklärt werden müssen, hinausgehen. Somit entfernte sich das Konzept von der ursprünglichen Intention einer reinen Bilddatenbank. Das Bildarchiv hatte sich mit seinen Bedürfnissen den Plänen der anderen Sammlungen der Österreichischen Nationalbibliothek unterzuordnen. Das Projekt bekam eine nicht vorhersehbare kulturpolitische Dimension, konnte in dieser Form nicht realisiert werden und wurde bis zur Schaffung geeigneter Parameter »eingefroren«.

Fallbeispiel Projekt ›Bilddatenbank‹ am Institut für Klassische Archäologie der Universität Wien

Am Institut für Klassische Archäologie der Universität Wien wurde für die Verwaltung des Leihverkehrs und den Zugriff auf die Diathek und die unterschiedlichen Bildarchive der Forschungsarchive ein zentrales Bilddatenbanksystem benötigt. Mit der Durchführung der Strukturanalyse im Zeitraum 1994–1995 wurde das Institut für Kulturwissenschaft beauftragt. Die Bilddatenbank läuft erfolgreich auf dem Datenbankprogramm ImageFinder. Das Fallbeispiel erlaubt einen Einblick in die Konzeption von Datenfeldstrukturen bzw. Datenfeldern, deren Funktionsabläufe (s. Kapitel 2.3.) und beinhaltet Grundlegendes zu Ausschreibung, Anforderungs- und Leistungsverzeichnis (s. Kapitel 2.4.).

Ausgangslage

Anlaß für die Erstellung einer Bilddatenbank am Institut für Klassische Archäologie der Universität Wien war einerseits die dringende Notwendigkeit, für den Vorlesungs- und Seminarbetrieb das Bildmaterial rasch auffindbar zu machen und auch den Vorgang der Entlehnung bzw. Neubestellung zu strukturieren, andererseits der universitären Forschung die Möglichkeiten des Bildvergleichs zu vereinfachen. Beide Aufgaben waren gleichwertig zu behandeln.

Aufgabenstellung

Das Institut für Klassische Archäologie (im weiteren IKA) der Universität Wien hat auf Initiative von Fritz Krinzinger das Institut für Kulturwissenschaft[280] (im weiteren IKW) mit der Leitung des Projektmanagements für die Durchführung einer Strukturanalyse, die Erarbeitung des Pflichtenheftes, der Suche nach einem geeigneten Datenbanksystem und der Evaluation für eine archäologische Bilddatenbank beauftragt. Das am IKA zu installierende System sollte als österreichischer Standard in den altertumswissenschaftlichen Fächern definiert werden. Die Verknüpfung mit Datenbanken anderer Institutionen in Österreich war vorzusehen. Langfristiges Ziel ist es, die österreichischen Bestände der materiellen Hinterlassenschaft der Antike in Bundes-, Landes- und Regionalmuseen sowie eventuell auch in Privatsammlungen einer gemeinsamen Nutzung zuzuführen. Das IKA benötigte für seinen Lehr- und Forschungsbetrieb eine möglichst umfassende Bilddatenbank der Klassischen Archäologie. Es handelte sich bei der Bilddatenbank nicht um ein Museumsinventar oder ein den Museumsbesuchern dienendes Informationssystem. Die Verbindung mit künftigen Museumsdatenbanken war jedoch gewünscht.

Probleme

Während der Durchführung der Strukturanalyse kostete die Konzeption der Datenbankstruktur übermäßig viel Zeit, da es zwischen den Vertretern des Institutes für Klassische Archäologie und dem Institut für Kulturwissenschaft unterschiedliche Ansätze zur Konzeption einer »digitalen Diathek« gab.

Des weiteren kam es mit dem Systemadministrator der Universität zu Unklarheiten bezüglich der in Frage kommenden Datenbank Management Systeme. Aufgrund der späteren Einbindung in das universitäre DV-System forcierte der Systemadministrator der Universität anfänglich die bereits vorhandenen Systeme.

---

280 Für die Projektleitung zeichnete Dieter Bogner verantwortlich, für die Durch- führung des Projektes, die Erstellung und Gestaltung des Abschlußberichtes der Verf.

Die Aussendung an Interessenten und Anbieter erfolgte in den arbeitsfreien Sommermonaten, so daß einige der Anbieter die Ausschreibungsfristen nicht wahrnehmen konnten. Deshalb mußte eine Nachfrist gesetzt werden.

Umsetzung

Für die Durchführung des Projektes wurde eine Arbeitsgruppe[281] eingerichtet. Gemeinsam wurden alle für das Pflichtenheft notwendigen verwaltungstechnischen, organisatorischen und fachlichen Daten und Informationen erhoben, diskutiert und strukturiert dargestellt. Die Auftragserteilung erfolgte im September 1994, die Evaluation fand im Oktober 1995 mit der Ermittlung des Bestbieters ihren Abschluß. In den dazwischenliegenden Monaten wurden die Sachverhaltsanalyse (IST-Analyse), die Recherche internationaler Bilddatenbanksysteme, das Testen infragekommender Scanner, das Grobpflichtenheft mit dem Datenfeldkatalog und die Ausschreibung durchgeführt.

Die Bilddatenbank ist Teil des Arbeitsbereiches der Diathek und Phototek des IKA. Die Sonderarchive am IKA bleiben mit ihren individuellen Strukturen erhalten, werden jedoch nach entsprechender Absprache mit den Verantwortlichen nach noch zu definierenden Bedingungen in die Bilddatenbank aufgenommen. Die Möglichkeit der Verknüpfung mit den Archiven des Österreichischen Archäologischen Institutes und den Archiven der anderen Institutionen des Archäologiezentrums sowie der übrigen österreichischen universitären Institute sollte gewährleistet werden.

Lösungen

Als Resultat der IST-Analyse und des SOLL-Konzepts entstand ein 155 seitiger Abschlußbericht, der die Produktionsabläufe in der Diathek, die geplanten Anforderungen an die Bilddatenbank (Datenfelder) und die Anforderungen an Ausschreibung und Leistungsverhältnis äußerst detailliert wiedergibt. Als Ergebnis der Evaluation kam die Zusammenarbeit zwischen dem Institut für Klassische Archäologie und der Schweizer Firma Docuphot (seit 1997 ImageFinder Systems AG) zustande. Diese Kooperation fand in der gemeinsamen Entwicklung des

---

281 Die Arbeitsgruppe setzte sich aus folgenden Personen zusammen:
Institut für Klassische Archäologie: Fritz Krinzinger (Projektleiter IKA), Barbara Kopf (Diathek), Peter Ruggendorfer (wiss. Mitarbeit), Andrea Sulzgruber (Diathek, Fotogra- fin des IKA), Hubert Szemethy (wiss. Mitarbeit). Den Mitgliedern der Arbeitsgruppe danke ich für die gute Zusammenarbeit. Institut für Kulturwissenschaft: Dieter Bogner (Projektleiter IKW), Harald Krämer (Projektrealisierung).

Datenbank Management Systems ImageFinder[282] eine ausgezeichnete Umsetzung der in der Strukturanalyse entwickelten Vorgaben.

Abschließende Bemerkungen

Aufgrund des starken Engagements aller Beteiligten wurde die Strukturanalyse durch die Konzeption einer Datenbankstruktur zu einem positiven Abschluß gebracht, dessen Realisierung mittels des Datenbankprogramms ImageFinder die Bedürfnisse über die geforderten Bedingungen hinaus abdeckt. Die intensive Zusammenarbeit zwischen der Firma ImagerFinder Systems und dem Institut für Klassische Archäologie zeigt im Rahmen des Projektes EISSS[283] weitere Früchte.

---

282 s. hierzu Kapitel 2.3. Einige Beispiele für Datenbank Management Systeme.

283 Hinter EISSS verbirgt sich Electronic Image Safe and Search System. EISSS unterstützt die Nutzungsrechte von Anbietern und Nut-zern digitaler Sammlungen. Ziel ist der Aufbau eines Pools von Bilddaten, die über eine Kodierung zweifelsfrei identifiziert werden können. www.pira.co.uk/eiss

3. Digitale Sammlung

3.1. Zum Begriff der Digitalen Sammlung

»*Museen sind dazu da, Informationen zu sammeln, zu bewahren und sie dem weiten Kreis von Personen und Institutionen zugänglich zu machen, die sie verwenden wollen. Die Fähigkeit, Inventare, sowohl der Sammlungsgegenstände, als auch der im Museum aufbewahrten schriftlichen Nachrichten zu schaffen und daraus die relevanten Informationen zu gewinnen, ist wesentlich für die Erfüllung der Aufgabe des Sammelns, des Bewahrens, des Bildens und des Forschens.*«[284] Dieses Zitat aus dem Report der Information Retrieval Group des britischen Museumsbundes nennt nicht nur treffend die klassischen Aufgabenbereiche des Museums, sondern beweist bereits im Jahre 1969 einen Weitblick, der die Grundidee der Digitalen Sammlung vorwegnimmt und gerade heutzutage als Rechtfertigung zu einem sinnvollen und zielgerichteten Einsatz Elektronischer Datenbanksysteme und der Multimedia-Technologie im Museum gelten darf.

Die Digitale Sammlung ist ein solches ambivalentes Inventar, eine Art Datenspeicher, der digitale multimediafähige Daten enthält und als eine zentrale, sich ständig erweiternde Ressource wiederverwendbarer Daten verstanden werden darf. Der Aspekt der Auswertung digitalen Datenmaterials durch die Instrumente der Multimedia- und Kommunikationstechnologie wird künftig einen höheren Stellenwert einnehmen. An diesem Punkt unterstützt und erweitert die Digitale Sammlung die klassischen museologischen Arbeitsfelder der Vermittlung. Darüberhinaus ist sie als eine langfristige Investition zu betrachten, die mit jeder Dateneingabe einen Wertzuwachs erhält.

---

284 IRGMA Report in: Denkschrift Museen. Zur Lage der Museen in der Bundesrepublik Deutschland und Berlin (West), verfaßt von: H. Auer, K. Böhner, G. von der Osten, W. Schäfer, H. Treinen, S. Waetzold, 1974, S. 144.

Peter Samis[285] wies darauf hin, daß die Möglichkeiten, die World Wide Web und Internet bieten, alle geltenden Regeln der museologischen Vermittlung in Frage stellen. Meiner Ansicht nach trifft dies auch in besonderem Maße für die Museumsdokumentation und somit für die in Museen eingesetzten Collection Management Systeme zu. Die Anforderungen an künftige Datenbank Management Systeme, die eher als eine Art ›prozeßunterstützende Context Management Systeme‹ zu verstehen sind, könnten wie folgt lauten: Unabhängig der materiellen Beschaffenheit des Informationsträgers sollte ein schneller Zugriff auf einzelne Fakten und Inhalte erfolgen können, diese im Context interdisziplinär miteinander verbunden sein, über den Datenaustausch via Metadaten den Bedürfnissen breiter und individueller Benutzergruppen zugute kommen und interne Prozesse und Produktionsabläufe optimal unterstützt werden.

Flexibilität

Flexibilität ist als Kennzeichen eines technologisch mitwachsenden Systems zu verstehen, das im Sinne eines ›ewigen Datenspeichers‹ synergetisch die Ressourcen verwaltet. Die Informationen sind miteinander nicht nur durch ihre digitale Form verknüpft, sondern auch durch die Trägertechnologie. Dies bedeutet, daß eine nahtlose Verknüpfung von Datenbanken und web-sites unabhängig von dem Standort der benötigten Hardware möglich wird.

Das Prinzip der recycelbaren Ressourcen (»*Recyclable Resources*«)[286] sieht vor, aus diesem Material den höchstmöglichen Synergieeffekt zu ziehen. Nach der Konzeption und Produktion einer Ausstellung wird das hierdurch entstandene Material als Dokumentation und wiederverwertbare Information den jeweiligen Benutzergruppen zugeordnet und per www, CD-ROM oder DVD-ROM zugänglich gemacht.

Mustergültig wurde das Konzept einer optimalen Synergienutzung beim Ausstellungsprojekt ›Arktis – Antarktis‹ der Kunst- und Ausstellungshalle der BRD[287] in Bonn durchgeführt. Die Vielschichtigkeit und Interdisziplinarität der hierbei entstandenen fünf Multimedia-Projekte konnte nur mit Hilfe des INFO 2000 Rahmenprogrammes der EU DG XIII und der bundesweiten Initiative ›Schulen

285 In einem Gespräch mit dem Verf. anläßlich der Konferenz ›Museums and the Web‹ am 13. März 1999 in New Orleans. Zu diesem Thema fand während der o.g. Konferenz unter dem Titel ›Musing on Meanings: Theory and Practice of Museum Web Site Development and Use‹ am 11. März 1999 ein Workshop von Peter Samis und Larry Friedlaender statt.

286 L. Sarasan: What makes Multi Mimsy 2000 so different?, 1997, p. 5ff.

287 Näheres hierzu: N. Kanter: ARCTIC2-INFO-2000 Projekt, Vortrag gehalten am 13. 11. 1998, Konferenz EVA Berlin; ders.: Arktis – Antarktis: Erfahrungen aus fünf Multimedia-Projekten, in: H. Krämer; H. John; C. Gemmeke (Hg.): Euphorie digital?, 2001. (www.kah-bonn.de)

ans Netz‹ des Bundesministeriums für Bildung und Forschung realisiert werden. Im einzelnen gliederte sich das Projekt

· in eine ausstellungsinterne interaktive Multimedia-Installation namens ›Polar Theater‹,

· in das sogenannte ›Polar-Labor‹, ein interaktives Lernmodell, das in Kooperation mit dem Clara-Schumann-Gymnasium in Bonn konzipiert wurde,

· in die Internet-Services ›Animal Tracking‹ und ›Question and Answers‹,

· in die gleichzeitige Präsentation der Ausstellung im Internet und

· in die CD-ROM, die in Zusammenarbeit mit der Kunsthochschule für Medien in Köln realisiert wurde.

Das Beispiel ›Arktis – Antarktis‹ zeigt recht gut die Nutzung von unterschiedlichen Informationen wie Tabellen, Tagebucheintragungen, Wettermeßwerten, Tiergeräuschen oder Fotomaterial, die diversen Datenträgern entstammen und dank ihrer digitalen Form in Vermittlungsbereichen eingesetzt werden konnten. Insbesondere das WWW und die CD-ROM bzw. DVD-ROM können maßgeblich zu einer qualitätsvollen Vermittlung beitragen.

Metadaten

Der Austausch von Daten geschieht durch die Nutzung von Metadaten.[288] Für Steinmüller sind Verfahrens- oder Metadaten *»spezielle Daten, die angeben, wie mit anderen Daten verfahren werden soll.«*[289] Metadaten sind vereinfacht gesagt, strukturierte Daten über Daten oder auch als übergeordnete Information über die eigentliche Information zu verstehen und dienen vielfältigen Zwecken. So können neben den Kerndaten (s. Kapitel 1.2.) des real existierenden Sammlungsobjektes, die Nutzungsrechtinhaber und auch Daten zur digitalen Vorlage selbst verwaltet werden. Durch die Einbindung von bestehenden Thesauri und Beschlagwortungsindizes erfolgt eine Normierung der Beschreibung des Objektes. Mittels der Dublin Core Metadata Initiative[290] und dem Warwick Framework[291] konnte unter

---

288 Kim H. Veltman, dem ich wertvolle Anregungen verdanke, sei an dieser Stelle besonders gedankt. Kim H. Veltman: New Media and Transformations in Knowledge, in: H. Krämer; H. John; C. Gemmeke (Hg.): Euphorie digital?, 2001, Kapitel 2; s.a.: S. Keene, Digital Collections, p. 38; Näheres zu Metadaten s.: www.cimi.org und www.links2go.net/topic/Metadata

289 W. Steinmüller: Informationstechnologie und Gesellschaft, 1993, Kapitel 5.3. Datenarten, S. 354f.

290 Näheres zur Dublin Core Metadata Initiative: www.purl.oclc.org/dc/education/index; Mailinglisten s.u.: www.mailbase.ac.uk

291 www.dlib.org/dlib/july96/07weibel.html

internationaler Beteiligung ein aus 15 Elementen bestehendes Metadaten-Format als Klassifikations- und Beschreibungsstandard für den Austausch der Daten via WWW gebildet werden. Das Consortium for the Computer Interchange of Museum Information (CIMI)[292] testete im Zeitraum März 1998 bis Januar 2000 in Zusammenarbeit mit 17 Organisationen die Möglichkeiten des Einsatzes der Dublin Core Elemente für die Bedürfnisse der EDV-gestützten Dokumentation und äußerte sich positiv über dieses Werkzeug zur inhaltlichen Standardisierung von Informationen.[293] Für den deutschsprachigen Raum kam es Rahmen des von Klaus Bulle mitinitiierten Projektes MUSEALOG[294] zum Austausch von Sammlungsinformationen zwischen mehreren Museen und somit zu weiteren Erfahrungswerten im Umgang mit den Dublin Core Metadata Elementen.

In der Diskussion[295] zur Findung geeigneter deutschsprachiger Begriffe[296] stellte sich heraus, daß die Verwendung des Begriffes der »*resource*« unterschiedliche Bedeutungen nach sich zieht. »*A resource is defined as anything that has identity. For the purposes of Dublin Core Metadata, a resource will typically be an information or service resource, but may be applied more broadly.*«[297] Die Dublin Core Metadata Elemente gliedern sich – vereinfacht gesagt – in Informationen zur Verwaltung des digitalen Dokuments (»*resource*«), die als »*digitale Version*« bezeichnet werden könnte, und in Informationen zum ursprünglichen Objekt (»*content of the resource*«), die als »*digitalisierte Vorlage*« dient. Die Elemente werden optional verstanden und sind durch den jeweiligen Informationsgehalt beliebig oft wiederholbar. Die Reihenfolge der Datenfelder innerhalb eines Datensatzes ist variabel und offen gedacht.

292 www.cimi.org/documents/meta; CIMI: Guide to Best Practice: Dublin Core s.u.: www.cimi.org/standards/index.html#FIVE

293 Über die Ergebnisse dieser Testphase s.: A. Spinazze: Collaboration, consensus and community: CIMI, museums and the Dublin Core, in: Cultivate Interactive, issue 1, 3. July 2000 www.cultivate-int.org/issue1/cimi/

294 Näheres zu MUSEALOG: www.musealog.de/musealiog_CD.htm bzw. www.musealog.de/CD_felddefinition.htm

295 Für ihre Anregungen bzgl. Dublin Core bin ich Nicole Birtsch, Angela Spinazze und Klaus Bulle zu Dank verpflichtet.

296 Zur Übersetzung des DC 1.1. durch Rusch-Feja in die deutsche Sprache s.: www.mpib-berlin.mpg.de/dok/metadata/gmr/metatagd.htm

297 Reference description, in: www.purl.oclc.org/dc/documents/rec-dces-19990702.htm

Abb. 29 *Übersicht Dublin Core Metadata Elemente*

Title	Titel	Bezeichnung der elektronischen und digitalen Version (Art der digitalen Version und Titel / Bezeichnung der digitalisierten Vorlage)
Creator	Hersteller	Person/Institution, die für den Inhalt der digitalen Version verantwortlich ist
Subject/ Keywords	Thema/ Schlagwörter	Thema bzw. der Inhalt durch Schlagwörter, Suchbegriffe und Klassifikationen beschrieben
Description	Beschreibung	Inhalt und Kerndaten der digitalisierten Vorlage werden durch einen freien Text, durch prägnante Begriffe oder eine Referenz auf eine Graphik beispielsweise wiedergegeben
Publisher	Verleger	Name der Person bzw. Institution, die die digitale Version zur Verfügung stellt
Contributor	Bemerkungen	Ergänzende Bemerkungen zur digitalisierten Vorlage bzw. zum ursprünglichen Objekt (z.B.: weitere Namen, Organisation etc.)
Date	Datum	Entstehungsdatum der digitalen Version
Type	Gattung	Name der Gattung bzw. Art der digitalisierten Vorlage. Voraussetzung hierfür sind Thesauri, Regelwerke
Format	Format	Physisches oder digitales Format der digitalen Version (Art des digitalen Datenträgers, Größe, Auflösung, Dauer etc.)
Identifier	Identifikation	Eindeutige Bezeichnung der digitalen Version (ISBN Nummer, Uniform Resource Identifier (URI), Uniform Resource Locator (URL), Digital Object Identifier (DOI)
Source	Quelle	Eindeutiger Bezug zum Ursprung der digitalen Version (Inventarnummer, Fotonummer etc.)
Language	Sprache	Sprache des Inhalts der digitalisierten Vorlage (nach Language Code ISO 639 z.B.: en-uk für englisch gebraucht in the United Kingdom)
Relation	Bezug	kennzeichnet den Bezug zu anderen Vorlagen und Versionen
Coverage	Umfang	bezeichnet räumliche und/oder zeitliche Informationen der digitalisierten Vorlage (Ort, Datum, Zeitraum, kontrolliertes Vokabular)
Rights	Rechte	Informationen über Rechteinhaber (Intellectual Property Rights bzw. Nutzungsrechte, copyright)

Suchen und Finden

Wesentlich für die Nutzung der Informatonen ist auch die Schnelligkeit bzw. Zielgenauigkeit in der Suche und breite Streuung individueller Informationen für einzelne Benutzer und Benutzergruppen nach den Prinzipien des »*Broadcasting*« und »*Narrowcasting*«.[298] Durch letztgenannte Kommunikationsmöglichkeiten erfolgt der zielgruppenorientierte Transfer von Wissen. Beide unterstützen eine Zwei-Wege-Kommunikation, die eine Rückantwort des Empfängers von Informationen erlaubt. Bei ›broadcasting‹ können mit den Möglichkeiten des globalen Kommunikationsnetzwerkes durch das WWW trotz der derzeitigen Probleme im Bereich der Geschwindigkeit, der Kapazität der Datenübertragung und der teilweise mangelhaften Infrastruktur zahlreiche Teilnehmer dieses Netzwerkes zur gleichen Zeit erreicht werden (Aspekt der Quantität). Demgegenüber versteht sich ›narrowcasting‹ als Kommunikationsträger von gezielten Informationen für spezielle Interessen und spricht die Minderheiten unter den Zielgruppen an (Aspekt der Qualität). Gegenwärtig bedient sich ›narrowcasting‹ eher der e-mail Kommunikation des Internets und unterstützt discussion lists. Zur Erschließung der Datenflut im WWW treten in letzter Zeit verstärkt ›information gateways‹, die sogenannten ›Portale‹ in Erscheinung. Als zentrale Einstiegspunkte dienen sie der schnellen Strukturierung und Organisation der angebotenen Informationsvielfalt. Hierbei gibt es jedoch unterschiedliche Schwerpunkte. Während sich beispielsweise hinter ›Museumland‹[299] eine Ansammlung von 6.094 links kultureller Institutionen aus 113 verschiedenen Ländern befindet, konzentriert sich das ›24 Hour Museum‹[300] auf das aktuelle Angebot britischer Museen, Galerien und historischer Kulturgüter.

298 S. Keene, Digital Collections, 1998, p. 11–13. **300** www.24hourmuseum.org.uk
299 www.museumland.com

Abb. 30 *Graphische Darstellung der Struktur einer Digitalen Sammlung*

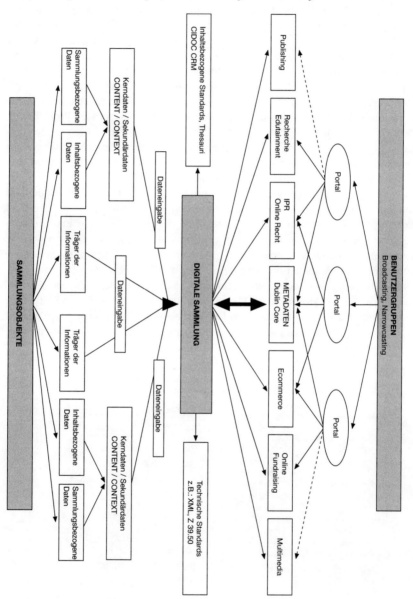

Künftige Datenbank Management Systeme[301] werden wesentlich stärker intermedial strukturiert sein und die Information unabhängig ihrer materiellen Beschaffenheit zugänglich machen, egal, ob es sich um Filme, Photos, Ton, Bilder oder Texte handelt. Bei gleichzeitiger Trennung der Objekte findet eine Verschmelzung der Informationen statt, d.h. Informationen, die in Form digitaler Daten vorliegen, erlauben durch die Technik des Hypermedia einen uneingeschränkten Zugriff. Als ›multimedia content‹ stellen sie die inhaltliche Grundlage für die Darstellung der relationalen Beziehungen, des ›contextes‹ durch interaktive Vernetzung dar. ›Content‹ und ›Context‹ werden stärker miteinander verwoben und finden ihre adäquate Darstellung durch die Instrumente der Multimedia-Technologie. Die Unterscheidung in einzelne Kerndatensätze, denen untergeordnete Sekundärdaten zugeordnet sind, und vor allem die objektzentrierte Verwaltung werden zugunsten gleichwertiger Beziehungsgeflechte der Informationen untereinander aufgehoben. Erstere untergeordnete Struktur wird von John Brownlee[302] als »*Item-Centric Data Model*«, die verflochtene Struktur hingegen als »*Knowledge-oriented data model*« bezeichnet. Letzteres, so Brownlee weiter, »*combines the wide-open diversity of the Kunstkammer or Wunderkammer early museum models with the focus of contemporary themed museum programs.*«[303]

Daß dies keineswegs Utopien sind, zeigt das gegenwärtige Bemühen der amerikanischen Firma Willoughby, das Datenbank Management System Multi MIMSY 2000 in über 70 amerikanischen und englischen Museen zu installieren und so eine Museendatenbank mit über 10 Millionen Datensätzen zu schaffen, die den Kriterien der Digitalen Sammlung gerecht werden soll.[304]

3.2. Marktwirtschaftliche und kulturpolitische Relevanz

In den letzten Jahren positionierten sich die Museen unterschiedlich stark in der Freizeit- und Erlebnisgesellschaft. In der Informationsgesellschaft bedarf es jedoch einer weiteren Positionierung. Museen, Archive und Bibliotheken sind bedeutsame, gefragte, signifikante Mitspieler und zugleich wertvolle Lieferanten im Run auf Informationen, digitales Bildmaterial und die Verwertungsrechte. In

---

301 L. Sarasan; K. Donovan: The Next Step in Museum Automation: Staging Encounters with Remarkable Things (or, more prosaically), the Capture, Management, Distribution and Presentation of Cultural Knowledge On-Line, 1998.

302 J. Brownlee: The Importance of being useful: Museum Automation Evolution, Obstacles, and Strategies, 1998, p. 5, Fig. 2; p. 6, Fig. 3.

303 ebd. p. 8.

304 L. Sarasan: What makes Multi Mimsy 2000 so different?, 1997.

einer Gesellschaft, die mit Informationen wie mit einer Rohstoffware[305] handelt, besitzen Digitale Sammlungen und deren Eigentümer einen unschätzbaren ökonomischen Wert, da sie über Informationen mit einem hohen Langzeitwert verfügen. Dies macht den Gehalt der Information aus. Dies ist das Kapital, dessen sich die Museen, Archive, Bibliotheken und auch die kunstwissenschaftlichen Institute bewußt werden müssen. Inhalte werden zur begehrten Handelsware. Die Hüter dieser Informationen dürfen sich als ›Information Pool‹ und ›Content Provider‹ verstehen. Als Rückgrat und Speicher einer fiktiven, globalen ›knowledge base‹, als Schnitt- und Schaltstelle des Input und Output geordneter und systematisierter Informationen.

Um auf diesem Markt jedoch als kompetenter Mitspieler beteiligt sein zu können, bedarf es der Investitionen. Solange Firmen wie Kodak oder Corbis bestrebt sind, in den gewinnträchtigen Markt der Digitalen Sammlungen zu investieren, solange werden kommerzielle Interessen vorherrschend sein. Nicht die Sammlungsobjekte als solche werden dann zugänglich gemacht werden, sondern die populärsten und ökonomisch interessantesten Objekte. Nur die Investition in Inhalte führt langfristig zu einer wirtschaftlich lebensfähigen Auswertung eines Informationsmarktes, dessen Erzeugung gehaltvoller Informationen wesentlich durch die Kunstwissenschaft, Museen, Archive und Bibliotheken mitbestimmt wird. Schon die bloße Existenz von Content führt zur Entwicklung der Vermarktung desselben. Keene weist in diesem Zusammenhang darauf hin, daß Museen sich als »*information provider*« verstehen lernen sollten, die in ihrem eigenen Spezialbereich tätig sind und wie ein »*information broker*« agieren sollten, der diese Ware auf dem Informationsmarkt anbietet.[306] Diese Auffassung kann m.E. ebenso für kunstwissenschaftliche Institute gelten. Bei diversen Anlässen hat Kim H. Veltman[307] wiederholt darauf hingewiesen, daß die jeweiligen Staaten geradezu verpflichtet sind, in ihre Digitalen Sammlungen zu investieren, um somit eine Grundlage für die Präsenz der Museen, Archive, Bibliotheken und Universitäten in der Welt des ›Multimedia Entertainment‹ und ›Knowledge Transfer‹ zu schaf-

---

305 »... the information economy, wherein an ever-growing role is played by the manipulation of symbols in the organization of production and in the enhancement of productivity.« M. Castells: The informational economy and the new international division of labour, in: The new global economy in the information age, Pennsylvania State University Press, 1993, pp. 15–44, hier p. 17, zit. nach S. Keene, Digital Collections, 1998, p. 4.

306 ebd. p. 27; p. 19; p. 17.
307 Kim H. Veltman: Computers and the Importance of Culture, in: Informatik Forum, hg. von Forschungsgesellschaft für Informatik, Bd. 12, Nr. 2, August 1998, S. 76–82; ders.: Computers and Our New Perspectives on Culture, Vortrag gehalten am 6.10.1998 anl. der Konferenz Cultural Heritage in the Global Village, Museum moderner Kunst Stiftung Ludwig Wien.

fen. Oder mit anderen Worten ausgedrückt: »*No investment – no content; no content – no superhighway users – no Information Society?*«[308]

3.3. Zielgruppenorientiertes Angebot

Neben dem Sammeln und Bereitstellen von Informationen nehmen Strategien des Suchens einen besonderen Schwerpunkt im Handel mit Informationen ein. Die Problematik, die richtige Information zur richtigen Zeit zu finden, kann über Suchmaschinen allein nicht gelöst werden. Der Informationsanbieter ist für den Erfolg der Suchabfragen selbst mitverantwortlich. Dies bedeutet, daß die Fragen gesichtet und den Antworten zugeordnet werden müssen. Ziel eines verantwortungsbewußten Agierens in einer wissensbasierten, virtuellen Umgebung darf es keineswegs sein, nur Fakten als Antworten bereitzustellen, sondern eher durch die Entwicklung von möglichen Fragestellungen zur richtigen Antwort hinzuleiten. Daß dies keineswegs zu unterschätzen ist, zeigt das Beispiel des National Museum of Science and Industry in London, das jährlich 45.000 Anfragen unterschiedlichster Art erhält.[309] Die Konzeption von Strategien der Wissensvermittlung muß Fragestellungen unterschiedlicher Fragesteller und unterschiedlichen Gehalts einbeziehen. Die Strukturierung der Daten hat so zu erfolgen, daß sie zweckbezogen, benutzerfreundlich und akzeptabel ist. Zweckbezogenheit bezieht sich auf den Wert der Information. Ist die aufgefundene Information die Antwort auf die gestellte Frage? Die Benutzerfreundlichkeit hingegen richtet sich an die Lesbarkeit und somit das Verständnis der Information. Ist die gegebene Information die richtige Antwort für die Zielgruppe und wird sie von dieser verstanden? Die Akzeptanz der Antwort hängt schließlich von der Qualität und Quantität der Information ab. Reicht die Information zur Beantwortung der Frage? Werden mehr Fakten bzw. mehr Material benötigt oder ist es gar zuviel an Material, so daß präzise Antworten in einer Flut von Möglichkeiten untergehen?

Inhaltlich wertvolle Hinweise können wesentliche Hilfestellungen zur Beantwortung von Fragen bieten. Dies geschieht im WWW normalerweise durch die Benutzung sogenannter ›links‹. Diese ›links‹, häufig eher nach Quantität denn nach Qualität gesetzt, sollten als Bestandteil einer vermittlungsstrategischen Positionierung der Institution im WWW inhaltlich wohl durchdacht und maßvoll angewendet werden.[310] Auch unter diesem Aspekt sei nochmals auf das Projekt

---

308 S. Keene, Digital Collections, 1998, p. 21.
309 ebd. p. 27.

310 Ein gelungenes Beispiel bietet die kommentierte Sammlung von kunstwissenschaftlich relevanten ›links‹ des Fachbereichs III

›Arktis – Antarktis[311]‹ der Kunst- und Ausstellungshalle der BRD verwiesen, da die im Rahmen dieser Ausstellung thematisch gezielten ›links‹ zu Institutionen führten, die unmittelbar mit Polarforschung zu tun hatten.

Unterschiedliche Benutzergruppen benötigen unterschiedliche Arten von Wissen. Die Anbieter von Informationen müssen auf diese individuellen Anforderungen reagieren und angesichts dieses Wandels in der Wissensvermittlung ihre Positionen und Strategien überdenken. Die oben bereits genannten ›Portale‹ werden hierauf starken Einfluß nehmen. Künftige Wissensvermittlung hat eine Fülle unterschiedlicher Zielgruppen zu berücksichtigen. Dies reicht von Schulen über Volkshochschulen bis hin zu Universitäten und speziellen Forschungseinrichtungen. So wird die Nutzung der möglichen Auswertung der eingegebenen Daten durch die Instrumente der Multimedia- und Kommunikationstechnologie (Besucherinformationssystem, CD-ROM, CDi, DVD-ROM, Internet und World Wide Web etc.) einen immer stärkeren Stellenwert einnehmen. Den externen Nutzern der Datenbank steht die Möglichkeit zur Verfügung, mittels eines Netzwerkanschlusses Informationen und Daten der Datenbank zu entnehmen. Wird im institutsinternen Netzwerk (Local Area Network) auf die bestmögliche Auflösung Wert gelegt, erhält der ›externe‹ Benutzer nur eine heruntergerechnete Fassung mit wesentlich geringerer Auflösung, bzw. die Bilddaten nur in schwarzweiß zur Verfügung gestellt. Natürlich erhält der ›externe‹ Benutzer nur ausgewählte Felder für seine Suchabfragen und somit einen stark eingeschränkten Zugriff (z.B.: Kerndaten des Objektes, vorgegebene Suchlisten mit Schlagworten). Auch muß unbedingt gewährleistet sein, daß keine ›inoffiziellen‹, d.h. noch nicht publizierte, forschungsbezogene Daten abgerufen werden können. Bilddaten sollten grundsätzlich in einer zum Drucken ungeeigneten Qualität angeschaut werden dürfen. Erst nach Kontaktaufnahme mit der Institution wird entschieden, ob die betreffenden Bilddaten dem Benutzer, der hierum angesucht hat, in einer höheren, zum Druck geeigneten Auflösung kostenpflichtig zur Verfügung gestellt werden.

Zwei Beispiele zur Konzeption benutzerfreundlichen Agierens sollen diese Einsatzmöglichkeiten verdeutlichen. Während der Louvre[312] als Anbieter im WWW unterschiedliche Strategien des Zugriffs auf seine Digitale Sammlung entwickelt, wird im Rahmen des Projektes SCRAN[313] eine umfassende Digitalisie-

Kunstgeschichte der Universität Trier, die von Detlev W. Dörrbecker bestens gepflegt wird. s.: www.uni-trier.de/uni/fb3/ Kunstgeschichte/Index-kg.htm

311 Für diesen Hinweis danke ich Norbert Kanter.

312 Unter Louvre.fr finden sich 600 Meisterwerke. Louvre.edu versteht sich als museumspädagogisches Instrument und enthält derzeit noch Informationen über 1.500 Kunstwerke nebst drei lexikalischen Werken. Louvre.org wird an die wissenschaftliche

rung des schottischen Kulturgutes durchgeführt. Das Zauberwort der Bereitstellung der »*information for the nation's education*«[314] heißt ›life long learning‹ und ist nicht unumstritten. Werden einerseits Konzepte, die der Schaffung von Infrastrukturen und Strategien, die die Ansprüche des ›life long learning‹ berücksichtigen, im 5. Rahmenprogramm der EU besonders gefördert, gibt es andererseits auch kritische Stimmen hierzu. Laut Ulrich Sigor verdeckt die »*Formel vom lebenslangen Lernen einerseits die Verwilderung unseres Wissens, andererseits die erwünschte Kritiklosigkeit der Lohnarbeiter und verhindert Emanzipation und Mitbestimmung.*« In seinen Thesen zur Informationsgesellschaft[315] kritisiert Sigor die leichtsinnige Aufgabe der sozialen Errungenschaften für den Gewinn des »*digitalen Smogs*« und der Unterwerfung unter die Gesetze der Produktivität.

3.4. Nationale und Internationale Bestrebungen

Die Entwicklung der Elektronischen Datenverarbeitung in deutschen Museen reicht bis in die späten sechziger Jahre zurück. Bereits damals wurde im Deutschen Museumsbund erkannt, daß Museen und Archive sich nicht nur den Forderungen von Gegenwart und Zukunft zu stellen haben, »*sondern selbst die Initiative ergreifen*« müssen, »*um die wissenschaftlichen und didaktischen Möglichkeiten auszuschöpfen und vor allem die Bestände für die sehr unterschiedlichen Ansprüche der Öffentlichkeit bereitzuhalten.*«[316]

Mit der Einsetzung einer Studienkommission, der Arbeitsgruppe Museumsdokumentation[317], die über die verstärkten Anforderungen und die Möglichkeiten

Forschung gerichtet sein, die eine Möglichkeit zur gebührenpflichtigen Datenbank-Recherche erhält. Unter Louvre.art wird ein Bilder- und Filmpool abrufbar sein.

313 Als ein Produkt des Scottish Cultural Resources Access Network ist die CD-ROM Scottish People 1840–1940 zu nennen, die eine Fülle an Informationsmaterial über Kultur, Wirtschaft, Industrie und Gesellschaft jener Jahre bereithält. Näheres s.: www.scran.ac.uk

314 Informationsblatt über SCRAN.

315 U. Sigor: Eine Mißgeburt der Postmoderne: Thesen zur Informationsgesellschaft, in: Informatik Forum, hg. von Forschungsgesellschaft für Informatik, Bd. 12, Nr. 2, August 1998, S. 105–109.

316 S. Waetzoldt: Museum und Datenverarbeitung. Zum Bericht der Arbeitsgruppe Museumsdokumentation, in: Museumskunde, 40. Bd, 1971, S. 121. Liest man diese Zeilen heutzutage, so stellt man fest, daß sie keineswegs an Aktualität und Brisanz verloren haben.

317 Die bei der Mitgliederversammlung des Deutschen Museumsbundes in Lübeck am 15./16. Oktober 1970 gegründete 'Arbeitsgruppe Museumsdokumentation' findet in der 1994 gegründeten 'Fachgruppe Dokumentation im Deutschen Museumsbund' ihren Nachfolger. (m.hagedorn@smb-spk-berlin.de). Im Jahr 1985 wurde in der BRD aufgrund einer Initiative der Museumsämter und regionaler Museumsverbände am Insti-

der EDV-gestützten Dokumentation und Archivierung forschen sollte, beginnt die Auseinandersetzung der deutschen Museen mit der Herausforderung der Elektronischen Datenverarbeitung. Die Einleitung zum ersten Bericht der Arbeitsgruppe Museumsdokumentation schließt mit folgenden Zeilen ab: »*Elektronische Datenverarbeitung im Museum kann nicht Sache einzelner Institute sein, sie betrifft die deutschen Museen in ihrer Gesamtheit und als Teil einer internationalen Gemeinschaft der Museen ebenso wie diejenigen, die für Wissenschaft, Bildung und Kultur politisch verantwortlich sind.*«[318]

Für die Museen im deutschsprachigen Raum handelt es sich hierbei um eine bisher eigentlich nur in Ansätzen erfüllte Forderung. Die Elektronische Datenverarbeitung ist auch dreißig Jahre nach dem ersten Bericht der Arbeitsgruppe Museumsdokumentation in erster Linie Sache der einzelnen Institutionen. Die ständige Konferenz der Kultusminister der Länder in der Bundesrepublik Deutschland vom 5.2.1988 sprach in ihrem Beschluß zur EDV-mäßigen Erfassung von Museumsbeständen[319] nur eine Empfehlung aus und enthielt sich somit der weiteren kulturpolitischen Verantwortung.

Abgesehen von dieser Empfehlung zur Regelung der EDV-mäßigen Erfassung von Museumsbeständen gibt es auf Länderebene für den deutschen Museumsbereich kein der Gesetzgebung der Archive vergleichbares Gesetz. Dennoch läßt sich aufgrund der nationalen und internationalen Kulturgüterschutzbestimmungen der UNESCO und der Denkmalschutzgesetze der Länder eine Pflicht zu Schutz und Erhaltung der beweglichen Kulturgüter und somit zur Katalogisierung und Inventarisierung ableiten. Im Mai 1996 wurde auf dem Deutschen Städtetag empfohlen, »*daß sich die Museen und Denkmalämter in den deutschen Städten der bereits erprobten DISKUS-Verbundlösung von EDV-gestützter kulturwissenschaftlicher Dokumentation anschließen*« sollen.[320] So darf das vom Bildarchiv Foto Marburg initiierte Digitale Informationssystem für Kunst- und Sozialgeschichte (DISKUS)[321] aufgrund dieser breiten Akzeptanz als Kulturgüterdatenbank und als »nationaler Standard« bezeichnet werden.

---

tut für Museumskunde Berlin auch der EDV-Arbeitskreis Museumsdokumentation gegründet. s. Rump, a.a.O. S. 34.

318 Vgl. S. Waetzoldt, a.a.O. S. 124.

319 Anlage II z. NS 107. AK, 5.2.1988, Bonn.

320 Deutscher Städtetag: EDV-gestützte kulturwissenschaftliche Dokumentation in deutschen Museen und Denkmalämtern, Köln, 1996, zit. nach T. Nagel: (Kölner) Stichworte zum Thema Museum und EDV, in: H. Krämer; H. John (Hg.): Bedeutungswandel, 1998, S. 78.

321 DISKUS s.: T. Nagel, a.a.O. S. 70ff. Ende Juni 1997 hatte die Datenbank zur Kunst- und Sozialgeschichte DISKUS einen Umfang von mehr als 220.000 Dokumenten, über 22.000 Künstlerbiographien, über 18.000 dokumentierte Forschungsprojekte und über 150.000 Kunstobjekte.

322 H. H. Clemens: Konventionelle und computergestützte Inventarisierung und Katalogisierung in den Museen der DDR, Tübingen, 1990, S. 30.

Die Museen der ehemaligen DDR waren durch die Verordnung über den Staatlichen Museumsfonds der DDR vom 12.4.1978 (Gesetzesblatt Nr. 14, S. 165–168) und durch die Erste Durchführungsbestimmung vom 7.2.1980 verpflichtet, das von Heinz A. Knorr erstellte Regelwerk für die Inventarisation und Sammlung in den Heimatmuseen (Halle/Saale, 1957) zu benutzen. Laut der Untersuchung[322] von Hans H. Clemens sind die Sammlungen zwar weitgehend erfaßt, »*die inhaltliche Erschließung der Bestände dennoch in einem nicht ausreichenden Zustand.*« Für die Schweiz ist die hervorragende Aufbauarbeit der Datenbank Schweizerischer Kulturgüter zu nennen.[323] In Großbritannien orientieren sich die meisten Museen an den von der Museum Documentation Association entwickelten Documentation Standards.[324] Die Situation im zentralistischen Frankreich ist durch die im Inventaire Général des Monuments et Richesses Artistiques de la France (IGMRAF) festgelegte Struktur geradezu vorbildlich.[325] Nachdem im Inventaire Général die sprachlichen und begrifflichen Richtlinien als Grundlage eines Thesaurus für alle Kulturgüter Frankreichs festgelegt worden waren, konnte mit der gezielten und einheitlichen Eingabe der Daten begonnen werden. Für die niederländischen Museen gilt die von Jeanne Hogenboom und dem Bureau voor Informatieverzorging in musea en andere culturele instellingen (IMC) erstellte »Basisregistratie voor collecties, voorwerpen en beeldmateriaal.«[326]

Als Stichtag für die österreichischen Bemühungen[327], die EDV in den Bundesmuseen einzusetzen, darf der 13. Juni 1985 gelten. An diesem Tag trafen sich auf Initiative von Georg Hanreich (Bundesdenkmalamt), im Fechtsaal des Bundesministeriums für Wissenschaft und Forschung, Vertreter des Ministeriums, des Kunsthistorischen Museums, des Museums Moderner Kunst und der Albertina, um eine Kooperation in der Ermittlung eines gemeinsamen Datenfeldkatalogs zu

---

323 Zum Schicksal der DSK (http://dsk.ch.library) s.: M. Zürcher: Zwischen Verfechtern und Verächtern: Die Datenbank Schweizerischer Kulturgüter 1992–1997, in: Bulletin, SAGW, 1997, H. 4, S. 8–14; A. Claudel: Über Netzwerkstrukturen am Beispiel der Datenbank Schweizerischer Kulturgüter, in: H. Krämer; H. John (Hg.): Bedeutungswandel, 1998, S. 154–159.

324 Museum Documentation Association: Spectrum: The UK Museum Documentation Standard, Cambridge, 1994.

325 Direction des musées de France: Système descriptif des objets domestiques français, Paris, 1977; Direction des musées de France; Bureau de l'informatique et de la recherche:

Méthode d'inventaire informatique des objets: beaux-arts et arts décoratifs, Paris, 1995; Direction du patrimoine; Sous-direction de l'Inventaire général: Système descriptif des objets mobiliers, Paris, 1994; http://mistral.culture.fr

326 J. Hogenboom; Bureau voor Informatieverzorging in musea en andere culturele instellingen (IMC): Basisregistratie voor collecties, voorwerpen en beeldmateriaal, Rotterdam, 1988.

327 W. R. Müllner: Computer in der Bildenden Kunst, Hochschule für Musik und Darstellende Kunst Wien, Institut für kulturelles Management, Seminararbeit, 2 Bände, Wien, 1985.

beschließen. Von den Anwesenden wurde als Problem erkannt, daß »*nicht für alle Museen gleiche Arbeitsmethoden bzw. Programme anwendbar sind.*« Des weiteren wurden ein Informatiker und ein Kunsthistoriker beauftragt, die Wünsche und Anregungen der Wissenschaftler »*in derart prägnanter Weise zu formulieren, daß sie der EDV-Fachmann in sogenannte Katalogisierungsschemata ordnen kann.*«[328] Ein Beirat sollte die Fortschritte des Projektes begutachten und beurteilen. Der damalige Beschluß blieb jedoch ohne wirkungsvolle Resultate und Konsequenzen.

Zehn Jahre später, am 22. November 1995, trafen im Palais Liechtenstein (Museum Moderner Kunst Stiftung Ludwig Wien) wiederum Vertreter der Bundesmuseen und des Bundesministeriums für Unterricht und kulturelle Angelegenheiten aufeinander. Diesmal wurde beschlossen, »*daß von jedem Museum eine speziell für EDV-Aufgaben beauftragte Person nominiert wird, die sich ausschließlich damit befaßt*«. Empfohlen wurde weiters, »*Pflichtenhefte zu erstellen und diese ggf. untereinander zu tauschen*«. Schließlich wurde noch die Konzeption und Gestaltung einer gemeinsamen Webpage der Bundesmuseen als unbedingt notwendig erachtet.[329] Dringend bestehende Probleme wie eine fehlende Stelle der übergeordneten Koordination der EDV-gestützten Dokumentation der Bundesmuseen oder die notwendige Schaffung einer Möglichkeit der Weiterbildung für Kuratoren, Registrare und Archivare, die dem mangelnden Wissen in der EDV-gestützten Dokumentation zu Gute gekommen wäre, wurde zugunsten der web-site der Bundesmuseen zurückgestellt. Das Unterrichtsministerium wirkte als Impulsgeber, die einzelnen Museen sollten die Folgekosten tragen. Mittlerweile wird aufgrund fehlender Verantwortung für die Daten die Aktualisierung der web-site von den einzelnen Häusern unterschiedlich betrieben.

Gegenwärtig wird von zahlreichen internationalen Institutionen und Organisationen[330], Comité International pour la Documentation (CIDOC), Canadian He-

---

328 ebd. S. C/1.

329 Der Verf. nahm an dieser Veranstaltung als Konsulent teil. zit. nach: Offizielles Sitzungsprotokoll vom 22.11.1995, erstellt von Edwin Lachnit (MMKSLW). s.a.: H. Krämer: Museumsdokumentation in Österreich, CIDOC, 1997, Textbeitrag Nr. 1.

330 An dieser Stelle nur eine kurze exemplarische Aufzählung einiger Organisationen und Verbände, die Konferenzen und Symposien ausrichten: ICOM/CIDOC, ICOM/CECA, ICOM/AVICOM, Museum Computer Network, International Cultural Heritage Informatics Meeting bzw. ehemals International Conference on Hypermedia and Interactivity

in Museums, Electronic Imaging in the Visual Arts, Getty Information Institute (GII); auf nationaler Ebene: Museum Documentation Association (MDA), Canadian Heritage Information Network (CHIN), Datenbank Schweizerischer Kulturgüter (DSK), Deutscher Museumsbund Fachgruppe Dokumentation, Arbeitsgemeinschaft Kunst und Museumsbibliotheken, Institut für Museumskunde SMPK Berlin, Bildarchiv Foto Marburg, Joannenum Research Graz, Institut für Kulturwissenschaft Wien und auf regionaler Ebene: AG 'Inventarisierung und Dokumentation in Museen (IDM), AK Computereinsatz in Münchner Museen (AK CiMM), Lan-

ritage Information Network (CHIN), Museum Documentation Association (MDA), Computer Interchange of Museum Information (CIMI), die Art und Form der Daten diskutiert und versucht, die Strukturierung der Informationen bindend festzulegen. Dies geschieht beispielsweise durch die Data & Terminology Control Working Group des Comité International pour la Documentation (CI-DOC), die kontinuierlich ihr »Directory of Thesauri for Object Names« aktualisiert. Oder durch die CIDOC Documentation Standards Group, die im September 1999 die Neuauflage ihres »Object-oriented Conceptual Reference Model« veröffentlichte. Die unbedingte Beachtung dieser Regeln und die Übernahme von Standards kann nur empfohlen werden, da es im Gegensatz zu technischen Standards für die EDV-gestützte Dokumentation von Kunstwerken und kunstwissenschaftlichen Informationen derzeit noch keine allgemeinverbindlichen Normen gibt. Auf die Ergebnisse der sich derzeit noch in der Testphase befindenden Dublin Core Metadata Initiative (s. Kapitel 3.1.) darf gespannt entgegen gesehen werden. In weiterer Folge sollen aus der Vielzahl der gegenwärtigen Projekte drei signifikante herausgegriffen werden.

Das Computer Interchange of Museum Information Committee, kurz CIMI genannt, nimmt in der Vorbereitung des Datenaustauschs einen besonderen Stellenwert ein.[331] CIMI präsentierte erstmals 1993 seine »Standards Framework for the Computer Interchange of Museum Information.« Durch die Anwendung von Industriestandards für den Datenaustausch (z.B.: SGML Standard Generalised Markup Language oder Z39.50 für Information Retrieval) soll die dauerhafte Nutzung digitaler Informationen und ein systemunabhängiger Zugriff gewährleistet werden. Gegenwärtig realisiert CIMI gerade CHIO II, die Fortführung des Projektes Cultural Heritage Information Online (CHIO). Bei diesem Projekt wurden in Zusammenarbeit mit internationalen Organisationen Standards zum Datentransfer entwickelt. In CHIO II wird die Demoversion auf ihren Nutzen getestet. Ein weiteres Projekt, welches sich der Standardisierung von Daten widmet, ist die bereits erwähnte Dublin Core Metadata Initiative. Über den Verlauf der Testphase, die Probleme und möglichen Lösungsansätze referierte Angela Spinazze anläßlich der CIDOC Konferenz in London 1999.[332]

---

desstelle der nichtstaatlichen Museen in Bayern, EDV-Tage Theuern und Rheinisches Archiv- und Museumsamt Abtei Brauweiler.

331 Informationen zu CIMI s.: http//:www.ci-mi.org; D. Bearman; J. Perkins: Standards Framework for the Computer Interchange of Museum Information, Museum Computer Network, Silver Spring, First Edition May

1993. s.a.: in: SPECTRA, 1993, Vol. 20, No. 2 und 3.

332 A. Spinazze: Collaboration, consensus and community: CIMI, museums and the Dublin Core, in: Cultivate Interactive, issue 1, 3. July 2000. www.cultivate-int.org/issue1/cimi/

Im Rahmen des MENHIR Projektes[333], einem von der EU geförderten Forschungsprojekt, das der Schaffung einer Datenbank mit hochaufgelösten Bildern
dient, entstand quasi als Auswertungsergebnis die Firma »Museums On Line«.[334]
Diese schließt eine Lücke zwischen dem Bilderpool der Sammlungen und den
Multimediafirmen als unmittelbare Nutznießer dieses Pools. »Museums On Line« widmet sich der Vermarktung, der Abklärung von Nutzungsrechten und der
Lizensierung von digitalem Bildmaterial.

Hinter einem weiteren EU Projekt mit dem Namen »ArtWeb«[335] verbirgt sich
der Aufbau eines mehrsprachigen Online-Dienstes, der auf die Bestände folgender Bildarchive zurückgreift: Bildarchiv Preussischer Kulturbesitz (Berlin), The
Bridgeman Art Library (London) und Giraudon (Paris). ArtWeb, technisch realisiert durch Circuits Tests and Systems Ltd (Dublin), wird nach dem Prinzip einer
›virtuellen Bildagentur‹ bzw. eines Einkaufsshops für Bildmaterial funktionieren
und bietet gegen Bezahlung den Zugriff auf das Bildmaterial der beteiligten Archive an. Da drei der führenden europäischen Bildarchive an diesem Konsortium
beteiligt sind und das Projekt im Rahmen der INFO2000 Kampagne der EU stark
unterstützt wird, könnte sich bald für europäische Rechteinhaber ein neuer Standard anbahnen.

3.5. Rechtliche Situation

Erfolgte das Wachstum in der Informationstechnologiebranche vor wenigen Jahren noch »*weitgehend unter Außerachtlassung der rechtlichen Gegebenheiten, insbesondere im Bereich der Urheber- und verwandten Schutzrechte,*«[336] so wurde mittlerweile
von den Beteiligten, also den Urhebern, Verwertungsgesellschaften und Museen
erkannt, daß zukünftige Chancen nur im gemeinsamen Nutzen der Rechte[337] und
in einer rechtmäßigen Lizenzierung der Werke liegen. Die Digitalisierung bzw.
Anfertigung beliebig vieler Reproduktionen hat den Begriff des Originals heftig
erschüttert; die mannigfaltigen Möglichkeiten der multimedialen Verarbeitung

---

333 Multimedia European Network for High-
quality Image Registration

334 Kontaktperson für Museums On Line:
Dominique Delouis, Paris.

335 Informationen zu ArtWeb
http://guagua.echo.lu/info2000/en/mm-
projects/artweb.html

336 G. Pfennig: Museumspraxis und Urheberrecht, Berliner Schriften zur Museumskunde, 1996, Band 13, S. 28.

337 Gute Einführungen in die juristische Fach-
terminologie bieten: G. Pfennig: Technische
und rechtliche Aspekte der Verwaltung von
Text- und Bildrechten, in: K.-U. Hemken,
Handbuch, 1996, S. 327–348; W. Dillenz:
Kleines ABC des Urheberrechts in der bil-
denden Kunst, in: L. Reddeker, Basis Wien
(Hg.): Fälschung, Plagiat, Kopie, 1999,
S. 6–32.

der ursprünglichen Ton-, Bild-, Text- und Filmquellen tun ein Übriges, um die Situation zu verschärfen. »*Die Suche nach dem wahren Rechteinhaber ist im digitalen Zeitalter sehr aufwendig geworden*,« resümiert Ulrike Pohler, und weist darauf hin, daß die digitalen Techniken gerade dazu verleiten, »*urheberrechtlich geschützte Werke digital aufzubereiten, und so ganz neue Formen des Werkzugangs zu schaffen*.«[338] Angesichts der sich wandelnden Funktionen fungieren Museen als ›Content Provider‹ und ›Information Broker‹ digitaler Daten, verstehen sich als Produzenten von Multimedia-Inhalten und -Produkten und werden »*als Inhaber übertragener Rechte in bestimmtem Umfang auch als Wahrnehmungsberechtigte der Verwertungsgesellschaften wichtig, die sie bei der Verwaltung ihrer Rechte unterstützen können*.«[339] In Deutschland existieren seit Juli 1997 mit der Verabschiedung des Informations- und Kommunikationsgesetzes durch den Bundestag rechtliche Rahmenbedingungen. Die wichtigsten Bestandteile des IuKDG sind das »*Gesetz über die Nutzung von Telediensten*«, das »*Gesetz über den Datenschutz bei Telediensten*« sowie das »*Gesetz zur digitalen Signatur*«.[340] Auch auf der europäischen Ebene wurden mit der Urheberrechtsdirektive der EU und dem Memorandum of Understanding erste Maßnahmen gesetzt. Die Problematik des Datenmißbrauchs soll mittels digitaler Wasserzeichen, lizenzierter Nummerierungssysteme (z.B.: ISWC/T, ISWC/L, ISAN), Datenverschlüsselung (z.B.: Decoding), Werkregistrierung und Identifikationssystemen für Urheber (durch CISAC) gelöst werden. Bis all diese Maßnahmen Schutz und Kontrolle bieten, gilt jedoch nach wie vor, daß alle Urheber – gemäß dem Motto »*zuerst abstimmen, dann handeln*«[341] – vor der Veröffentlichung um ihre Zustimmung gebeten werden müssen, egal, ob es sich um digitale Daten handelt oder nicht.

338 U. Pohler: Neue Medien und Recht, in: Compania Media (Hg.): Neue Medien, 1998, S. 191f.

339 G. Pfennig: Museumspraxis und Urheberrecht, IfM, 1996, Band 13, S. 115.

340 G. Pfennig: Urheberrechtliche Situation der Kunstmuseen in der Informationsgesell-schaft, in: Kunstmuseen und Urheberrecht in der Informationsgesellschaft, IfM, 1999, Nr. 14, s.a.: Kapitel II. 1.1. und II. 3.

341 B. Fesel: Neue Medien und Urheberrecht, in: L. Reddeker, Basis Wien (Hg.): Fälschung, Plagiat, Kopie, 1999, S. 70.

4. Reflexion und Perspektiven

EDV-gestützte Dokumentation

Die EDV-gestützte Dokumentation entspricht keineswegs den überhöhten hoffnungsvollen Erwartungen, wie sie beispielsweise im Wunsch der »*Totalerfassung*«[342] aller Informationen zu einem Objekt bzw. aller Objekte zu einem Thema zum Tragen kam. Zwar bestehen – und dies soll aufgrund der Wichtigkeit[343] nochmals an dieser Stelle wiederholt werden – zwischen der bisherigen bestimmenden, messenden und beschreibenden Tätigkeit der Inventarisierung[344] und der EDV-gestützten Erfassung desselben Objektes eigentlich keine grundlegenden Unterschiede, doch erfordert die Vorbereitung der Informationen für die Dateneingabe unbedingte Genauigkeit, absolute Konsequenz in der Vorgangsweise und etliche wissenschaftliche Erfahrung mit dem Objekt und dem Forschungsgebiet. Herbst und Levykin[345] weisen in ihrem Handbuch zur Museologie einerseits auf »*strenge Formalisierung*«, die Benutzung »*eindeutiger Terminologien*« und den Gebrauch von »*terminologischen Wörterbüchern, die alle Synonymbezeichnungen*« berücksichtigen, andererseits auch auf die Notwendigkeit der Erstellung von generellen Parametern und spezifischen Merkmalen als individuelle Kennzeichen der einzelnen Sammlungsobjekte hin. Demgegenüber werden insbesondere der Nutzen der »*universellen Befragbarkeit*« und der Aufhebung der »*Begrenzungen, die durch die Zuordnung eines bestimmten Werkes zu einer bestimmten Sammlung entstehen*«,

---

342 »Irgendwann einmal soll der Wissenschaftler alle Rollsiegel, Vasen, Münzen, Darstellungen des Herkules oder dergl. in einer umfassenden Datenbank finden können.« Ch. Wolters: Einsatz des Computers für Dokumentationszwecke im Museum, in: Inventarisierung, 1985, S. 54.

343 J. Sunderland; L. Sarasan: Was muß man alles tun, IfM, H. 30, 1990; Ch. Wolters: Wie

muß man seine Daten formulieren, IfM, H. 33, 1991.

344 s. dort insb.die Beiträge von E. Spengler und H. R. Peters; desw.: H. H. Clemens; Ch. Wolters: Sammeln, Erforschen, Bewahren und Vermitteln, IfM, Nr. 6, Juni 1996.

345 W. Herbst; K.G. Levykin (Hg.): Museologie, 1988, S. 167.

als Vorteile »*elektronischer Archive*« für die kunstwissenschaftliche Forschung hervorgehoben.[346]

Der Einsatz der Elektronischen Datenverabeitung im Museum macht eine grundlegende Änderung in der Einstellung zur Dokumentation und Archivierung erforderlich. Die wissenschaftliche Dokumentation wird nicht mehr als Mittel zum Zweck, sondern stärker als eine eigenständige Wissenschaft mit eigenständigen Gesetzen betrachtet.[347] Der Wille, aktiv an der Phase der künftigen Umstrukturierung durch die Informationstechnologie Anteil zu haben, führte zu einer Bewußtseinsveränderung. Diesen Bewußtseinswandel charakterisierte Claude Lapaire wie folgt: »*Den großen Gewinn sehe ich aber anderswo. Nicht etwa bei Personaleinsparungen, auch nicht im Zeitgewinn. Das systematische Denken, zu dem der Computer zwingt und das bei den Geisteswissenschaftlern nicht immer gepflegt wird, hat die Mentalität im Museum geändert. Das Inventarisieren war eine unangenehme Pflicht der Konservatoren. Der Direktor wagte kaum, als ›Kontrolleur‹, die Eingabebücher einzusehen. Heute ist inventarisieren eine spannende Aufgabe, die zu Diskussionen Anlaß gibt, die Anreiz zur Verbesserung der Systematik ist, die zu neuen Wünschen, die Organisation und die Zukunft des Museums betreffend, führt.*«[348] Geisteswissenschaftler und Techniker führen nunmehr gleichberechtigt einen Dialog miteinander. Begriffe wie Museumsinformatiker, Informationstechnologiereferent oder Manager für Neue Medien zeugen von einer neuen Berufsgattung im Museum und den sich verändernden Möglichkeiten für Kunst- und Geisteswissenschaftler.[349] Dem Wandel des Berufsbildes geht ein Wandel des Bewußtseins voran. Letztgenannter betrifft nicht nur die Stellung der Dokumentation, sondern auch die Bereitschaft zur kritischen Auseinandersetzung mit der traditionellen Rolle und den Aufgaben des Museums und der Kunstwissenschaft.

Collection Management System und Strukturanalyse

Collection Management Systeme bieten für die Sammlungsverwaltung enorme Potentiale. Digitale Sammlungen ermöglichen einen besseren Überblick über die Sammlungsobjekte, höhere Synergieeffekte im Austausch der Informationen,

---

346 H. Kohle: Elektronisch gestützte Inventarisation: Chancen und Probleme aus kunstwissenschaftlicher Sicht, in: H. Krämer; H. John (Hg.): Bedeutungswandel, 1998, S. 65.

347 T. Nagel: (Kölner) Stichworte zum Thema Museum und EDV, in: H. Krämer; H. John (Hg.): Bedeutungswandel, 1998, S. 77ff.

348 C. Lapaire: Ein Museumsinventar im Computer, in: ICOM, Chancen und Grenzen, 1986, S. 121.

349 R. Scheffel: Positionspapier, IfM, Nr. 10, 1997.

marktorientierte Auswertung der Datenbanksysteme durch die Instrumente der Multimedia- und Kommunikationstechnologie und für die Forschung einen schnelleren Zugriff auf Informationen. Ebenso wie jeder Sammlung, liegt auch jedem Collection Management System eine eigene Philosophie zugrunde, die sich in unterschiedlichen Schwerpunkten, Leistungsbereichen und Zielsetzungen ausdrückt. Doch fehlen generelle und allgemeingültige Angaben zur Leistungsfähigkeit und zu den Systemeigenschaften. Nur durch die Hinterfragung des gegenwärtigen Standes in Form einer Analyse des IST-Zustandes, durch die konkrete Feststellung der eigenen Bedürfnisse mittels eines SOLL-Konzeptes und durch die sorgfältige Prüfung der angebotenen Systeme durch eine Evaluation können die Voraussetzungen für den erfolgreichen Auf- und Ausbau eines Collection Management Systems zu einer Digitalen Sammlung geschaffen werden.

Eine Strukturanalyse trägt wesentlich zum Gelingen der Realisierung von EDV Projekten bei. Da die Museen, durch die historisch gewachsene Struktur ihrer Sammlungsverwaltung bedingt, bei der Einführung von Datenbank Management Systemen die tiefgreifendste Veränderung in Produktionsabläufe erfahren, ist die Strukturanalyse meiner Ansicht nach in Museen ein unbedingtes Muß. Universitäre Institute hingegen verfügen über eine stark ähnliche Struktur in der administrativen Verwaltung ihrer Dias, Photos, Publikationen und in der Art und Weise der Durchführung der Lehre. Sie unterscheiden sich in erster Linie durch die Inhalte ihrer Forschungsschwerpunkte; die administrative Struktur bleibt jedoch größtenteils gleich. Für diesen Anwendungsbereich ist das Modell einer umfassenden Strukturanalyse, wie sie in den vorhergehenden Kapiteln dargelegt wurde, nicht zwingend notwendig. Dennoch sollte Klarheit über die Einsatzbereiche der EDV und unbedingt über die notwendigen Auswertungsmöglichkeiten herrschen, da sonst die Technik leicht dem Selbstzweck und nicht mehr der Forschung und Lehre dienlich ist. Sollte die universitäre Institution über eine Sammlung verfügen und diese auch in Ausstellungsprojekte involviert sein, so treffen zumindest einige der Kernfragen der museologischen Strukturanalyse auch auf den universitären Bereich zu. Welches Datenbank Management System letztendlich gewählt wird, ist im Grunde genommen eigentlich egal, solange die dringend notwendigen Forderungen nach Austauschbarkeit und Berücksichtigung von Normen und Standards gewährleistet sind. In diesem Zusammenhang sind unbedingt die technischen Normen, wie sie vom Computer Interchange of Museum Information Committee (CIMI)[350], und die inhaltlichen Normen, wie sie vom Comité International pour la Documentation des ICOM (CIDOC)[351] empfohlen werden, zu berücksichtigen. Das Regelwerk MIDAS ist als eine sammlungspolitische, der Zusammenschluß DISKUS als eine nationale und kulturpolitische

---

350 http://www.cimi.org   **351** http://www.cidoc.icom.org

Grundsatzentscheidung zu verstehen, die nicht zuletzt auch den Zweck hat, den merkantilen Bestrebungen der großen Bildagenturen ein Gegengewicht entgegenzustellen. Für den deutschsprachigen Raum empfiehlt sich aufgrund der kontinuierlichen Zusammenarbeit mit den führenden regionalen und nationalen Institutionen der von der Arbeitsgruppe Dokumentation des Deutschen Museumsbundes ausgearbeitete Datenfeldkatalog (s. Anhang) zur Grundinventarisation.[352] Dieser erfüllt drei wesentliche Merkmale:

1. Erfassung der wesentlichen Informationen zu und über das Objekt in einer strukturierten Form.
2. Vorbereitung der Austauschbarkeit von Daten durch Vereinheitlichung und Normierung der Informationen.
3. Erstellung eines wissenschaftlichen Inventars als Grundlage der Tätigkeiten im Museum und für die wissenschaftliche Forschung.

Die angeführten Datenfelder sollten unabhängig von Sammlungsinhalten und jeglichen Datenbank Management Systemen als notwendige Grundlage des wissenschaftlichen Inventars verstanden werden. Gerade für kleinere und mittlere Museen besteht somit die Möglichkeit, ohne großen zusätzlichen Bearbeitungsaufwand Daten für einen Datenaustausch zur Verfügung zu stellen. Für den täglichen Alltag mit all seinen unterschiedlichen Bedürfnissen, wie beispielsweise der Organisation von Ausstellungen, reichen diese Daten keineswegs aus. Insofern wurde zwar ein gewisser Standard in der Einheitlichkeit von Datenfeldern und Datenfeldnamen erreicht, eine Normierung der Unterstützung von Produktionsabläufen bleibt jedoch nach wie vor der individuellen Institution vorbehalten. Zwar wurden gewisse Richtlinien zur Organisation von Ausstellungen[353] geschaffen, doch die erfolgreiche Unterstützung der Abläufe mittels Collection Management Systemen ist, von wenigen bereits genannten Ausnahmen abgesehen, gegenwärtig noch eher selten. Die zielführende, auswertungsorientierte Synergie durch ein Datenbank Management System berücksichtigt die Bedürfnisse des Betriebssystems Museum an ein wissenschaftliches Inventar und kann nur durch eine umfassende Strukturanalyse geschehen, wie sie als idealer Verlauf im Kapitel 2 dargestellt wurde. Die Bestrebungen der einzelnen Museen, Archive und Sammlungen, ihre wissenschaftlichen, digitalisierten Inventare der Forschung und der Vermittlung zur Verfügung zu stellen, gipfeln schließlich in der Konzeption und Schaffung einer gemeinsamen Digitalen Sammlung.

---

352 V. Pröstler: Datenfeldkatalog, 1993.

353 Réunion des responsables des musées et institutions Européens et Américains, organisateurs des grandes expositions: Empfehlungen für die Organisation großer Ausstellungen, in: IfM, Nr. 9, Juni 1996.

Abschließend sei nochmals hervorgehoben, daß die Einführung der EDV-ge-stützten Dokumentation als ein fundamentaler Eingriff in die bestehende, histo-risch gewachsene Organisationsstruktur verstanden werden muß. Einmal getan, kann dieser schlecht rückgängig gemacht werden. Hinzu kommt eine langfristige Ressourcen-, Kapazitäts- und Kostenplanung und Bindung an die Technologie. Erhöhter Personal- und Kostenbedarf besteht auch bei der Wartung, Pflege der Daten und den Einschulungen aktueller Software-Programme (updates). Ent-scheidend für den langfristigen Erfolg ist, daß die Mitarbeiter des Hauses auch nach der Anfangsphase motiviert bleiben, um den langwierigen Prozeß der Da-teneingabe und Datenkontrolle durchzuführen.

Digitale Sammlung

Die Schaffung einer Digitalen Sammlung führt zu einem interdisziplinären Netz-werk digitaler Informationen, die auch als ›virtuelle Wissensspeicher‹ oder ›trans-parente Depots‹ verstanden werden können. Ziel Digitaler Sammlungen ist der Aufbau eines Systems vernetzter Informationen, welches durch eine optimale Strukturierung von Beziehungsgeflechten und somit der Nutzung von Infor-mationen unterschiedlichster Herkunft die größtmögliche synergetische Aus-nutzung zuläßt. Die Auswertung der Digitalen Sammlung erfolgt durch die Mög-lichkeiten der Multimedia- und Kommunikationstechnologie. Informationen jeglicher Art, ob Filme, Texte, Ton, Bilder oder Computeranimationen, werden je nach Bedarf als elektronische Wissensspeicher, virtuelle Ausstellungsprojekte, als Life-Long Learning Applikationen, als elektronische Bücher oder CD-ROMs mit-einander verbunden, ausgewertet und wiederum zerlegt. Ziel all dieser Bemühungen ist die Schaffung einer die Digitalen Sammlungen übergreifenden sogenannten »*knowledge base*«[354], die aus Daten und Metadaten[355] besteht.

Die Behauptung[356] von Keene, die von einer Belebung der real exisitierenden Sammlungen durch den real existierenden Besucher spricht, die dem Museum durch die digitalen Informationstechnologien zugeführt werden, scheint gewagt. Doch gegenwärtig ist es noch zu früh, um an diesem heiklen Punkt der Besu-cherzuführung mittels digitaler Technologien zu eindeutigen Ergebnissen und

354 S. Keene, Digital Collections, 1998, p. 2.
355 Kim H. Veltman: New Media and Transfor-mations in Knowledge, in: H. Krämer;

H. John; C. Gemmeke (Hg.): Euphorie digi-tal?, 2001, Kapitel 2.
356 S. Keene, Digital Collections, 1998, p. 32.

Schlußfolgerungen zu kommen, wie es Noschka-Roos[357], Kehle[358], Treinen[359], Kromrey[360] und insbesondere Krotz[361] anmerkten. Noch sind umfangreiche empirische Untersuchungen zu diesem Thema in deutschsprachigen Museen zu selten, um zu aussagekräftigen Rückschlüssen zu führen.[362] Doch, und an diesem Punkt irrt Keene, nicht die virtuellen Museen oder Cyberdepots im WWW oder auf CD-ROM sind die künftigen Konkurrenten der Museen, sondern die IMAX Kinos, Erlebnisparks und Adventure bzw. Recreation Center, denn dort überwiegt die Faszination der technologischen Machbarkeit.

Umgang mit Daten und Kunstwerken

Der Einsatz der EDV und Multimedia-Technologie im Museum birgt Chancen und zugleich Gefahren in sich. Letztendlich geht es um Wissenszuwachs. Dies kann durch die Verwaltung und Wartung der reinen Fakten, durch die multimediale Darstellung kontextueller Bezüge geschehen, ebenso aber durch die sinnliche Erfahrung vor dem Original. Doch wie wesentlich ist die Kenntnis einer be-

357 A. Noschka-Roos: Der Einsatz von Bildschirminformationssystemen im Museum. Eine empirische Untersuchung im Deutschen Museum, in: K. Fast (Hg.): Handbuch der museumspädagogischen Ansätze, IfM, Band 9, 1995, S. 375.

358 M. Kehle: Die Rezeption neuer Medien und interaktiver Computersysteme im Museum unter kommunikationswissenschaftlichen Aspekten, Magisterarbeit, Karlsruhe, 1994.

359 H. Treinen: Das Museum zwischen Edutainment und Knowledge-Transfer, Vortrag gehalten am 29.09.1999 anl. der Konferenz ›Euphorie Digital?‹, Heinz Nixdorf Museums Forum, Paderborn; ders.: Das Museum als kultureller Vermittlungsort in der Erlebnisgesellschaft, in: Vom Elfenbeinturm zur Fußgängerzone, Landschaftsverband Rheinland, Rheinisches Archiv- und Museumsamt (Hg.), Schriften des Rheinischen Museumsamtes Nr. 61, 1996, S. 111–121.

360 H. Kromrey: Methodische Probleme der Untersuchung von Nutzern von ›outreach‹-Techniken, in: Schuck-Wersig et al., Multimedia, 1998, S. 62–69.

361 F. Krotz: Perspektiven der Kommunikationswissenschaft für die Untersuchung der Publika von Museen – Die neuen Medien und die neuen Publika in der Sicht der Kommunikationswissenschaft und einige Konsequenzen für Museen, in: Schuck-Wersig et al., Multimedia, 1998, S. 42–52.

362 s.: die diversen Veröffentlichungen von H. J. Klein. An die bereits erwähnte grundlegende Arbeit von S. Eva Koester: Interactive Multimedia in American Museums, in: Archives and Museum Informatics Technical Report, o.O., No. 16, 1993 sei hier erinnert. M. Kehle machte mit seiner Magisterarbeit: Die Rezeption neuer Medien und interaktiver Computersysteme im Museum unter kommunikationswissenschaftlichen Aspekten, Karlsruhe, 1994 ebenfalls einen Vorstoß. C. Schulze untersucht in ihrer Diplomarbeit mit dem Titel Multimedia im Museum: Standpunkte und Perspektiven interaktiver, digitaler Systeme im Ausstellungsbereich, Universität Siegen, 2000, einen wesentlichen Anwendungsbereich der Multimedia-Technologie.

stimmten Jahreszahl für das Verständnis des Kunstwerkes? Und für wen ist diese Information eigentlich wirklich wesentlich?

In den Datenbanken werden die Informationen »*gesammelt und gestapelt*«, und tragen so zur Schaffung »*träger Information*« bei, und »*träge Information stirbt schnell*«, wie Waidacher in seinem Aufruf[363] feststellte. »*Solche Deponien sind also keine wirklichen Informationszentren. Denn Information lebt nur, wenn sie solide geordnet und in Bewegung ist.*« Diesem manischen Sammeln von Daten und Fakten in Datenspeicher-»*Deponien*«, so Waidacher weiter, tritt die Gefahr einer Abnahme des wirklich Gewußten entgegen, denn es scheint, daß »*nur was im Computer sitzt, künftig Teil des Wissens sein*« wird.[364] Weder individuell erfahrene Sinnesqualitäten, noch universell gebrauchte Denkinhalte, oder reine, bildlose Begriffe können derzeit digital verwaltet oder reproduziert werden.[365] So trifft viel eher noch die Ansicht Karl Clausbergs zu, der die EDV-Grundlage »*als Blindenschrift der Objektbeschreibungen und klassifikatorischen Einordnung – mit all ihrer verbalen Willkür*« bezeichnet.[366] Der kreative Prozeß des wissenschaftlichen Diskurses und der Forschung wird »*im Bemühen um die Entpersonalisierung der Wissenssammlung*«, so Reifenrath,[367] auf einen reinen Akt des Ablegens und Verwaltens von Daten reduziert.[368] Lebendiges Wissen verwandelt sich in tote Fakten. Hinzu kommt – angesichts der Fülle an digital zugänglich gemachten Informationen – einerseits die Unmöglichkeit, diese Masse an Text- und Bildmaterial zu sichten, andererseits der langsam fortschreitende Verlust der Fähigkeit über den Gehalt von Informationen zu reflektieren.

Durch Datenbanken und Multimedia vermittelte Erkenntnisse können in ihrer Nachahmung des wissenschaftlichen Urteils nur eine Annäherung an die Wirklichkeit sein. Die Summe aller durch ein Datenbanksystem verwalteten Detailinformationen gibt nicht das ganze Kunstwerk wieder, allerhöchstens ein blasses Abbild hiervon. Hiervor warnte Ernst Cassirer bereits 1960 angesichts der Massenmedien und der voranschreitenden Vereinnahmung durch Normen, Symbole und Riten. Laut Cassirer[369] scheint »*die unberührte Wirklichkeit in dem Maße, in dem das Symbol-Denken und -Handeln des Menschen reifer wird, sich ihm zu*

---

363 F. Waidacher: Vom redlichen Umgang mit Dingen, IfM, Nr. 8, Januar 1997, S. 6, S. 15.

364 E. Schuberth: Mit dem Computer leben, in: Soziale Hygiene, 1990, Merkblatt Nr. 139, S. 21–22.

365 ebd. S. 9–10.

366 K. Clausberg: Am Ende Kunstgeschichte? in: Kunstgeschichte - aber wie?, 1989, S. 264.

367 A. Reifenrath: Relation und Realität. Von den Problemen der Informationsabbildung

in elektronischen Systemen, in: H. Kohle (Hg.): Kunstgeschichte digital, 1997, S. 33.

368 Dieser Vorgang hat mit dem ursprünglichen Verständnis des lateinischen Zeitwortes ›informare‹, nämlich »eine Gestalt geben, formen, entstehen lassen« nur noch wenig zu tun.

369 E. Cassirer: Was ist der Mensch? Versuch einer Philosophie der menschlichen Kultur, 1960, S. 39.

entziehen.« Der Mensch verliert die Fähigkeit, mit den Dingen selbst umzugehen. Um wahrzunehmen, bedarf er der »*Zwischenschaltung künstlicher Medien*«. Zentrales Thema dieses Konfliktes ist die »*menschliche Dimension im Kunstgeschaffenen (nicht im Kunstschaffen). Oder anders formuliert, es geht um die Konfrontation des genannten Reichtums der Kunst mit einer stärker wachsenden Art, diesen Bereich des Lebens durch den Computer zu vermitteln.*«[370]

Angesichts dessen hat die Behauptung, daß in »*der Vertiefung des Realitätserlebens durch die Mittel der Information die Chancen moderner Technologien liegen – der Verlust des Humanen aber das Kriterium für ihre Grenzen sind*«, nach wie vor ihre Aktualität behalten.[371] Die EDV und Multimedia-Technologie kann zur Optimierung des Zugriffs auf Informationen dienen, um die Begegnung mit dem Original zu unterstützen. Nie kann jedoch die Nähe, die Intensität der Wahrnehmung, nie das Original, nie »*die unberührte Wirklichkeit*«[372] ersetzt werden. Beklagt wird der Verlust, »*wenn die Message über das elektronische Medium kommt und nicht aus dem Erlebniszusammenhang des alltäglichen Lebensraums.*«[373] In gewissen Maße trifft dies auch auf menschliches Erkennen zu. Doch im Betrachten eines Details kann ein wesentlicher Aspekt des Ganzen enthüllt und der Gehalt des individuell Erfaßten in ein allgemeingültiges und universell Erkanntes übergeführt werden. So liegt die Schwierigkeit des Umgangs mit Informationen nicht so sehr in der quantitativen Verwaltung des ›content‹, des Zerlegens von Wissen in administrierbare Daten und Fakten, sondern in der Rückführung in einen ›context‹, der durch das Vorwissen und die assoziativen Querbezüge des Einzelnen seine Qualitäten erhält. Dies wurde bereits von Beuys eingefordert, denn, »*wenn nur Begriffe einen Wert hätten, dann brauchte man überhaupt keine Farben, keine Bilder, keine Zeichnungen, keine Imagination, Skulpturen, Klänge, Musik, Tanz, Theater, nichts! … Aber wenn diese Begriffe nicht immer wieder einen Nährboden bekommen durch Kunst, durch Imagination und Inspiration, dann wird die Sprache nach einem halben Jahr eine absolut bürokratische Sprache sein, die die Welt zu Tode bürokratisiert.*«[374]

Noch handelt es sich bei allen in der Kunstwissenschaft und im Museum angewendeten Datenbank Management Systemen um die Fortsetzung herkömmlicher Methoden der Kunstwissenschaft mit den Mitteln und Möglichkeiten der elektronischen Datenverarbeitung. Und abgesehen von ersten, vereinzelten Experimenten[375] hat sich an Karl Clausbergs Ansicht, daß gegenwärtig »*an echte Bild-*

---

370 T. Nagel: Ideologiekritik, in: H. Kohle (Hg.): Kunstgeschichte digital, 1997, S. 85.

371 H. Auer: Einführung. in: H. Auer (Hg.): Chancen und Grenzen, ICOM, 1985, S. 16.

372 E. Cassirer, a.a.O. S. 39.

373 J. Schmucker-von Koch: Bilderflut und Bildverlust, Theuern, 1997, S. 14.

374 J. Beuys: Das Museum, Wangen, 1993, S. 31f.

375 z.B.: Query by Image Content, s. Kapitel 2.3. Zum Stand der technologischen Entwicklung von Datenbank Management Systemen.

erfassung, das heißt, strukturelle Analyse, mangels Computerleistung und einschlägiger Programme noch kaum zu denken«[376] ist, wenig geändert.

Ausblick

Durch die Digitalen Sammlungen wird die gegenwärtig noch vorherrschende Zweiteilung der Forschung – in objektbezogene am Museum und problembezogene an der Universität – aufbrechen. Wie bereits durch die gelungene Zusammenarbeit universitärer und museologischer Institutionen im DISKUS-Projekt ersichtlich, ist eine stärkere Annäherung und Aufhebung der Trennung von museologischer und universitärer Forschung die Folge.[377]

Die wissenschaftliche Forschung wird einen wesentlichen Anteil am Aufbau Digitaler Sammlungen haben, da, so Keene, die recherchierten Informationen und der Forschungsstand so authentisch sein sollten wie die Sammlungsobjekte selbst.[378] Die Daten müssen gepflegt, aktualisiert und je nach den Bedürfnissen abrufbar bleiben. Dies verlangt nach wie vor den Einsatz von kunstwissenschaftlichen Experten. Die Vermutung Veltmans[379], daß die künftige kunstwissenschaftliche Forschung wohl weniger im Erstellen neuer Texte oder Inhalte liegen könnte, sondern im Gestalten von Context und der Bereitstellung von Meta-Daten ihren Schwerpunkt finden wird, ist kennzeichnend für den Wandel des Schwerpunktes der internen Forschung hin zu einer publikumswirksamen Vermittlung, zu einer Popularisierung der Wissenschaft, die bereits in den englischsprachigen Ländern vorherrscht.

Die Öffnung für Forschungsergebnisse externer Fachwissenschaftler und die Bereitstellung dieser Resultate im Gesamtkontext virtueller Wissensspeicher könnte zu einem der wesentlichen Charakteristika künftiger kunstwissenschaftlicher Forschung werden. So werden künftige Entwicklungen durch die synerge-

---

376 »Auf Großrechnerbasis malt man sich durchaus konventionelle Forschungsparadiese aus; es wird vor allem die elektronische Kunstbotanik, das Klassifizieren, Zerstückeln und Neuvernetzen der Kunststücke in einschlägigen Datenbanksprachen diskutiert und mit großem Aufwand vorangetrieben.« K. Clausberg: Am Ende Kunstgeschichte? in: Kunstgeschichte - aber wie? 1989, S. 264; s. hierzu auch: J. Zimmer: Kunstforschung - Kunstwissenschaft - Kunstgeschichte - CyberArtHistory?, in: AKMB-news, Jg.3, 1997, Nr. 3, S. 3–12 und

die Entgegnung von H. Kohle: Chiliastische Visionen, in: AKMB-news, Jg. 4, 1998, Nr. 1, S.30–31.

377 K. Lunau: Über den Nutzen neuer Informationstechnologien in der Kunstgeschichte, Magisterarbeit, Johannes Gutenberg Universität, Mainz, 1998.

378 S. Keene, Digital Collections, 1998, p. 26.

379 Kim H. Veltman: Computers and Our New Perspectives on Culture, Vortrag gehalten am 6.10.1998 anläßlich der Konferenz Cultural Heritage in the Global Village, Museum moderner Kunst Stiftung Ludwig Wien.

tische Nutzung Digitaler Sammlungen voraussichtlich eine verstärkte Symbiose von Kommunikation, Kunst, Vermittlung, Wissenschaft und Technologie nach sich ziehen. Es ist anzunehmen, daß dies unmittelbare Konsequenzen auf Bildsprache, Ästhetik und Wahrnehmung bis hin zu gesellschaftlichen, kulturpolitischen und fachwissenschaftlichen Faktoren haben wird. Um sich dieses Neue anzueignen, werden neue Organisationstrukturen benötigt. Die technologischen Kommunikationswege sind bereits vorhanden. Die Benutzer dieser Kommunikationswege – und dies betrifft Kunsthistoriker, Kuratoren und Museumsvermittler gleichermaßen – befinden sich gegenwärtig in einer Phase der Begriffsbildung.» *Wirksame Beteiligung an der Zukunftsgestaltung setzt aber voraus, daß man weiß, worüber man redet,*« [380] so Stefan Gergely, denn »*ohne präzise Kenntnis der Möglichkeiten der neuen Techniken ist es nicht möglich, gegebene Anwendungen im eigenen Interesse zu beeinflussen. Ohne ethische Grundsätze, umfassendes Wissen und Phantasie wird es aber auch nicht möglich sein, dem herrschenden technokratischen Wettlauf andere – nichttechnische oder technische – Alternativen entgegenzusetzen.*«

Um diesen Prozeß der Wandlung schöpferisch mitzugestalten, bedarf es einerseits des rechten Maßes im Umgang mit der Informationstechnologie und andererseits der Visionen und Utopien. Für die Kunstwissenschaft bedeutet dies eine Erweiterung der inhaltlichen Themen und der Aufgabenbereiche. Bredekamps Forderung nach einer »*Kultur der Beschreibung*« und nach dem Ausbau des »*Verständnis der visuellen Kultur*« [381], die Forderung nach einer aktiven Mitgestaltung und Mitbestimmung der Strategien und Strukturen einer durch Bilder und Filme gesteuerten Mediengesellschaft durch das Fach Kunstgeschichte enthält eine vehemente Dringlichkeit und Priorität, denn eine »*Verweigerung*«, so Bredekamp weiter, »*hat Züge des Totstellens.*« Von den einschneidenden Veränderungen, die sich durch die Museumsinformatik und die Digitalen Sammlungen in Dokumentation und Vermittlung ergeben werden, ist die kunstwissenschaftliche Forschung und insbesondere die Lehre in besonderem Maße betroffen. Aufgrund der kommenden Anforderungen an das Fach, wie sie Lettner [382] treffend charak-

380 S. M. Gergely: Wie der Computer den Menschen und das Lernen verändert, 1986, S. 236.

381 H. Bredekamp: Metaphern des Endes im Zeitalter des Bildes, in: H. Klotz: Kunst der Gegenwart, ZKM, 1997, S. 35f.

382 »Diese neue Reproduktionstechnik führt natürlich ein neues Ästhetikbild mit sich. So stellt sich dem Lehrenden zunehmend die Aufgabe, aus dem Handeln und Denken heraus, dem neuen elektronischen Bildbegriff Rechnung zu tragen. Wie wird das gestaltet,

daß es in einer Situation wie dieser, als Kunst begriffen wird, und wie geht man damit um? Diese Fragestellungen fordern Antworten heraus, die dann zu Begrifflichkeiten führen und somit wieder eine Basis für die weitere Diskussion bilden. ... Die Beschäftigung mit diesen neuen, über den Reproduktionsbereich hinausgehenden Formen führt vielleicht sogar zu einem neuen Bewußtsein. Zumindest stellt sie einen wichtigen Forschungsbeitrag zur Diskussion der neuen Bildwelten dar.« Robert Lettner, in: Die

terisiert, werden einerseits die Lehrinhalte der Museologie eine Erweiterung hin zur Museumsinformatik und zur Befähigung im Umgang mit digitalen Technologien erfahren.[383] Noch offen bleibt hingegen, ob sich die Museumsinformatik zu einer Hilfswissenschaft der Kunstgeschichte entwickeln wird oder zu einem eigenen Wissenschaftsbereich, der die Belange der Museologie unterstützt. Oder ob sich die Kunstgeschichte gar zu einer Hilfswissenschaft einer übergeordneten Wissenschaft der visuellen Kultur entwickeln könnte. Angesichts dieser Herausforderungen darf angenommen werden, daß sich das Berufsbild des Kunstwissenschaftlers erweitern bzw. verändern wird. Auch könnte das Tätigkeitsfeld einmal wichtiger werden als das Festhalten an der Berufsbezeichnung.

Welche Aufgaben stellen sich dem Museum, den Archiven und den kunstwissenschaftlichen Instituten des 21. Jahrhunderts angesichts dieser Veränderungen im Umgang mit den neuen Medien, mit der Problematik von Forschung und Lehre, mit der Wahrnehmung von Kunstwerken, mit der Flut an Informationen und künstlich reproduzierten Bildern? Um die Funktionsabläufe der Katalogisierung und Dokumentation als Grundlage jedweder wissenschaftlicher Arbeit auch in Zukunft noch bewältigen zu können, müssen sich die Museen und Kunstinstitutionen noch stärker mit den erweiterten Aufgabenbereichen der EDV-gestützten Dokumentation, mit der Konstituierung des Wissenschaftsbereiches der Museumsinformatik und der Herausforderung der Informationstechnologie und deren Auswirkungen auf Kultur und Gesellschaft stellen. *»Es kann daher überhaupt nicht stark genug unterstrichen werden, daß konkrete und präzise Antworten auf die Frage nach dem Sinn von Sammeln, Erforschen, Bewahren und Vermitteln auch für den Einsatz des Computers im Museum grundlegend sind.«*[384] Doch sollte man *»immer wenn die Computerisierung droht, zum Selbstzweck zu werden, eine Pause mit einer Rückbesinnung auf die grundlegenden Ziele und Aufgaben des Museums einlegen.«*

Meiner Ansicht nach muß die Dokumentation künftig als eine aktive Strategie verstanden werden. Die mannigfaltigen Querbezüge von ›context‹ und ›content‹ der Objekte als Resultat einer wissenschaftlichen Forschung sollten mittels des Einsatzes aller in Betracht kommenden Medien vermittelt werden. Museen, Archive und kunstwissenschaftliche Institute müssen angesichts der veränderten Situation eine Hinterfragung ihrer bisherigen Rolle und Position vornehmen,

---

Kunst ist erlöst. Das Rätsel ist zu Ende. Bilder zur magischen Geometrie, Dialog zwischen R. Lettner und H. Krämer, Ausstellungskatalog Wiener Secession (Hg.), 1998, S. 13ff.

383 Im Mai 1999 wurde von der Hochschule für Technik, Wirtschaft und Kultur Leipzig (FH)

im Fachbereich Buch und Museum bereits eine Professur (C 2) für Computergestützte Informationssysteme in Museen und Bibliotheken ausgeschrieben.

384 H. H. Clemens; Ch. Wolters: Sammeln, Erforschen, Bewahren und Vermitteln, IfM, Nr. 6, Juni 1996, S. 8; S. 66.

sich ihrer Vorreiterrolle in der Kommunikationsgesellschaft bewußt werden, um dann dementsprechend strategisch zu agieren. Sie haben die Verpflichtung, zum konstruktiven Gegenpol einer real existierenden, reproduzierenden Bilderflut digitaler Medien zu werden. Und dies nicht zuletzt auch deshalb, weil »*die Welt der digitalisierten Bilder ohne Kenntnis der Kunstgeschichte nicht im Ansatz zu begreifen*« ist.[385] Künftige Mitgestaltung könnte im Sinne des Beuysschen »*Museum in motion*«[386] geschehen. Dieses bezieht »*sich auf alle Fragen innerhalb des Gesellschaftskörpers*«, versteht sich als interaktiver Sender, der »*alle Wege der Gesellschaft*« durchlaufend, verstärkt Anteil und Einfluß auf Bildung und Kunst, Wissenschaft und Technologie nimmt. Kommende Aufgabenbereiche lauten eher so: Permanent Aufmerksamkeit erzeugen, zu Wahrnehmung, kritischer Reflexion und eigenverantwortlichen, sozialen Handeln hinführen, einen aktiven Beitrag zu laufenden Diskussionen leisten, Medienkompetenz vermitteln und interdisziplinäre Impulse geben, statt nur stoisch sammeln, bewahren und forschen.

Als Torwächter der sogenannten ›information gateways‹[387] besitzen Museen und kunstwissenschaftliche Institute eine besonders verantwortungsvolle Aufgabe. Als Hüter des sammlungsbezogenen ›content‹ und maßgebliche Ersteller von ›context‹ bürgen sie für die Richtigkeit ihrer bereitgestellten Informationen. Schlußendlich sollte nicht vergessen werden, daß, innerhalb der vernetzten Infrastruktur und des marktwirtschaftlichen Funktionierens von Angebot und Nachfrage nach Informationen, Museen, Archive, Bibliotheken und die kunstwissenschaftlichen Institutionen – und nur sie allein – die wesentlichste Kontrollfunktion ausüben.

385 H. Bredekamp: Antikensehnsucht und Maschinenglauben. Die Geschichte der Kunstkammer und die Zukunft der Kunstgeschichte, Berlin, 1993, S. 102. ders.: Metaphern des Endes im Zeitalter des Bildes, in: H. Klotz: Kunst der Gegenwart, ZKM, 1997, S. 35f.

386 J. Beuys: Das Museum, Wangen, 1993, S. 32, 25, 38, 50, S. 49.

387 S. Keene, Digital Collections, 1998, p. 28.

Anhang

1. Inventarisierung Schritt für Schritt:
Ein Objekt wird in die Sammlung aufgenommen
(CIDOC fact sheet 1)

Comité International pour la Documentation (CIDOC) Services Working Group, Conseil international des musées, International Council of museums (ICOM): Kurzanleitung Inventarisierung Schritt für Schritt: Ein Objekt wird in die Sammlung aufgenommen, 1993, Deutsche Übersetzung, München, Bern, Wien, 1995.

»Eine wichtige Aufgabe des Museums besteht darin, alle Objekte, die vorübergehend oder auf Dauer in die Sammlung aufgenommen werden, richtig und vollständig zu dokumentieren, um ihre Identifizierung zu ermöglichen, Herkunft und Erhaltungszustand festzuhalten, und einen korrekten Unterhalt zu gewährleisten.«
(Übersetzung aus: ICOM Code of Professional Ethics, 1990, S. 31, Nr. 6.2)

CIDOC-Kurzanleitungen stellen in einfacher Form Informationen zu verschiedenen Aspekten der Museumsdokumentation zur Verfügung. Die vorliegende CIDOC-Kurzanleitung beschreibt in acht Schritten, wie ein Objekt nach seinem Eingang ins Museum inventarisiert werden kann. Das schrittweise Vorgehen kann sowohl bei einem manuellen als auch bei einem EDV-gestützten Inventarisierungssystem angewandt werden. Festgehalten sind lediglich die Mindestanforderungen an eine Inventarisierung. Möglicherweise wird ein Museum also entsprechend seinen eigenen (oder nationalen) Standards diesen Basisdaten weitere Informationen hinzufügen wollen. Die Kurzanleitung schließt mit einigen Literaturhinweisen. Museen, die nicht inventarisierte Bestände aufarbeiten müssen, können entsprechend den Schritten 4 bis 8 vorgehen.

Schritt 1:
Das Objekt wird in das Museum gebracht. Die Person, die ein Objekt in das Museum bringt, erhält eine Empfangsbestätigung mit folgenden Angaben:
· kurze Objektbeschreibung
· Zugangsdatum
· Name und Unterschrift der Person, die das Objekt im Museum entgegennimmt
· Name, Adresse und Unterschrift der Person, die das Objekt bringt.
Das Museum behält eine Kopie der Empfangbestätigung und benutzt diese für Schritt 2. Wenn ein/e Museumsmitarbeiter/in das Objekt bringt, kann Schritt 1 normalerweise entfallen.

Schritt 2:

Das Objekt wird in ein Zu- und Abgangsbuch mit numerierten Seiten eingetragen, welches Spalten für die folgenden Angaben enthält:

· vorläufige (fortlaufende) Nummer

· Zugangsdatum

· Name und Adresse des Eigentümers oder der Person, die das Objekt gebracht hat (sofern es sich nicht um eine/n Beschäftigte/n des Museums handelt)

· Identifizierung (Objektbezeichnung oder kurze Beschreibung)

· Grund des Zugangs

· vorläufiger Standort

· Name der Person, die das Objekt im Museum entgegengenommen und/oder gebracht hat.

Ein Schild (eine Hängeetikette) mit der vorläufigen Inventarnummer wird am Objekt befestigt.

Anmerkung: Das hier empfohlene Zugangs- und Abgangsbuch unterscheidet sich von sonst üblichen Zugangs- oder Inventarbüchern. Auch Objekte, die nur vorübergehend im Museum verwahrt werden, werden hier eingetragen. Es wird eine fortlaufende Nummer vergeben, die nicht der Inventarnummer entspricht.

Schritt 3:

Im Folgenden gibt es drei Möglichkeiten:

A. das Objekt wird nicht in die Sammlung aufgenommen

B. das Objekt wird als Leihgabe angenommen

C. das Objekt wird Eigentum des Museums.

Anmerkung:

Da es um Eigentumsrechte geht, muß in den meisten Staaten ein juristisch gültiges Dokument erstellt werden.

A. Das Objekt wird vom Museum nicht angenommen.

Ebenfalls im Zu- und Abgangsbuch wird Folgendes notiert:

· Datum der Rücksendung

· Grund der Rücksendung

· Name und Adresse, an die das Objekt (zurück)gesandt wird

· Name der Person, die diese Eintragungen gemacht hat.

Für ein Objekt, das nicht Teil der Sammlung wird, ist die Inventarisierung damit abgeschlossen.

B. Das Objekt wird als Leihgabe angenommen.

Leihvorgänge mit kurzer Leihfrist (z.b. für eine Ausstellung) werden im Zu- und Abgangsbuch erfaßt und nach Ablauf der Leihfrist wieder, wie unter A beschrieben, zurückgebucht.

Leihgaben mit langer Leihfrist erhalten eine eindeutige Leihnummer, die in das Zu- und Abgangsbuch geschrieben wird.

Die Inventarisierung wird mit Schritt 4 fortgesetzt.

C. Das Objekt wird Museumseigentum und erhält eine eindeutige Inventarnummer. Diese Nummer wird sowohl am Objekt selbst angebracht als auch im Zu- und Abgangsbuch festgehalten.

Die Inventarisierung wird mit Schritt 4 fortgesetzt.

Schritt 4:

An dieser Stelle beginnt die eigentliche Inventarisierung.

Die Objektdaten werden nun auf ein Inventarblatt geschrieben, das in geeigneter Weise in Rubriken unterteilt ist.

Das Formular sollte mindestens folgende Angaben umfassen:

- Name der Institution
- Inventarnummer
- Objektbezeichnung
- Kurzbeschreibung und/oder Titel
- Erwerbungs- / Zugangsart
- erworben / erhalten von (Person / Institution)
- Erwerbungs- / Zugangsdatum
- ständiger Standort

Es wird den Museen empfohlen, das Formular auf ihre jeweils spezifischen Bedürfnisse zuzuschneiden und z.B. mit folgenden Angaben zu ergänzen:

- Material / Technik
- Abmessungen
- vorübergehender Standort
- Erhaltungszustand
- kulturelle und/oder historische Bezüge
- naturgeschichtliche Einordnung
- Ortsangaben
- Herstellung (Künstler, Herstellungsdatum)
- Preis
- Foto-(Negativ-)nummer
- Handhabung

· Konservierung
· Bemerkungen

Während in die meisten Rubriken die Daten strukturiert und mit kontrolliertem Vokabular eingetragen werden, enthalten Felder wie „Kurzbeschreibung und/oder Titel" oder „Bemerkungen" normalerweise freien Text.

Schritt 5:
Als Teil der Inventarisierung soll ein Objekt fotografiert (und/oder gezeichnet) werden. Die Negativ- oder Zeichnungsnummer muß auf dem Inventarblatt notiert werden.

Schritt 6:
Das Objekt ist jetzt inventarisiert und kann an seinen ständigen (oder vorläufigen) Standort gebracht werden. Zumindest die Angabe des ständigen Standorts wird in das Inventarblatt eingetragen.

Schritt 7:
Aus Sicherheitsgründen sollte eine Kopie der Inventare an einem sicheren Ort aufbewahrt werden, vorzugsweise außerhalb des Museumsgebäudes.
Aus juristischen Gründen muß das Museum über ein Dokument verfügen, mit dem es den Status der Objekte in seiner Sammlung nachweisen kann.
Zu diesem Zweck kann das Museum entweder das Zu- und Abgangsbuch benutzen oder (Foto)kopien der Inventarkarten.
Diese Kopien (oder Computerausdrucke mit denselben Daten) müssen gebunden, die Seiten numeriert und signiert werden.

Schritt 8:
Die vorhergehenden sieben Schritte stellen sicher, daß die Grunddaten über ein Museumsobjekt erfaßt sind. Um die Informationen und dadurch die Objekte besser zugänglich zu machen, können Register hergestellt werden. Im Fall einer EDV-gestützten Inventarisierung geschieht dies automatisch, während beim manuellen Verfahren weitere Karteien, z.B. nach Künstlernamen oder Ortsnamen geordnet, erstellt werden müssen.

Übrigens:
Die oben dargestellte Methode, die das Ausleihregister mit dem Zu- und Abgangsbuch kombiniert (Schritte 2–3) ist für Museen geeignet, bei denen nur wenige Leihvorgänge mit kurzer Leihfrist vorkommen.

Für Museen mit vielen Leihvorgängen kurzer Dauer ist es besser, alle Objekte, die in das Museum kommen und (!) es verlassen, auf Leihscheinen zu erfassen (siehe Schritt 1).

Die Leihscheine werden fortlaufend numeriert, und das Museum behält einen vollständigen Satz Kopien als Ausleihregister.

Die Inventarisierung auf Inventarblättern (ab Schritt 4) bleibt in beiden Fällen gleich.

Anmerkung der Übersetzer:

Der deutsche Ausdruck „Inventarisierung" wird hier benutzt, weil er der englischen Bezeichnung „registration" am ehesten entspricht, obwohl „Inventarisierung" im Deutschen sehr unterschiedlich verwendet wird.

Die eigentliche Inventarisierung beginnt mit Schritt 4, während es in den Schritten 1–3 um die Objekt- und Ausleihverwaltung geht.

Für weitere Informationen zu diesem Thema:

Stuart A. Holm. *Facts & artefacts : how to document a museum collection.* Cambridge : Museum Documentation Association, 1991. 36 S. : Ill. ISBN 09 0596 379 2

Datenbank Schweizerischer Kulturgüter. *Inventarisierung und Dokumentation in volkskundlichen und ortsgeschichtlichen Museen und Sammlungen.* Bern, 1994.

Ein Produkt der CIDOC Services Working Group (1993)
Text: Jeanne Hogenboom, Fransje Kuyvenhoven, Yolande Morel-Deckers
Übersetzung: Regine Scheffel, Thomas Rosemann (D), Anne Claudel, Pia Imbach (CH), Harald Krämer (A)
Design: Renée van de Griend
Technische Herstellung: DSK, CH-Bern

2. Beschriftung von Objekten
(CIDOC fact sheet 2)

Comité International pour la Documentation (CIDOC) Services Working Group,
Conseil international des musées, International Council of museums (ICOM):
Kurzanleitung Beschriftung von Objekten, 1994, Deutsche Übersetzung, München, Bern, 1995.

»*Eine wichtige Aufgabe des Museums besteht darin, alle Objekte, die vorübergehend in die
Sammlung aufgenommen werden, richtig und vollständig zu dokumentieren, um ihre
Identifizierung zu ermöglichen, Herkunft und Erhaltungszustand festzuhalten, und einen
korrekten Umgang mit dem Objekt zu gewährleisten.*«
(Übersetzung aus: ICOM, Code of Professional Ethics, 1990, S. 31, Nr. 6.2).

CIDOC-Kurzanleitungen stellen in einfacher Form Informationen zu verschiedenen Aspekten der Museumsdokumentation zur Verfügung. Die vorliegende
Kurzanleitung befaßt sich mit Methoden zur Beschriftung von Objekten mit einer Zugangs- oder Inventarnummer. Es herrscht nicht immer Einhelligkeit über
die Methoden zur Anbringung von Nummern. Bestimmte Grundregeln sind jedoch allgemein akzeptiert.
Der folgende zusammenfassende Überblick wird durch weiterführende bibliografische Angaben ergänzt.

Allgemeine Regeln
1. Die Nummer (Zugangs- oder Inventarnummer) bildet die Verbindung zwischen Objekt und zugehöriger Dokumentation. Sie muß daher direkt am Objekt angebracht oder physisch daran befestigt werden.

2. Wenn ein Objekt Teil einer Sammlung ist oder von einem Museum erworben
   wird, erhält es eine Inventar- oder Zugangsnummer. Zur Anbringung der
   Nummer muß eine sichere Methode angewendet werden, das heißt, einerseits
   darf das Objekt dadurch nicht beschädigt werden, andererseits muß sichergestellt werden, daß die Nummer nicht unbeabsichtigt entfernt werden kann.

3. Um ein Objekt vorübergehend mit einer Nummer zu versehen (beispielsweise
   bei einer Leihgabe), kann ein Anhänger (eine Hängeetikette) verwendet werden.

4. Die Beschriftung der Objekte muß in einer konsequenten Art und Weise
   durch dafür ausgebildete MitarbeiterInnen erfolgen. Es muß genügend Zeit

zur Verfügung stehen, um das Objekt zu untersuchen, ggf. die Oberfläche mit einer geeigneten Methode zu reinigen, und die Nummer anzubringen.

5. Wenn Unsicherheit bei der Wahl der richtigen Beschriftungsmethode besteht, sollte ein Restaurator hinzugezogen werden. Es muß erwähnt werden, daß keine Methode für das Objekt als absolut sicher gelten kann, und daß gängige Produkte und Methoden nie systematisch getestet wurden.

6. Das Objekt darf durch die Nummernbeschriftung nicht beschädigt werden. Zugleich sollte es möglich sein, die Nummer wieder zu entfernen, ohne am Objekt Spuren zu hinterlassen – auch wenn aus Sicherheitsgründen lieber nicht entfernbare Markierungen bevorzugt würden.

7. Die Nummer muß einfach, ohne komplizierte Handhabung des Objekts, zu finden sein, so daß sie beim Ausstellen oder Fotografieren des Objekts nicht störend wirkt.

8. Obwohl die Beschriftungsmethoden je nach Art der Objekte variieren, ist es empfehlenswert, die Anzahl der verwendeten Materialien und Techniken möglichst gering zu halten.

9. Besteht ein Objekt aus verschiedenen Materialien (z.B. Gemälde, Uniformen, Möbel), wird zur Beschriftung der für die angewendete Methode am besten geeignete Ort gewählt.

10. Besteht ein Objekt aus mehreren Teilen, die entfernt werden können, wird jedes Einzelteil mit einer Nummer versehen. Dies gilt auch für Fragmente eines zerbrochenen Objekts.

11. Die in einer Institution geltenden Regeln für die Nummernbeschriftung (einschließlich dem Format der Nummern) müssen schriftlich festgehalten und den MitarbeiterInnen zur Verfügung gestellt werden.

Zu vermeiden ist:
12. das Entfernen alter Nummern, da diese Informationen zur Geschichte des Objekts liefern können. Falls sich deren Entfernung nicht vermeiden läßt, müssen sie in der Dokumentation festgehalten werden.

Ort der Beschriftung

13. Wenn möglich, sollten Nummern bei der gleichen Art von Objekten immer an derselben Stelle angebracht werden, damit das Objekt nicht unnötig bewegt werden muß. Bei sehr schweren oder zerbrechlichen Objekten sollte die Nummer sichtbar sein, ohne daß sie gedreht oder verschoben werden müssen. Es kann notwendig sein, große Objekte an mehreren Stellen zu beschriften, oder zusätzlich einen Anhänger (eine Hängeetikette) anzubringen, solange sie nicht ausgestellt werden. Wird ein Objekt in Papier eingewickelt oder in einer Schachtel aufbewahrt, sollte die Nummer ebenfalls auf der Verpackung angebracht werden.

14. Die Nummer muß so angebracht werden, daß das Erscheinungsbild des Objekts nicht beeinträchtigt wird. Beispielsweise darf sie keine Marke oder Inschrift überdecken.

15. Spezielle Probleme ergeben sich beim Beschriften kleiner Objekte. Wenn es unmöglich ist, das Objekt direkt mit einer Nummer zu versehen, muß die Verpackung, in der das Objekt aufbewahrt wird, beschriftet werden.

16. Um zu vermeiden, daß die Nummer sich vom Objekt loslöst, darf sie nicht auf einer instabilen Oberfläche oder an einer exponierten Stelle angebracht werden.

Zu vermeiden ist:
17. das Anbringen der Nummer am Boden zerbrechlicher oder schwerer Objekte.

Methoden

18. Die Methoden und Materialien, die zur Beschriftung von Objekten verwendet werden, dürfen diese nicht beschädigen.

19. Die Beschriftung muß wieder entfernt werden können, die Nummer muß aber auch über eine sehr lange Zeitdauer halten. Obwohl Anhänger (Hängeetiketten) für das Objekt die schonendste Methode darstellen, sollte aus Sicherheitsgründen die direkte Beschriftung des Objekts bevorzugt werden.

20. Die Nummer muß gut lesbar sein. Im allgemeinen werden schwarze Ziffern auf einem hellen Hintergrund und weiße Ziffern auf einem dunklen Hintergrund verwendet. Als Alternative ist auch die Verwendung roter Ziffern für beide Fälle denkbar.

21. Um die Verbindung zwischen Objekt und zugehöriger Dokumentation sicherzustellen, ist es empfehlenswert, die Nummer auf einigen Fotografien des Objekts festzuhalten.

22. Die Beschaffenheit des Objekts bestimmt die Beschriftungsmethode:

23. Auf harter, nicht poröser Oberfläche, sollte die Nummer mit Tusche (wasserlöslich, nicht säurehaltig), Tempera- oder Acrylfarbe angebracht. Ein Lack kann einerseits zur Grundierung auf die gereinigte Oberfläche des Objekts aufgetragen werden, und andererseits auch über die Nummer, um diese zu schützen. (Beispiele: Glas, Töpferware mit Glasur, Metalle)

24. Auf harter, aber poröser Oberfläche wird dieselbe Methode angewendet. Jedoch muß in diesem Fall die gereinigte Oberfläche des Objekts immer mit Lack geschützt werden. (Beispiele: Holz, Terrakotta, Knochen)

25. Papier wird mit einem weichen Bleistift beschriftet. (Beispiele: Druckgrafik, Fotografien, Bücher)

26. An Textilien werden bereits beschriftete Wäschebänder mit wenigen Stichen angenäht. Es wird eine feine Nadel und Faden, der sich für das jeweilige Gewebe eignet, verwendet. (Beispiele: Kleider, Spitzen, Teppiche)

27. Bei bemalten oder lackierten Oberflächen sowie bei Plastikgegenständen ist besondere Vorsicht geboten, da die sonst für die Beschriftung verwendeten Materialien unter Umständen zu bleibenden Schäden am Objekt führen können.

Zu vermeiden ist:

28. das Einbrennen oder Eingravieren von Nummern in Holz oder Metall.

29. das Anschrauben kleiner Metallplatten an Holz.

30. der Gebrauch von Stempel oder Tusche auf Papier.

31. die Verwendung von Tusche oder Farbe auf Textilien.

32. das Anbringen von Klebeetiketten (einschließlich Strichcode-Etiketten) ohne schützenden Belag auf Objekten, gleich welcher Art.

33. die Verwendung von Drähten oder von Etiketten mit Metallecken.

34. die Verwendung von Produkten, die für andere Zwecke hergestellt wurden, insbesondere wenn deren genaue Zusammensetzung nicht bekannt ist. (z.b. Korrekturflüssigkeit, Nagellack)

Weiterführende Literatur:

· CIDOC-Kurzanleitung Nr. 1: Inventarisierung Schritt für Schritt. Ein Objekt wird in die Sammlung aufgenommen, 1993.
· DSK, Inventarisation und Dokumentation in volkskundlichen und ortsgeschichtlichen Museen und Sammlungen, Bern 1994.
· D.H. Dudley, L.B. Wilkinson, Museum Registration Methods, Washington D.C. 1979 (3rd ed.).
· MDA Outreach Fact Sheets (Nr. 16 – 31). Cambridge: MDA. (wird regelmäßig aktualisiert)
· Museumsverband für Niedersachsen und Bremen e.V. (Hrsg.), Inventarisieren der Museumsbestände mit der IDM-Karteikarte, Hannover 1994.

Ein Produkt der CIDOC Services Working Group (1995)
Text: Anne Claudel, Jeanne Hogenboom (mit speziellem Dank an Terry S. Segal)
Übersetzung: Pia Imbach (CH); Norbert Kanter, Regine Scheffel (D)
Technische Herstellung: DSK, CH-Bern / ICOM-Deutschland

3. Dokumentation in österreichischen Museen
Fragen zum Einsatz des Computers und der Multimedia-Technologie im Museum

(Bitte alles Zutreffende ankreuzen. Für zusätzliche Anmerkungen verwenden Sie bitte separate Blätter.)

Name und Anschrift des Museums / der Sammlung:

_____

1. Setzen Sie Computer im Museum ein?
ja O   nein O   geplant O noch unklar O   nicht geplant O
Falls nein oder noch unklar, kontaktieren Sie uns bitte zwecks weiterer Informationsaustausches.
Wenn ja oder geplant:

2. In welchen Bereichen wird der Computer im Museum intern eingesetzt?
                                                    seit dem Jahr: geplant für das Jahr:
O Textverarbeitung (Manuskripte, Korrespondenz) _____   _____
O Verwaltung (z.B. Adressen)   _____   _____
O Buchhaltung   _____   _____
O Publikationen (z.B. Desktop-Publishing)   _____   _____
O Ausstellungsorganisation (z.B. Leihverkehr)   _____   _____
O Inventarisierung, Verwaltung der Objekte   _____   _____
O Bibliotheks- bzw. Archivverwaltung   _____   _____
O Thesaurus, Beschlagwortung   _____   _____
O Didaktik, Kommunikation   _____   _____
O Bilddokumentation (elektr. Speichermedien)   _____   _____
O sonstiges: _____   _____   _____

3. Gibt es hauseigene Spezialprogramme?   ja O   nein O
Wenn ja, wofür? (Bitte Name des Programmes und Anwendungsbereich angeben)

_____

4. In welchen Bereichen wird der Computer besucherorientiert eingesetzt?

O im **Eingangsbereich**   seit dem Jahr: _____ geplant für das Jahr: _____
Das Programm enthält: O Text   O Bild   O Ton   O Video

Kann das System vom Besucher selbst benutzt werden? Ist es interaktiv? ja O   nein O

Die Software wurde   O gekauft   O selbst entwickelt
O gemeinsam entwickelt mit: _____

O in den **Sonderausstellungen**   seit dem Jahr: _____ geplant für das Jahr: _____

Das Programm enthält: O Text   O Bild   O Ton   O Video

Kann das System vom Besucher selbst benutzt werden? Ist es interaktiv?   ja O   nein O

Die Software wurde   O gekauft   O selbst entwickelt
O gemeinsam entwickelt mit: _____

O in der **Dauerausstellung**   seit dem Jahr: _____ geplant für das Jahr: _____

Das Programm enthält: O Text   O Bild   O Ton   O Video

Kann das System vom Besucher selbst benutzt werden? Ist es interaktiv? ja O   nein O

Die Software wurde   O gekauft   O selbst entwickelt
O gemeinsam entwickelt mit: _____

O in Bibliothek/Archiv   seit dem Jahr: _____ geplant für das Jahr: _____
O im Medienraum/Videothek   seit dem Jahr: _____ geplant für das Jahr: _____
O Sonstiges: _____ seit dem Jahr: _____ geplant für das Jahr: _____

5. Wer betreut bzw. wer ist zuständig für Elektronische Datenverarbeitung / Computer / Multimedia?
(Name, Funktion und Telefonnummer)

_____

_____

Wir bedanken uns für Ihre Mitarbeit und wären Ihnen dankbar, wenn Sie uns für unsere Dokumentation Materialien (z.B. Ausdrucke von Inventarkarten) überlassen könnten.

4. Datenfeldkatalog zur Grundinventarisation
Arbeitsgruppe des Deutschen Museumsbundes

Lit.: Viktor Pröstler: Datenfeldkatalog zur Grundinventarisation.
Ein Bericht der Arbeitsgruppe Dokumentation des Deutschen Museumsbundes,
Karlsruhe, 1993.

1. Ort des Museums
Offizielle Namensangabe des Ortes an dem sich das jeweilige Museum bzw. seine
Zweigniederlassung befindet
2. Museumsname
Angabe des offiziellen (rechtsverbindlichen) Museumsnamens
3. Inventarnummer
Die Inventarnummer ist die aktuelle und eindeutig dem Objekt zugewiesene Zeichenfolge, die innerhalb eines Museums oder einer Abteilung nur einmal vergeben wird.
4. alte Inventarnummer / andere Nummern
Unter diesem Aspekt werden bekannte ältere Inventarnummern bzw. bekannte
andere Nummern (z.B. Saal-, Katalog- oder Sammlernummern) eingetragen.
5. Objektbezeichnung
Möglichst exakte fachsprachliche Benennung des jeweiligen Objektes. Die Objektbezeichnung soll schlagwortähnlichen Charakter besitzen.
6. Sammlungsbereich
Wenn das einzelne Museum organisatorisch in verschiedene Sammlungsbereiche gegliedert ist, sind diese hier anzugeben.
7. Darstellung / Ikonographie
Angabe zur Ikonographie des Objektes und auf dem Objekt, sowie Angaben zu
Dekor und Ornamentik (schlagwortartige Begriffe)
8a. Hersteller / Künstler
Name(n) der an der Entstehung eines Objektes in bedeutender Weise beteiligten
Person(en), Personengruppe(n) oder Institution(en)
8b. Aufgabe / Rolle / Tätigkeit
Wenn bei der Herstellung eines Objektes mehrere Personen beteiligt sind, ist deren Aufgabe, Rolle bzw. Tätigkeit aufzuführen.
9. Ort
Eindeutige geographische Angabe des Herstellungs, Gebrauchs- bzw. Fundortes
eines Objektes. Synonyme Ortsnamen müssen mit einem Zusatz gekennzeichnet
werden.

10. Material
Hier soll das Material, aus dem das Objekt besteht, angegeben werden. Abkürzungen und chemische Formeln sind nicht zulässig.
11. Technik
Angabe von Herstellungstechniken (Be- und Verarbeitung) und Technologien
12. Maße
Angabe der Maße, die zur Identifikation des Objektes dienlich sind. Aufgeführt werden muß die Maßangabe, das Maß, die Maßeinheit und evtl. der Meßpunkt.
13. Datierung
Genauestmögliche Angabe des Entstehungsdatums eines Objektes
Folgende Ansetzungsweisen der Datierung sind möglich:
· Freitext,
· Schlagworte (suchbar, alphabetische Listen können erzeugt werden),
· Jahrhundertangaben,
· Umsetzung der Datierung in reine Zahlenwerte,
· Anfangs- und Enddatum.
Sortierung und Bereichssuche sind nur bei numerischen Einträgen möglich.
14a. Herstellungszweck
Angabe des ursprünglichen Herstellungszweckes eines Objektes
14b. Verwendungszweck
Angabe des Verwendungszweckes eines Objektes
15. Zustand
Es ist anzugeben, ob und welche Teile eines Objektes fehlen bzw. beschädigt sind.
16a. Zugangsart
Hier wird die Zugangsart des Objektes angegeben. Diese Kategorie dient dem rechtlichen Besitznachweis eines Objektes.
16b. Zugangsdatum
Angabe des Zugangs- bzw. Erwerbdatums
16c. Zugang von
Unter diesem Aspekt wird der/die Vorbesitzer aufgeführt, in dessen/deren Besitz sich das jeweilige Objekt befand.
17a. Ständiger Aufbewahrungsort
Bezeichnung des dauernden Aufbewahrungsortes eines Objektes
17b. Aktueller Standort
Genaue Bezeichnung des augenblicklichen Verbleibs des Objektes
18. Abbildung
Die Abbildungsnummer ist eine eindeutig der Abbildung zugewiesene Zeichenfolge, die innerhalb eines Museums nur einmal vergeben wird.
19. Beschreibung
Strukturierte Beschreibung des jeweiligen Gegenstandes

20. Literatur

Angabe der Literatur zum Objekt bzw. dazugehörige Vergleichsliteratur

21. Bezüge

Querverweise zu vergleichbaren Objekten, Pendants, Kopien und Ensembles bzw. Hinweis auf Fundzusammenhänge und -umstände und Sammlungen. Die Art der Zusammengehörigkeit soll aufgeführt werden (z.B. Ensemble, Ereignisse, geschlossene Funde etc.).

22. Objektgeschichte

Informationen und Aussagen zur Geschichte des jeweiligen Objektes bzw. Verweise auf Begleitdokumente. Hier sind Angaben zu Auftraggeber, Stifter, Anlaß der Stiftung, früheren Standorten und sonstige Angaben zu Werdegang und Entstehungsgeschichte zu machen.

23. Bemerkungen

Hier sind Informationen, Kommentare und Bemerkungen anzuführen, die nicht durch andere Datenfelder abgedeckt sind.

5. Object ID Checkliste
Getty Information Institute

1. Erstellen Sie Photographien!
Photographien sind von äußerster Wichtigkeit bei der Identifizierung und Wiedererlangung gestohlener Objekte. Ergänzend zur Gesamtaufnahme sollten Detailaufnahmen sowohl der Inschriften, Beschriftungen und Bezeichnungen als auch der Beschädigungen und restaurierten Stellen angefertigt werden. Wenn möglich, sollte ein Maßstab (Skala) oder ein Objekt bekannter Größe mit auf dem Bild abgelichtet sein.

2. Beantworten Sie folgende Fragen:
Art des Objektes (Type of Object)
Um welche Art von Objekt handelt es sich (z.B.: Gemälde, Skulptur, Uhr, Maske)?

Material und Fertigungstechnik (Materials & Techniques)
Aus welchen Materialien besteht das Objekt (z.B.: Messing, Holz, Öl auf Leinwand)?
Wie wurde es angefertigt (z.B.: geschnitzt, gegossen, in Kupfer gestochen)?

Maße (Measurements)
Welche Größe und/oder Gewicht hat das Objekt? Geben Sie die benutzte Maßeinheit (z.B.: cm, inch) und die Maßangaben (z.B.: Höhe, Breite, Tiefe) an.

Beschriftungen und Bezeichnungen (Inscriptions & Markings)
Befinden sich am Objekt irgendwelche Markierungen, Nummern, Inschriften, Beschriftungen oder Bezeichnungen (z.B.: Signaturen, Widmungen, Titel, Markierungen des Herstellers bzw. Erzeugers, Reinigungsspuren oder Besitznachweise) die zur Identifizierung beitragen?

Charakteristische Merkmale bzw. Besonderheiten (Distinguishing Features)
Besitzt das Objekt irgendwelche eindeutige physikalische Kennzeichen, die eine Identifizierung erleichtern (z.B.: Beschädigungen, Restaurierungen oder Herstellungsmängel)?

Titel (Title)
Hat das Objekt einen bekannten Titel an dem es identifiziert werden könnte (z.B.: Der Schrei)?

Inhalt (Subject)
Was ist dargestellt oder abgebildet (z.B.: Landschaft, Schlacht, Frau ein Kind haltend)?

Datierung oder Zeitraum (Date or Period)
Wann wurde das Objekt angefertigt (z.B.: 1893, frühes 17. Jahrhundert, späte Bronzezeit)?

Künstler, Hersteller bzw. Erzeuger (Maker)
Wer hat das Objekt gemacht? Hierbei kann es sich sowohl um den Namen eines bekannten Individuums (z.B.: Thomas Tompion), eine Gesellschaft (z.B.: Tiffany) als auch eine Kultur bzw. kulturelle Gruppe (z.B.: Hopi Indianer) handeln.

3. Fertigen Sie eine kurze Beschreibung an!
Diese kann auch weitere hinzukommende Informationen enthalten, die der Identifizierung des Objektes dienlich sind (z.B.: Farbe und Form des Objektes, Herstellungsort bzw. Herstellungsregion).

4. Die Object ID sicher verwahren
Nachdem Sie das Objekt schriftlich dokumentiert haben, bewahren Sie die angefertigte Object ID Information über das Objekt an einem sicheren Platz auf.

Literaturverzeichnis

AICARC / Schweizerisches Institut für Kunstwissenschaft Zürich (Hg.): Automation takes Command: Art History in the Age of Computers, in: Bulletin of the Archives and Documentation Centers for Modern and Contemporary Art, Vol. 11/12, Nos. 21 & 22, 2/1984 & 1/1985.

AICARC / Schweizerisches Institut für Kunstwissenschaft Zürich (Hg.): Computers and the Future of Art Research: Visions, Problems, Projects, in: Bulletin of the Archives and Documentation Centers for Modern and Contemporary Art, Vol. 14/15, Nos. 25 & 26, 2/1986 & 1/1987.

Niko Alm: Personal Web-Publishing. Möglichkeiten, Bedingungen und Konsequenzen der Publikation privater Inhalte im World Wide Web, Diplomarbeit, Grund- und Integrativwissenschaftliche Fakultät der Universität Wien, 2000.

American Association of Museums (Ed.): Museums for a New Century. A Report of the Commission on Museums for a New Century, Washington, 1984.

Art Information Task Force: Categories for the Description of Works of Art, revised by Jennifer Trant, 1993.

ASC Survey
Museum Collections and Computers. Report of an Association of Systematics Collections Survey, compiled by Lenore Sarasan; A. M. Neuner, University of Kansas, Lawrence, Kansas, 1983.

E. B.: Die Software-Besprechung: Kritisches zu HiDA, in: Museum Aktuell, 1996, Juni, Heft Nr. 10., S. 199–200.

Jana Bahurinska: Múzeum 4, 1996, p. 46–51.

Hermann Bauer: Kunsthistorik. Eine kritische Einführung in das Studium der Kunstgeschichte, München, 3. Auflage, 1989.

Landesstelle für die Nichtstaatlichen Museen beim Bayerischen Landesamt für Denkmalpflege (Hg.): Inventarisation als Grundlage der Museumsarbeit, München, 2. Aufl., 1993.

David Bearman: Automated Systems for Archives and Museums: Acquisition and Implementation Issues, in: Archives and Museum Informatics, Pittsburgh, 1987.

David Bearman (ed.): 1994–1995 Directory of Software for Archives and Museums, in: Archives and Museum Informatics, Pittsburgh, 1994.

Howard Besser; Jennifer Trant: Introduction to Imaging. Issues in Constructing an Image Database, The Getty Art History Information Program, Santa Monica, California, 1995.

Joseph Beuys; Franz Haks: Das Museum: Ein Gespräch über seine Aufgaben, Möglichkeiten, Dimensionen ..., Wangen/Allgäu, 1993.

A. W. Biermann (Hg.): Neue Strukturen für Museen?, Landschaftsverband Rheinland, Köln, 1994.

Stephan Bode: Multimedia in Museen – weder Königsweg noch Guillotine, in: Fast, Handbuch, Opladen, 1995, S. 335–362.

Helmut Börsch-Supan: Kunstmuseen in der Krise. Chancen, Gefährdungen, Aufgaben in mageren Jahren, München, 1993.

Dieter Bogner: Professionelles Management im Museum. Ein Plädoyer für die Einführung grundlegender Managementmethoden und die Entwicklung einer museologischen Managementtheorie, in: D. Rothauer; H. Krämer (Hg.): Struktur & Strategie, 1996, S. 101–113.

Horst Bredekamp: Antikensehnsucht und Maschinenglauben. Die Geschichte der Kunstkammer und die Zukunft der Kunstgeschichte, Berlin, 1993.

Horst Bredekamp: Die digitale Kunstkammer. Ein Interview mit Horst Bredekamp, in: Texte zur Kunst, Juni 1994, 4.Jg., Nr. 14, S. 109–113.

Horst Bredekamp: Metaphern des Endes im Zeitalter des Bildes, in: Heinrich Klotz: Kunst der Gegenwart, Museum für Neue Kunst, ZKM, Zentrum für Kunst- und Medientechnologie Karlsruhe, München; New York, 1997, S. 32–37.

Kunstgeschichte im »Iconic Turn«. Ein Interview mit Horst Bredekamp, s. Hans Dieter Huber und Gottfried Kerscher.

Lo Breier; Ecke Bonk: Panem et Circenses ..., in: D. Rothauer; H. Krämer, Struktur & Strategie, 1996, S. 55–60.

John Brownlee: The Importance of being useful: Museum Automation Evolution, Obstacles, and Strategies, Willoughby Press, Winnetka, Illinois, 1998.

Peter A. Bruck, Hannes Selhofer: Österreichs Content Industry. Bestandsaufnahme & Marktstrategien, Wien, 1997.

Mary Bryden: The Discovery Room, in: Electronic Imaging and the Visual Arts, Conference Proceedings, National Gallery London, 28.07.1993, p. 10–20.

Rebecca A. Buck, Jean Allman Gilmore (Ed.): The New Museum Registration Methods, American Association of Museums, Washington DC, 1998.

Klaus Bulle: Standards beim Aufbau digitaler Bildarchive, Vortrag, Tagung »Digitale Fotografie, Bildbearbeitung und Archivierung«, Museumsverband Schleswig-Holstein, 13.09.1999; »Berliner Herbsttreffen zur Museumsdokumentation«, Fachgruppe Dokumentation im Deutschen Museumsbund, 07.10.1999, (www.museumsbund.de/termine/dmbokt99/bildarchiv.htm)

Canadian Heritage Information Network: Humanities Data Dictionary of the Canadian Heritage Information Network, Documentation Research Group, Museum Services Division, Documentation Research, Publication No. 1, Revision 2, seit 1988 laufend überarbeitet, Aktualisierungen s.: http://www.chin.org

Canadian Heritage Information Network (CHIN): Collection Management Software-Review. An indepth Analysis of 21 Collections Management Software Products, Hull, Quebec, 1997.

Mary Case: What registrars do all day, in: American Association of Museums; Mary Case (Ed.): Registrars on record. Essays on Museum Collections Management, Washington, DC, 1988, p. 13–35.

Ernst Cassirer: Was ist der Mensch? Versuch einer Philosophie der menschlichen Kultur, Stuttgart, 1960.

Peter P. S. Chen: The Entity-Relationship-Model. Toward a unified view of data, in: ACM, Transactions on Database Systems, Vol. 1, 1976, p. 9–36.

CIDOC, Data Model, 1994
Comité International pour la Documentation (CIDOC), Conseil international des musées, International Council of museums (ICOM): CIDOC Data Model, 1994.

CIDOC, Thesauri for Object Names, 1994
Comité International pour la Documentation (CIDOC), Conseil international des musées, International Council of museums (ICOM): The Data and Terminology Working Group: Directory of Thesauri for Object Names, 1994.

CIDOC, Guidelines, 1995
Comité International pour la Documentation (CIDOC), Conseil international des musées, International Council of museums (ICOM): International guidelines for museum object information: the CIDOC information categories, 1995.

CIDOC, Inventarisierung, 1995
Comité International pour la Documentation (CIDOC) Services Working Group, Conseil international des musées, International Council of museums (ICOM): Kurzanleitung Inventarisierung Schritt für Schritt: Ein Objekt wird in die Sammlung aufgenommen, 1993, Deutsche Übersetzung, München, Bern, Wien, 1995.

CIDOC, Objektbeschriftung, 1995
Comité International pour la Documentation (CIDOC) Services Working Group, Conseil international des musées, International Council of museums (ICOM): Beschriftung von Objekten, Deutsche Übersetzung, München, Bern, Wien, 1995.

CIDOC, Nürnberg, 1997
Comité International pour la Documentation (CIDOC), Conseil international des musées, International Council of museums (ICOM): Qualität und Dokumentation. CIDOC Jahrestagung 1997, Conference Proceedings, hg. vom Germanischen Nationalmuseum Nürnberg, Nürnberg, 1997.

CIMI, 1993
Computer Interchange of Museum Information Committee (CIMI); David Bearman; John Perkins: Standards Framework for the Computer Interchange of Museum Information, Museum Computer Network, Silver Spring, First Edition May 1993. s.a.: in: SPECTRA, 1993, Vol. 20, No. 2 und 3.

Guillermo Cisneros; Ana Luisa Delclaux: RAMA – Remote Access to Museum Archives, in: Electronic Imaging and the Visual Arts (EVA'94 London), ed. by James Hemsley; Brameur & Vasari Enterprises, Conference Proceedings, 28. July 1994, p. 2–11.

Anne Claudel: Bibliographie zum Einsatz des Computers bei Sammlungsmanagement und -dokumentation, Materialien aus dem Institut für Museumskunde SMPK, Berlin, H. 47, 1997.

Anne Claudel: Über Netzwerkstrukturen am Beispiel der Datenbank Schweizerischer Kulturgüter, in: H. Krämer; H. John (Hg.), Zum Bedeutungswandel der Kunstmuseen, 1998, S. 154–159.

Karl Clausberg: Am Ende Kunstgeschichte? in: Kunstgeschichte – aber wie? 10 Themen und Beispiele, hg. von der Fachschaft Kunstgeschichte München, Berlin, 1989, S. 259–293.

Hans H. Clemens: Konventionelle und computergestützte Inventarisierung und Katalogisierung in den Museen der DDR, in: Mitteilungen aus dem Museumswesen Baden-Württembergs, Museumsblatt 2, Tübingen, 1990.

Hans H. Clemens: CIDOC-Datenbankerhebung. Einsatz des Computers in Museen der Bundesrepublik Deutschland, Stand: Frühjahr 1992, Schriftenreihe des Instituts für Museumswesen, Berlin, März 1993.

Hans H. Clemens; Christof Wolters: Sammeln, Erforschen, Bewahren und Vermitteln. Das Sammlungsmanagement auf dem Weg vom Papier zum Computer, in: Mitteilungen und Berichte aus dem Institut für Museumskunde Berlin, Staatliche Museen zu Berlin – Preußischer Kulturbesitz, Nr. 6, Juni 1996.

Hans H. Clemens: Systemanalyse und Datenkatalog, Projekt Sammlungsmanagement für kulturgeschichtliche Museen in den neuen Bundesländern, Institut für Museumskunde SMPK Berlin; Konrad-Zuse-Zentrum für Informationstechnik Berlin, Berlin, 1997.

Edward F. Codd: A relational model for large shared databanks, in: Communications of the ACM, Vol. 13, 1970, p. 377–387.

Compania Media (Hg.): Neue Medien in Museen und Ausstellungen, Bielefeld, 1998.

Laura Corti: Data Processing for the History of Art: Problems and Solutions, in: AICARC / Schweizerisches Institut für Kunstwissenschaft Zürich (Hg.): Computers and the Future of Art Research: Visions, Problems, Projects, Vol. 14/15, Nos. 25 & 26, 2/1986 & 1/1987, p. 42–44.

Datenbank Schweizerischer Kulturgüter (Hg.): Informatik und Dokumentation in Museen, Nr. 1, Bern, November 1994.

Datenbank Schweizerischer Kulturgüter (Hg.): Informatik und Kulturgüterdokumentation, Ergänzungen zu Nr. 1 / 1994, Bern, Juni 1995.

Datenbank Schweizerischer Kulturgüter (Hg.): Informations-Kategorien zur Inventarisation mobiler Kulturgüter, Bern, 1996.

Datenbank Schweizerischer Kulturgüter (Hg.): Einführung in die Museumsdokumentation. Übergang zum computergestützten Dokumentationssystem, zusammengestellt von Anne Claudel und Pia Imbach, Bern, überarbeitete Version 1996.

David Dawson; Tony Gill: The MDA Survey of Information Technology in Museums 1996–1997, Cambridge, 1997.

Denkschrift Museen. Zur Lage der Museen in der Bundesrepublik Deutschland und Berlin (West), verfaßt von: Hermann Auer, Kurt Böhner, Gert von der Osten, Wilhelm Schäfer, Heiner Treinen, Stephan Waetzold, Bonn-Bad Godesberg, 1974.

Dorothee Dennert; Hans Walter Hütter: Medieneinsatz im Haus der Geschichte der Bundesrepublik Deutschland, in: H. Krämer; H. John (Hg.): Zum Bedeutungswandel der Kunstmuseen, 1998, S. 138–140.

Robert Denzin: HiDA3 – Reengineering eines Dokumentations- und Inventarisierungssystems, in: EDV-Tage Theuern 1996, Tagungsbericht, Augsburg; Theuern, 1997, S. 64–69.

Walter Dillenz: Kleines ABC des Urheberrechts in der bildenden Kunst, in: Lioba Reddeker, Basis Wien (Hg.): Fälschung, Plagiat, Kopie, Wien, 1999, S. 6–32.

Heinrich Dilly: Die Bildwerfer. 121 Jahre kunstwissenschaftlicher Dia-Projektion, in: Hemken, Handbuch, 1996, S. 134–164.

Direction des musées de France: Système descriptif des objets domestiques français, Paris, 1977.

Direction des musées de France. Bureau de l'informatique et de la recherche: Méthode d'inventaire informatique des objets: beaux-arts et arts décoratifs, Paris, 1995.

Direction du patrimoine. Sous-direction de l'Inventaire général: Système descriptif des objets mobiliers, Paris, 1994.

Wilfred Dörstel: Datenbank und Online-Findmittel im Zentralarchiv des deutschen und internationalen Kunsthandels, in: H. Krämer; H. John (Hg.): Zum Bedeutungswandel der Kunstmuseen, 1998, S. 168–174.

Alexander Doujak; Doris Rothauer: Akrobaten! Über die Praxis des Projektmanagements im Kunstbetrieb, in: D. Rothauer; H. Krämer, Struktur & Strategie, 1996, S. 46–53.

Katharina Erber; Robert Erber: Autorensysteme in der Aufbereitung kunsthistorischer Information, in: Hubertus Kohle (Hg.): Kunstgeschichte digital, Berlin, 1997, S. 41–50.

Peter Eßer: HiDA3, in: Museum Aktuell, 1996, Heft Nr. 10, S. 201–203.

Suzannah Fabing: Facts on File, in: Museum News, March/April, 1991, p. 56–60.

Kirsten Fast (Hg.): Handbuch der museumspädagogischen Ansätze, Berliner Schriften zur Museumskunde, Band 9, Institut für Museumskunde, Opladen, 1995.

Bernd Fesel: Neue Medien und Urheberrecht, in: Lioba Reddeker; Basis Wien (Hg.): Fälschung, Plagiat, Kopie, Wien, 1999, S. 59–71.

Achim W. Feyhl; Eckhardt Feyhl: Management und Controlling von Softwareprojekten, Software wirtschaftlich entwickeln, einsetzen und nutzen, Wiesbaden, 1996.

Myron Flickner; Harpreet Sawhney et. al.: Query by Image and Video Content: The QBIC System in: Computer, 1995, September, Vol 28, No. 9, pp. 23–32.

Nobert Gabriel: Kulturwissenschaften und neue Medien. Wissensvermittlung im digitalen Zeitalter, Darmstadt, 1997.

Anne Gallas: Neue Medien – ein Ersatz für Museumspädagogen? Das Thema im Plenum – Zusammenfassung, in: Berufsfeld Museumspädagogik im Wandel, MPZ, München, 1998, S. 35–38.

Michaela Gaunerstorfer; Gerald Trimmel; Peter E. Chlupac; Georg Kapfhammer (Institut für Zeitgeschichte): Das digitale Bildarchiv für kulturwissenschaftliche Anwendungsbereiche. Von der Idee zur Realisierung, Schriftenreihe der Arbeitsgemeinschaft audiovisueller Archive Österreichs, Band 2, Wien, 1996.

Stefan M. Gergely: Wie der Computer den Menschen und das Lernen verändert, München, 1986.

Alexander Geschke: Nutzung elektronischer Bilder im Museum, Materialien aus dem Institut für Museumskunde, Staatliche Museen zu Berlin – Preußischer Kulturbesitz, Berlin, Heft 42, 1995.

Getty Art History Information Program (Getty AHIP): Categories for the description of works of art, Santa Monica, 1993.

Catherine Gordon: Patterns of User Queries in an ICONCLASS Database, in: Visual Resources, Vol. XII, 1996.

Alice Grant: Putting Spectrum to Work, mda Information, 1998, Vol 3, No. 1 (www.mdocassn.demon.co.uk/info31ag.htm)

Jürgen Gulbins; Markus Seyfried; Hans Strack-Zimmermann: Elektronische Archivierungssysteme. Image-Management-Systeme, Dokument-Management-Systeme, Berlin, Heidelberg, 1993.

Bernd Günter: Museum und Publikum: Wieviel und welche Form der Besucherorientierung benötigen Museen heute? in: Landschaftsverband Rheinland (Hg.): Das besucherorientierte Museum, Köln, 1997, S. 11–18.

Anthony Hamber; James Hemsley: VASARI – An European Approach to Exploring the Use of Very High Quality Imaging Technology to Painting Conservation and Art History Education, in: Archives & Museum Informatics, 1991, p. 276–288.

Hans Robert Hansen: Wirtschaftsinformatik 1. Grundlagen betrieblicher Informationsverarbeitung, Stuttgart, 7. Aufl. 1998.

Hans Robert Hansen: Arbeitsbuch Wirtschaftsinformatik. EDV-Begriffe und Aufgaben, Stuttgart, 5. Aufl. 1997.

Werner Heinrichs: Von der mäzenatischen Förderung zum eigenverantwortlichen Kulturmanagement. Aktuelle Entwicklungen im öffentlichen Kulturbetrieb in Deutschland, in: D. Rothauer; H. Krämer, Struktur & Strategie, 1996, S. 114–123.

Kai-Uwe Hemken (Hg.): Im Bann der Medien. Texte zur virtuellen Ästhetik in Kunst und Kultur. Ein elektronisches Handbuch herausgegeben von Kai-Uwe Hemken im Auftrag des Kunstgeschichtlichen Instituts der Ruhr-Universität Bochum, (CD-ROM), Weimar, 1996.

Ralf-Dirk Hennings (u.a.): Digitalisierte Bilder im Museum, Berliner Schriften zur Museumskunde, Band 14, Opladen, 1996.

Wolfgang Herbst; K.G. Levykin (Hg.): Museologie. Theoretische Grundlagen und Methodik der Arbeit in Geschichtsmuseen, Berlin, 1988.

Laurence Herszberg: Le Marché des Produits Multimédia, in: International Conference on Hypermedia and Interactivity in Museums (ICHIM 97), Conference Proceedings, 03.-05.09.1997 Louvre, Paris, p. 13–17.

Lutz Heusinger: AICARC / Schweizerisches Institut für Kunstwissenschaft Zürich (Hg.): Automation takes Command: Art History in the Age of Computers, in: Bulletin of the Archives and Documentation Centers for Modern and Contemporary Art, Vol. 11/12, Nos. 21 & 22, 2/1984 & 1/1985.

Lutz Heusinger: EDV-gestützte Katalogisierung in großen Museen, Marburg, 1988.

Lutz Heusinger: Marburger Informations-, Dokumentations- und Administrations-System (MIDAS), Bildarchiv Foto Marburg, Deutsches Dokumentationszentrum für Kunstgeschichte Philipps-Universität Marburg/Lahn (Hg.), München, London, New York, Paris, 2. Auflage, 1992.

Jeanne Hogenboom (Bureau voor Informatieverzorging in musea en andere culturele instellingen): Basisregistratie voor collecties, voorwerpen en beeldmateriaal, Rotterdam, 1988.

Hans Dieter Huber; Gottfried Kerscher: Kunstgeschichte im »Iconic Turn«. Ein Interview mit Horst Bredekamp, in: Kritische Berichte, 1/1998, S. 85–93.

John G. Hughes: Objektorientierte Datenbanken, München, Wien, 1992.

Hans Walter Hütter: Zum Einsatz audiovisueller Medien in Kunstmuseen, in: H. Krämer; H. John (Hg.): Zum Bedeutungswandel der Kunstmuseen, 1998, S. 98–101.

ICOM, Chancen und Grenzen, 1986
Hermann Auer (Hg.): Chancen und Grenzen moderner Technologien im Museum. Bericht über ein internationales Symposium, veranstaltet von den ICOM-Nationalkomitees der Bundesrepublik Deutschland, Österreichs und der Schweiz vom 16. bis 18. Mai 1985 am Bodensee, München, 1986.

Institut für Klassische Archäologie der Universität Wien; Institut für Kulturwissenschaft: Projekt Bilddatenbank am Institut für Klassische Archäologie der Universität Wien, unveröffentlichter Abschlußbericht, Wien, 1995.

Institut für Museumskunde, Berlin: Organisation und Kosten des Computereinsatzes bei Inventarisierung und Katalogisierung, Workshop im Konrad-Zuse-Zentrum für Informationstechnik Berlin, 18–19.10.1994, Mitteilungen und Berichte aus dem Institut für Museumskunde, Staatliche Museen zu Berlin Preußischer Kulturbesitz, Nr. 3, 1997.

Institut für Museumskunde der Staatlichen Museen zu Berlin (Hg.): Kunstmuseen und Urheberrecht in der Informationsgesellschaft. Dokumentation einer Arbeitstagung der VG

Bild-Kunst, des Instituts für Museumskunde der Staatlichen Museen zu Berlin – Preußischer Kulturbesitz und der Kulturstiftung der Länder am 12. Juni 1998, in: Materialien und Berichte aus dem Institut für Museumskunde, Berlin, 1999, Nr. 14.

International Organization for Standardization: ISO 5964 : Documentation – Guidelines for the establishment and development of monolingual thesauri, First edition, 1985-02-15.

International Organization for Standardization: ISO 2788 : Documentation – Guidelines for the establishment and development of monolingual thesauri, Second edition, 1986-11-15.

Inventaire général des monuments et des richesses artistiques de la France: Système descriptif des peintures, Paris, 1977.

Inventaire général des monuments et des richesses artistiques de la France: Principes d' analyse scientifique: La sculpture: Méthode et vocabulaire, Paris, 3e éd., 1990.

Inventaire général des monuments et des richesses artistiques de la France: Principes d' analyse scientifique: Le vitrail: Vocabulaire typologique et technique, Paris, 1993.

Istituto centrale per il catalogo e la documentazione (ICCD): Sistema informativo per il catalogo generale dei beni ambientali, architettonici, archeologici, artistici e storici, Ministero per i beni culturali e ambientali, Roma, 1992.

Gerhard Jaritz: Bilder mittelalterlichen »Alltags«, in: Das audiovisuelle Archiv. Informationsblatt der Arbeitsgemeinschaft audiovisueller Archive Österreichs, 1989, Juni, Heft 25, S. 8–18.

James Johnson: The Virtual Endeavor Experiment: A Networked VR Application, in: International Conference on Hypermedia and Interactivity in Museums (ICHIM 97), Conference Proceedings, 03.-05.09.1997, Louvre, Paris, p. 68–74.

Kathy Jones-Garmil: EmbARK, in: Archives and Museum Informatics, 1994, Vol. 8, No. 3.

Karl Jost: Quantity is Quality: The Best Database is Worthless without Data, in: AICARC / Bulletin of the Archives and Documentation Centers for Modern and Contemporary Art, Vol. 14/15, Nos. 25 & 26, 2/1986 & 1/1987, p. 49–50.

Gert Kaiser; Dirk Matejovski; Jutta Fedrowitz (Hg.): Kultur und Technik im 21. Jahrhundert, Frankfurt/Main; New York, 1993.

Suzanne Keene: LASSI: the Larger Scale Systems Initiative, in: Information Services & Use, 1996, Vol. 16, p. 223–236.

Suzanne Keene: Digital Collections. Museums and the Information Age, Oxford, 1998.

Matthias Kehle: Die Rezeption neuer Medien und interaktiver Computersysteme im Museum unter kommunikationswissenschaftlichen Aspekten, Magisterarbeit, Karlsruhe, 1994.

Hans-Jörg Kellner: Die Grundfunktionen des Museums im Blick auf Informationsprobleme, in: Auer, ICOM Symposiumsbericht 1985, S. 32–39.

Friedrich Kittler: »Ich bin von Kopf bis Fuß auf Technik eingestellt« Ein Interview von Gabriele Mackert mit Friedrich Kittler, in: Texte zur Kunst, Juni 1994, 4.Jg., Nr. 14, S. 75–79.

Ralf Klamma: Vernetztes Verbesserungsmanagement mit einem Unternehmensgedächtnis-Repository, Dissertation, Lehrstuhl für Informatik V, RWTH Aachen, 2000.

Hans-Joachim Klein; M. Kehle: Moderne Medien und Besucher – Stand und Ergebnisse der Evaluationsforschung zu interaktiven Computersystemen im Museum, in: Arbeitskreis Museumspädagogik im Museumsverband Schleswig-Holstein (Hg.): Multimedia im Museum, o.O., 1995.

Hans-Joachim Klein: Die Rolle der Besucherforschung bei Medieneinsatz und interaktiven Ausstellungen, in: Museumskunde, 60, 1995.

Daniela Kloock; Angela Spahr: Medientheorien. Eine Einführung, München, 1997.

Ehrenfried Kluckert; Daniela Donzelli-Kluckert: Computer und geisteswissenschaftliche Forschung, Darmstadt, 1990.

Heinz A. Knorr: Inventarisation und Sammlung in den Heimatmuseen, Halle/Saale, 1957.

Walter Koch; Friedrich Waidacher: Museumsinformatik. Modell eines multidimensionalen Dokumentationssystems für Museumsobjekte, in: Neues Museum, hg. vom Österreichischen Museumsbund, 1995, Nr. 3 u. 4, S. 92–102.

Walter Koch: Modernste Museumsinformatik aus Graz, in: Museum Aktuell, 1996, Juni, Heft Nr. 10, S. 204–206.

Stephanie Eva Koester: Interactive Multimedia in American Museums, in: Archives and Museum Informatics Technical Report, o.O., No. 16, 1993.

Hubertus Kohle: EDV in der Kunstgeschichte – neue Entwicklungen, in: Kunstchronik, 49. Jg., Februar 1996, H. 2, S. 53–61.

Hubertus Kohle: Art History digital. Einige Thesen zum innovativen Potential der elektronischen Datenverarbeitung in einer hermeneutischen Wissenschaft, in: Hemken, Handbuch, 1996, S. 351–394.

Hubertus Kohle (Hg.): Kunstgeschichte digital. Eine Einführung für Praktiker und Studierende, Berlin, 1997.

Hubertus Kohle: Elektronisch gestützte Inventarisation: Chancen und Probleme aus kunstwissenschaftlicher Sicht, in: H. Krämer; H. John (Hg.): Zum Bedeutungswandel der Kunstmuseen, 1998, S. 64–67.

Hubertus Kohle: Chiliastische Visionen, in: AKMB-news, Jg. 4, 1998, Nr. 1, S.30–31.

Barbara Kopf: ImageFinder Cultura, Vortragsmanuskript vom 24.09.1996, gehalten anläßlich der Jahreskonferenz des Committee for Education and Cultural Action (CECA) des ICOM in Wien.

Harald Krämer: Gesamtkatalog moderner Kunst im Simeonstift: Künstler- und Werkverzeichnis, in: Dieter Ahrens (Hg.): Der Weg in die Abstraktion, Zeitgenössische Kunst im Museum Simeonstift Trier, Trier, 1986, S. 101–112.

Harald Krämer: Computer im Museum. Ein Aufruf, in: Kunsthistoriker Aktuell. Mitteilungen des österreichischen Kunsthistorikerverbandes, 1993, Jg. 10, Nr. 3.

Harald Krämer: EDV im Museum. Über Kunst und Computer, über Ausstellungsagenturen und Grundlagenforschung, in: Kunsthistoriker Aktuell. Mitteilungen des österreichischen Kunsthistorikerverbandes, 1994, Jg. 11, H. 1, S.1.

Harald Krämer: Trauen Sie ihren Augen und machen Sie sich selbst ein Bild. Über Kunstwerke und Museen im Zeitalter der elektronischen Kommunikation, in: Ausstellungskatalog Aura, hg. von Wiener Secession, Wien, 1994, S. 93–100.

Harald Krämer: The Problems of Registration and Terminology of Contemporary Art, in: Electronic Imaging and the Visual Arts, Conference Proceedings, National Gallery London, 29.07.1994.

Harald Krämer: Is it a Combine Painting or a Material Collage or a Junk Object? About Artworks and Museums in the Age of Electronic Communication, in: Cultures connected. Automating Museums in the Americas and Beyond, Sourcebook of the Annual Meeting of International Council of Museums, Documentation Committee (CIDOC); Museum Computer Network, 28.8.-3.9.1994, Washington D.C., p. 83–87.

Harald Krämer: Galerie im Griechenbeisl 1960–1971. Christa Hauer und Johann Fruhmann: Pioniere der zeitgenössischen Kunstszene in Wien, Wien, 1995.

Harald Krämer: Euphorie und Ernüchterung. Grundlegendes zu einem Einsatz der EDV und Multimedia-Technologie in Museen und Kunstinstitutionen, in: D. Rothauer; H. Krämer (Hg.): Struktur & Strategie im Kunstbetrieb, 1996, S. 62–79.

Harald Krämer: Strukturanalyse von Abläufen in Museen/Bibliotheken mit dem Ziel nachfolgender Computerisierung, in: Elektronische Bildverarbeitung & Kunst, Kultur, Historie, Konferenzband der Electronic Imaging and the Visual Arts Konferenz Berlin, 13.-15. November 1996, V. 11.

Harald Krämer: Irgendwo zwischen Logik und Ikonik. Zur Planung, Entwicklung und Anwendung von Datenbanksystemen in der Kunstwissenschaft und in Museen, in: H. Kohle (Hg.): Kunstgeschichte digital, Berlin, 1997, S. 64–96.

Harald Krämer: Museumsdokumentation in Österreich, in: Qualität und Dokumentation. CIDOC Jahrestagung 1997, hg. vom Germanischen Nationalmuseum Nürnberg, Nürnberg, 1997, Textbeitrag Nr. 1.

Harald Krämer: Chancen und Grenzen der Kommunikationstechnologie und Multimedia als Medium der Vermittlung, in: Zwischen Malkurs und interaktivem Computerprogramm, Internationales Colloquium zur Vermittlungsarbeit an Kunstmuseen, hg. vom Museumsdienst Köln, Schriftenreihe Nr. 2, Köln, 1997, S. 167–172.

Harald Krämer: Institutional Strategies and Structures: Experiences & Reflections, in: Electronic Imaging and the Visual Arts, Conference Proceedings, Florence, 26.03.1998.

Harald Krämer: Die MILIA 1998, in: EIKON, H. 24, 1998, S. 37–38.

Harald Krämer: Museen der Medien. Paderborn, Karlsruhe, Linz – ein Vergleich, in: inform, Museen im Rheinland, 2/98, S. 30–34.

Harald Krämer; Hartmut John (Hg.): Zum Bedeutungswandel der Kunstmuseen. Positionen und Visionen zu Inszenierung, Dokumentation, Vermittlung, Landschaftsverband Rheinland, Rheinisches Archiv- und Museumsamt, Publikation Nr. 4 der Abteilung Museumsberatung, Nürnberg, 1998.

Harald Krämer: Kneippkur, Kollaps oder Karussell. EDV und Multimedia im Museum, in: H. Krämer; H. John (Hg.): Bedeutungswandel, 1998, S. 82–93.

Harald Krämer: Notärzte für die sinnliche Wahrnehmung – Museumsvermittler und Neue Medien (Koreferat), in: Berufsfeld Museumspädagogik im Wandel, MPZ, München, 1998, S. 26–35.

Harald Krämer: Vienna Walk – über den Prototyp eines interaktiven Films, in: Museen im Rheinland, 1/99, S. 13–15.

Harald Krämer; Otmar Moritsch: The Invisible Person: an Interactive Virtual Environment at the Technisches Museum Wien, in: Museums and the Web 1999, New Orleans, Conference Proceedings auf CD-ROM, 1999.

Harald Krämer: Vienna Walk – Chances of Interactive Film for Knowledge Transfer, in: Electronic Imaging and the Visual Arts, Conference Proceedings, Edinburgh, 23.07.1999.

Harald Krämer: Anmerkungen zu CD-ROM und Medienstationen der Ausstellung Kunst und Industrie, Ausstellungskatalog Kunst und Industrie. Die Anfänge des Museums für angewandte Kunst in Wien, Wien, 2000, S. 302–304.

Harald Krämer: A New Methodology for the Documentation of Contemporary Art, in: Electronic Imaging and the Visual Arts, Conference Proceedings, Edinburgh, 28.07.2000.

Harald Krämer; Hartmut John; Claudia Gemmeke (Hg.): Euphorie digital? Aspekte der Wissensvermittlung in Kunst, Kultur und Technologie, Bielefeld, 2001. (in Vorb.)

Helmut Kromrey: Methodische Probleme der Untersuchung von Nutzern von ›outreach‹-Techniken, in: Schuck-Wersig et al., Mulitmedia, 1998, S. 62–69.

Friedrich Krotz: Perspektiven der Kommunikationswissenschaft für die Untersuchung der Publika von Museen – Die neuen Medien und die neuen Publika in der Sicht der Kommunikationswissenschaft und einige Konsequenzen für Museen, in: Schuck-Wersig et al., Multimedia, 1998, S. 42–52.

Bent Kure: Digital Image Database as a Tool in Art History, in: Proceedings of the 1993 Electronic Imaging and the Visual Arts Conference London, 28. July 1993, p. 22–29.

Raymond Kurzweil: Das Zeitalter der Künstlichen Intelligenz, München, Wien, 1993.

Mathilde Lagendijk: Visitor tests in Museon. Short evaluation report, in: Electronic Imaging and the Visual Arts (EVA'93 London), ed. by James Hemsley; Brameur & Vasari Enterprises, Conference Proceedings, 30. July 1993, p. 74–93.

Claude Lapaire: Ein Museumsinventar im Computer. Erste Erfahrungen, in: ICOM, Chancen und Grenzen, 1986, S. 119–124.

Fritz Laupichler: Fotografien, Microfiches, MIDAS und DISKUS: Das Bildarchiv Foto Marburg als Deutsches Dokumentationszentrum für Kunstgeschichte, in: Kai-Uwe Hemken (Hg.): Texte zur virtuellen Ästhetik in Kunst und Kultur, (CD-ROM), Weimar, 1996.

Fritz Laupichler: MIDAS, HIDA, DISKUS – was ist das?, in: AKMB-news, Oktober 1998, Jg. 4, Nr. 2/3, S. 18–24.

Hans-Joachim Lenz: Informationssysteme – der Wirtschaft recht, dem Museum billig? in: Organisation und Kosten des Computereinsatzes bei Inventarisierung und Katalogisierung, Mitteilungen und Berichte aus dem Institut für Museumskunde SMPK, Berlin, Nr. 3, März 1997, S. 33–37.

Robert Lettner: Ausstellungskatalog Wiener Secession (Hg.): Die Kunst ist erlöst. Das Rätsel ist zu Ende. Bilder zur magischen Geometrie, Dialog zwischen Robert Lettner und Harald Krämer, Wien, 1998.

Richard Light: The scope and design of Collections Management Systems, in: Museum Documentation Association (MDA): Collections Management for Museums, Conference of the MDA, Cambridge, 26.-29.09.1987, ed. by D. Andrew Roberts, Cambridge, 1998, p. 48–53.

Barbara Linz: Ansätze zur Inhaltserschließung abstrakter Kunstwerke und Möglichkeiten der Einbindung in MIDAS, Abschlußarbeit, Institut für Information und Dokumentation an der Fachhochschule Potsdam, 2 Bände, 11.10.1996.

Katja Lunau: Über den Nutzen neuer Informationstechnologien in der Kunstgeschichte – Methodenkritische Überlegungen zur Anwendung der elektronischen Datenverarbeitung in der Museumspraxis und der kunsthistorischen Forschung, Magisterarbeit, Johannes Gutenberg Universität Mainz, 1998.

Karl-Ernst Lupprian: Wie modelliert man eine Datenbank? in: EDV- Tage Theuern 1996, Tagungsbericht, Augsburg; Theuern, 1997, S. 57–63.

Rosalind K. Marshall: An Electronic Portrait Gallery for Germany, in: Electronic Imaging and the Visual Arts (EVA'97 Berlin), hg. von Gesellschaft zur Förderung angewandter Informatik Berlin & Vasari Enterprises, Conference Proceedings, 14.11.1997, Vortrag 5, p. 5/1–5/9.

Marshall McLuhan: Die magischen Kanäle, Düsseldorf; Wien, 1992.

Andreas Meier: Relationale Datenbanken. Eine Einführung für die Praxis, Berlin, 2. Aufl., 1995.

Multi-media access to Europe's Cultural Heritage. Memorandum of Understanding, ed. by European Commission, DG XIII-B, 28 Juni 1996.

Multi-media access to Europe's Cultural Heritage. Memorandum of Understanding. Recommendations and Guidellines, ed. by European Commission, DG XIII-B, 4. März 1998.

Andrea Miller-Keller: Le musée comme et comme artefact, in: Les Cahiers du Musée national d'art moderne, 1989, hors-serie, p. 65–72

Museum Documentation Association (MDA): Collections Management for Museums, Conference of the MDA, Cambridge, 26.-29.09.1987, ed. by D. Andrew Roberts, Cambridge, 1998.

Museum Documentation Association (MDA): Terminology for Museums, Conference of the MDA, Cambridge 21.-24.09.1988, ed. by D. Andrew Roberts, Conference Proceedings, Cambridge, 1990.

Museum Documentation Association (MDA): Spectrum: The UK Museum Documentation Standard, compiled and edited by Alice Grant, Cambridge, 1994.

Museumsdienst Köln; Peter Noelke (Hg.): Zwischen Malkurs und interaktivem Computerprogramm. Vorträge des Internationalen Colloquiums zur Vermittlungsarbeit an Kunstmuseen, 2.-5. Mai 1996, Köln, Schriftenreihe des Museumsdienstes Nr. 2, 1997.

Museumsverband für Niedersachsen und Bremen (Hg.): Inventarisieren der Museumsbestände mit der IDM-Karteikarte, Hannover, 1994.

Museums-Pädagogisches Zentrum München (Hg.): Berufsfeld Museumspädagogik im Wandel. Annäherungen – Herausforderungen – Visionen, Dokumentation einer museumspädagogischen Fachtagung, 25.-28.04.1998 in München, veranstaltet vom MPZ München, Komitee für Erziehung und kulturelle Aktion (CECA) im Internationalen Museumsrat (ICOM), München, 1998.

Wolfgang R. Müllner: Computer in der Bildenden Kunst, Hochschule für Musik und Darstellende Kunst Wien, Institut für kulturelles Management, Seminararbeit, 2 Bände, Wien, 1985.

Tobias Nagel: Computer und (Kölner) Museen, in: Kölner Museums-Bulletin, 1992, H. 3, S. 23.

Tobias Nagel: Computer und (Kölner) Museen II, in: Kölner Museums-Bulletin, 1994, H. 2, S. 23–35.

Tobias Nagel: Zur Notwendigkeit einer Ideologiekritik der EDV im Museum, in: Hubertus Kohle (Hg.): Kunstgeschichte digital, 1997, S. 84–96.

Tobias Nagel: EDV-Einsatz in Kölner Museen, in: Zwischen Malkurs und interaktivem Computerprogramm, hg. vom Museumsdienst Köln, Nr. 2, Köln, 1997, S. 173–178.

Tobias Nagel: (Kölner) Stichworte zum Thema Museum und EDV, in: H. Krämer; H. John (Hg.), Zum Bedeutungswandel der Kunstmuseen, 1998, S. 68–81.

Jürgen Nemitz: Das Datenbankprogramm KLEIO, in: Volkskunde in Niedersachsen, 1991, S. 4–17.

Annette Noschka-Roos: Der Einsatz von Bildschirminformationssystemen im Museum. Eine empirische Untersuchung im Deutschen Museum, in: Kirsten Fast (Hg.): Handbuch der museumspädagogischen Ansätze, Berliner Schriften zur Museumskunde, Band 9, Institut für Museumskunde, Opladen, 1995, S. 375–390.

Bildarchiv der Österreichischen Nationalbibliothek; Institut für Kulturwissenschaft: Projekt Bilddatenbank an Porträtsammlung / Bildarchiv / Fideikommißbibliothek der Österreichischen Nationalbibliothek, unveröffentlichter Projektabschlußbericht bestehend aus IST-Analyse, Anhang zur IST-Analyse, SOLL-Konzept und Kurzfassung, Wien, 1996.

Elizabeth Orna; Charles Pettitt (Ed.): Information management in museums, Aldershot, 2. Aufl., 1998.

Susanne Päch: Der Computer als didaktisches Medium im Museum, in: Auer, ICOM Symposiumsbericht, 1985, S. 200–206.

Xavier Perrot: Production des hypermédias et des interactifs multimédias pour les musées, Dissertation, Paris 8, 1995.

Katherine M. Pfaff; Scott Bell; Andrea T. Notman: The EmbARK Trilogy, in: Proceedings of the 1994 Electronic Imaging and the Visual Arts Conference, London, 1994, S. 52–69.

Gerhard Pfennig: Museumspraxis und Urheberrecht. Eine Einführung, Berliner Schriften zur Museumskunde, Band 13, Leverkusen, 1996.

Gerhard Pfennig: Technische und rechtliche Aspekte der Verwaltung von Text- und Bildrechten, in: Hemken, Handbuch, 1996, S. 327–348.

Gerhard Pfennig: Urheberrechtliche Situation der Kunstmuseen in der Informationsgesellschaft, in: Institut für Museumskunde der Staatlichen Museen zu Berlin (Hg.): Kunstmuseen und Urheberrecht in der Informationsgesellschaft, Materialien und Berichte aus dem Institut für Museumskunde, Berlin, 1999, Nr. 14, S. 15–40.

Ulrike Pohler: Neue Medien und Recht, in: Compania Media (Hg.): Neue Medien in Museen und Ausstellungen, Bielefeld, 1998, S. 187–192.

N. Pöllmann; E. Zimmermann: Jenseits von Gutenberg. Die Auswirkungen interaktiver, computergestützter Techniken, in: Medien und Erziehung, 5, 1994.

Andrea Prehn: Das CD-ROM-Angebot deutscher Museen, in: Petra Schuck-Wersig et al.: Multimedia-Anwendungen in Museen, Mitteilungen und Berichte aus dem Institut für Museumskunde, SMPK, Nr. 13, Berlin, 1998, S. 175–194.

Viktor Pröstler: EDV-gestützte Inventarisation und Inventarverbund. Bestandsaufnahme und Perspektive. in: EDV-Tage Theuern, 1991.

Viktor Pröstler: Datenfeldkatalog zur Grundinventarisation. Ein Bericht der Arbeitsgruppe Dokumentation des Deutschen Museumsbundes, Karlsruhe, 1993.

Suzanne Quigley (Ed.): Documentation: Computerized Systems, in: Rebecca A. Buck, Jean Allman Gilmore (Ed.): The New Museum Registration Methods, American Association of Museums, Washington DC, 1998, p. 17–40.

Lioba Reddeker; Basis Wien (Hg.): Fälschung, Plagiat, Kopie. Informationen und Tips zum Urheberrecht in der bildenden Kunst, Wien, 1999.

André Reifenrath: Relation und Realität. Von den Problemen der Informationsabbildung in elektronischen Systemen, in: H. Kohle (Hg.): Kunstgeschichte digital, Berlin, 1997, S. 27–40.

Georg Rempeters: Die Technikdroge des 21. Jahrhunderts. Virtuelle Welten im Computer, Frankfurt/Main, 1994.

Réunion des responsables des musées et institutions Européens et Américains, organisateurs des grandes expositions: Empfehlungen für die Organisation großer Ausstellungen, in: Mitteilungen und Berichte aus dem Institut für Museumskunde SMPK, Berlin, Nr. 9, Juni 1996.

Rheinisches Museumsamt, Bildungsstätte für Museumspersonal (Hg.): Inventarisierung, Schriften des Rheinischen Museumsamtes Nr. 33, Pulheim, 1985.

Landschaftsverband Rheinland, Rheinisches Archiv- und Museumsamt (Hg.): Das besucherorientierte Museum, Tagungsband zum gleichnamigen Kolloquium, Abtei Brauweiler, 11.-12.09.1995, Köln, 1997.

Landschaftsverband Rheinland, Rheinisches Archiv- und Museumsamt (Hg.): Vom Elfenbeinturm zur Fußgängerzone. Drei Jahrzehnte deutsche Museumsentwicklung, Schriften des Rheinischen Museumsamtes Nr. 61, Opladen, 1996.

Christoffer Richartz: Museum, Musentempel und die neuen Medien, in: Fast, Handbuch, Opladen, 1995, S. 329–334.

Andrew Roberts; Richard B. Light: Museum Documentation: Progress in Documentation, in: Journal of Documentation, 03, 1980.

Doris Rothauer; Harald Krämer (Hg.): Struktur & Strategie im Kunstbetrieb. Tendenzen der Professionalisierung, Wien, 1996.

Oliver Rump: Museums-Informations-Management oder Flut an Daten, aber Mangel an Informationen im Museum? in: Giesela und Rolf Wiese (Hg.): Museumsmanagement. Eine Antwort auf schwindende Finanzmittel, Schriften des Freilichtmuseums am Kiekeberg, Bd. 16, Ehestorf, 1994, S. 129–141.

Oliver Rump: EDV im Museum. Einsatzmöglichkeiten der Elektronischen Datenverarbeitung im kulturhistorischen Museum, Schriften des Freilichtmuseums am Kiekeberg, hg. von Rolf Wiese, Ehestorf, 1994.

Klaus Ruwisch: Systemanalyse zur EDV-gestützten Bestandserschließung in kleinen und mittleren Museen, Westfälisches Museumsamt Münster, Münster, 1992.

Klaus Ruwisch: Leserbrief (als Entgegnung zu E. B.: Die Software-Besprechung: Kritisches zu HIDA), in: Museum Aktuell, 1996, September, S. 315.

Lenore Sarasan: Why Museum Computer Projects Fail, in: Museum News, March-April 1981, Vol. 59, Nr. 4, p. 40–43, erneut abgedruckt in: Anne Fahy (Hg.): Collections Management, London; New York, 1995, p. 187–197.

Lenore Sarasan: What makes Multi Mimsy 2000 so different?, Willoughby Press, Winnetka, Illinois, 1997.

Lenore Sarasan; Kevin Donovan: The Next Step in Museum Automation: Staging Encounters with Remarkable Things (or, more prosaically, the Capture, Management, Distribution and Presentation of Cultural Knowledge On-Line, Willoughby Press, Winnetka, Illinois, 1998.

Carlos Saro; Christof Wolters: EDV-gestützte Bestandserschließung in kleinen und mittleren Museen. Bericht zum Projekt „Kleine Museen" für den Zeitraum 1984–1987, Materialien aus dem Institut für Museumskunde SMPK, Berlin, Heft 24, 1988.

Franz Sattlecker: Schloß Schönbrunn. Ein privatwirtschaftliches Unternehmen, in: D. Rothauer; H. Krämer, Struktur & Strategie, 1996, S. 143–154.

Hermann Schäfer: Wie besucherorientiert darf/muß ein Museum sein? Das Beispiel des Hauses der Geschichte der Bundesrepublik Deutschland als Museum für Zeitgeschichte in: Landschaftsverband Rheinland (Hg.): Das besucherorientierte Museum, 1997, S. 91–97.

Regine Scheffel: Positionspapier zu Tätigkeitsbereich und Berufsbild in der Museumsdokumentation, in: Mitteilungen und Berichte aus dem Institut für Museumskunde SMPK, Berlin, Nr. 10, 1997.

Fritz Scheuch: Kommunikationspolitik für Bildende Kunst, in: D. Rothauer; H. Krämer, Struktur & Strategie, 1996, S. 38–45.

Arbeitskreis Museumspädagogik im Museumsverband Schleswig-Holstein (Hg.): Multimedia im Museum, o.O., 1995.

Marilyn Schmitt: What do Art Historians do when they do Research?, in: AICARC / Schweizerisches Institut für Kunstwissenschaft Zürich (Hg.): Computers and the Future of Art Research: Visions, Problems, Projects, Vol. 14/15, Nos. 25 & 26, 2/1986 & 1/1987, p. 60–61.

Marilyn Schmitt (Ed.): Object. Image. Inquiry. The Art Historian at Work, Santa Monica, 1988.

Joseph Schmucker-von Koch: Bilderflut und Bildverlust. Philosophische Anmerkungen zur Multimedia-Welt, in: EDV-Tage Theuern 1996, Tagungsbericht, Augsburg; Theuern, 1997, S. 7–15.

Herbert Schober; Michael Schulte-Derne: Freiheit im Kontext strategischer Orientierung. Die Steuerung von Organisationen durch Strategisches Management, in: D. Rothauer; H. Krämer, Struktur & Strategie, 1996, S. 27–37.

Ernst Schuberth: Erziehung in einer Computergesellschaft. Datentechnik und die werdende Intelligenz des Menschen, Stuttgart, 1990.

Ernst Schuberth: Mit dem Computer leben, in: Soziale Hygiene, 1990, Merkblatt Nr. 139.

Petra Schuck-Wersig; Gernot Wersig; Andrea Prehn: Multimedia-Anwendungen in Museen, Proceedings des internationalen Workshops: Museumsbesuch im Multimedia-Zeitalter: Wie werden die Neuen Medien die Optionen der Museen verändern? 22.-23.05.1997 im Institut für Museumskunde Berlin, Mitteilungen und Berichte aus dem Institut für Museumskunde, SMPK, Nr. 13, Berlin, 1998.

Albert Schug: Systeme für eine Computerdokumentation im Kunstmuseum, in: Auer, ICOM Symposiumsbericht 1985, S. 125–130.

Claudia Schulze: Multimedia im Museum: Standpunkte und Perspektiven interaktiver digitaler Systeme im Ausstellungsbereich, Diplomarbeit, Medienstudiengang Universität Siegen, 2000.

Datenbank Schweizerischer Kulturgüter (Hg.): Einführung in die Museumsdokumentation. Übergang zum computergestützten Dokumentationssystem, Kursbeilage, Bern, September 1994.

Werner Schuchow: Verschiedene betriebswirtschaftliche Ansätze und Instrumente zur Verbesserung von Leistungsfähigkeit und Effizienz in Museen, in: Institut für Museumskunde (Hg.): Organisation und Kosten des Computereinsatzes bei Inventarisierung und Katalogisierung, Mitteilungen und Berichte aus dem Institut für Museumskunde SMPK, Berlin, Nr. 3, März 1997, S. 7–32.

Ulrich Sigor: Eine Mißgeburt der Postmoderne: Thesen zur Informationsgesellschaft, in: Informatik Forum, hg. von Forschungsgesellschaft für Informatik, Bd. 12, Nr. 2, August 1998, S. 105–109.

Social History and Industrial Classification (SHIC), ed. by Centre for English Tradition and Language, University of Sheffield, Sheffield, 1983; Neuauflage ed. by Museum Documentation Association (MDA), Cambridge, 1993.

Software-Vergleich Museumsdokumentation 1998. Ein Bericht der Arbeitsgruppe Software-Vergleich in der Fachgruppe Dokumentation beim Deutschen Museumsbund, hg. von Westfälisches Museumsamt, Münster, Landschaftsverband Westfalen-Lippe; Institut für Museumskunde, Staatliche Museen zu Berlin – Preußischer Kulturbesitz Berlin, Materialien aus dem Westfälischen Museumsamt Bd. 2, Münster, 1998.

Angela Spinazze: Collaboration, consensus and community: CIMI, museums and the Dublin Core, in: Cultivate Interactive, issue 1, www.cultivate-int.org/issue1/cimi/

Gabriele Staarmann: Museumsfilialen? Kunst auf CD-ROM, in: Zwischen Malkurs und interaktivem Computerprogramm, hg. vom Museumsdienst Köln, Schriftenreihe Nr. 2, Köln, 1997, S. 179–183.

Gert Stanke: Pattern Coding Retrieval for Puzzling of Archaeological Objects, in: Electronic Imaging and the Visual Arts, Conference Proceedings, National Gallery London, 29.07.1993, p. 58–66.

Ralf Steinmetz: Multimedia-Technologie. Grundlagen, Komponenten und Systeme, Heidelberg, 2. Aufl. 1999.

Wilhelm Steinmüller: Informationstechnologie und Gesellschaft. Einführung in die Angewandte Informatik, Darmstadt, 1993.

Jane Sunderland; Lenore Sarasan: Checklist of Automated Collections Management System Features or, how to go about selecting a system, in: Museum Documentation Association (MDA): Collections Management for Museums, Conference of the MDA, Cambridge, 26.-29.09.1987, ed. by D. Andrew Roberts, Cambridge, 1988, p. 54–81.

Jane Sunderland; Lenore Sarasan: Was muß man alles tun, um den Computer im Museum erfolgreich einzusetzen? Materialien aus dem Institut für Museumskunde SMPK Berlin, Heft 30, Berlin, 1990.

Manfred Thaller: CLIO. Einführung und Systemüberblick, Göttingen, 1983.

Manfred Thaller: kleio 3.1.1. Ein Datenbanksystem, St. Katharinen, 1989.

Thesaurus Kultur. Internationaler Thesaurus für kulturelle Entwicklung, hg. von der Deutschen, Österreichischen und Schweizerischen Unesco-Kommission, 2. verk. Aufl., Bonn, Wien, 1992.

EDV Tage Theuern 1989–1999, Tagungsberichte, hg. vom Bergbau- und Industriemuseum Ostbayern, Schloß Theuern, D-92245 Kümmersbruck.

Jacques Thuillier: Histoire de l'Art et Informatique: Quel Avenir?, in: AICARC / Schweizerisches Institut für Kunstwissenschaft Zürich (Hg.): Computers and the Future of Art Research: Visions, Problems, Projects, in: Bulletin of the Archives and Documentation Centers for Modern and Contemporary Art, Vol. 14/15, Nos. 25 & 26, 2/1986 & 1/1987, p. 5–8.

Stephen Toney: Planning techniques for collections information systems, in: Museum Documentation Association (MDA): Collections Management for Museums, Conference of the MDA, Cambridge, 26.-29.09.1987, ed. by D. Andrew Roberts, Cambridge, 1988, p. 82–87.

Walter Trachsler: Systematik kulturhistorischer Sachgüter, Eine Klassifikation nach Funktionsgruppen zum Gebrauch in Museen und Sammlungen, Bern; Stuttgart, 1979.

Hans-Albert Treff: Neue Medien – ein Ersatz für Museumspädagogen? (Impulsreferat), in: Berufsfeld Museumspädagogik im Wandel, MPZ, München, 1998, S. 21–25.

Heiner Treinen: Das Museum als kultureller Vermittlungsort in der Erlebnisgesellschaft, in: Vom Elfenbeinturm zur Fußgängerzone, Landschaftsverband Rheinland, Rheinisches Archiv- und Museumsamt (Hg.), Schriften des Rheinischen Museumsamtes Nr. 61, Opladen, 1996, S. 111–121.

William Vaughan: Computergestützte Bildrecherche und Bildanalyse, in: H. Kohle (Hg.): Kunstgeschichte digital, Berlin, 1997, S. 97–105.

Kim Henry Veltman: Computers and the Importance of Culture, in: Informatik Forum, hg. von Forschungsgesellschaft für Informatik, Bd. 12, Nr. 2, August 1998, S. 76–82.

Kim Henry Veltman: New Media and Transformations in Knowledge, in: H. Krämer; H. John; C. Gemmeke (Hg.): Euphorie digital?, 2001.

Friso Visser: European Museum Network, an interactive Multimedia Application for the Museum Visitor, in: Electronic Imaging and the Visual Arts (EVA'93 London), ed. by James Hemsley; Brameur & Vasari Enterprises, Conference Proceedings, 30. July 1993, p. 59–72.

Friso Visser; Mathilde Lagendijk: Examples of EMN screens, in: Electronic Imaging and the Visual Arts (EVA'93 London), ed. by James Hemsley; Brameur & Vasari Enterprises, Conference Proceedings, 30. July 1993, p. 95–105.

Gottfried Vossen: Datenmodelle, Datenbanksprachen und Datenbank-Management-Systeme, Bonn, 2. Aufl. ,1994.

Stephan Waetzoldt: Museum und Datenverarbeitung. Zum Bericht der Arbeitsgruppe Museumsdokumentation, in: Museumskunde, 40. Bd, 1971.

Friedrich Waidacher: Handbuch der allgemeinen Museologie, Mimundus Bd. 3, Wissenschaftliche Reihe des Österreichischen Theatermuseums, hg. von Oskar Pausch, Wien; Köln; Weimar, 1993.

Friedrich Waidacher: Vom redlichen Umgang mit Dingen. Sammlungsmanagement im System musealer Aufgaben und Ziele, in: Mitteilungen und Berichte aus dem Institut für Museumskunde SMPK, Berlin, Nr. 8, Januar 1997.

Gernot Wersig: Thesaurus-Leitfaden, 2. ergänzte Auflage, Leipzig; München u.a., 1985.

Gernot Wersig: Museums for Far Away Publics: Frameworks for a New Situation, in: Petra Schuck-Wersig et al.: Multimedia-Anwendungen in Museen, Mitteilungen und Berichte aus dem Institut für Museumskunde, SMPK, Nr. 13, Berlin, 1998, S. 10–18.

Wiener Secession: Kunst ohne Grenzen. Das Archiv der Wiener Secession, unveröffentlichter Projektbericht zur Strukturanalyse, angefertigt von Harald Krämer, Wien, 1998.

Giesela und Rolf Wiese (Hg.): Museumsmanagement, Eine Antwort auf schwindende Finanzmittel, Schriften des Freilichtmuseums am Kiekeberg, Bd. 16, Ehestorf, 1994.

Reinhard Wilhelm: Informatik, Grundlagen, Anwendungen, Perspektiven, München, 1996.

David W. Williams: A Guide to Museum Computing. American Association for State and Local History, Nashville, Tennessee, 1987.

Christof Wolters: Einsatz des Computers für Dokumentationszwecke im Museum, in: Rheinisches Museumsamt, Bildungsstätte für Museumspersonal (Hg.): Inventarisierung, Schriften des Rheinischen Museumsamtes Nr. 33, Pulheim, 1985, S. 53–61.

Christof Wolters: Wie muß man seine Daten formulieren bzw. strukturieren, damit ein Computer etwas Vernünftiges damit anfangen kann? Materialien aus dem Institut für Museumskunde SMPK, Berlin, H. 33, 1991.

Christof Wolters, Grundsätzliche Fragen der Wirtschaftlichkeit beim Projektmanagement. Manuskript zum Vortrag für die Fachgruppe Dokumentation im Deutschen Museumsbund am 17.5.1995.

Christof Wolters: Computereinsatz im Museum. Normen und Standards und ihr Preis, Mitteilungen und Berichte aus dem Institut für Museumskunde SMPK, Berlin, Nr. 1, Juli 1995.

Christof Wolters: Das Management und der Computer. Manuskript des Vortrages gehalten für Internationale Sommerakademie Potsdam-Sanssouci am 26. Juli 1995.

Achim Zechner; Gudula Feichtinger; Eckart Holzinger: Handbuch Internet, Wien, 1997.

Hans L. Zetterberg: Museums and Adult Education, London, 1968.

Jürgen Zimmer: Kunstforschung – Kunstwissenschaft – Kunstgeschichte – CyberArtHistory?, in: AKMB-news, Jg.3, 1997, Nr. 3, S. 3–12 .

Markus Zürcher: Zwischen Verfechtern und Verächtern: Die Datenbank Schweizerischer Kulturgüter (DSK) 1992–1997, in: Bulletin, Schweizerische Akademie der Geistes- und Sozialwissenschaften, 1997, H. 4, S. 8–14.

Glossar

Obwohl die in der vorliegenden Publikation angegebenen URLs und Internet-Adressen vor Drucklegung nochmals überprüft worden sind, kann aufgrund der permanenten Fluktuation von Adressen im www für die Aktualität keine Gewähr gegeben werden.

AAT
Art & Architecture Thesaurus – Getty Information Institute (GII)
http://shiva.pub.getty.edu/aat_browser/
Der AAT ist ein strukturierter Thesaurus, der Begriffe und Synonyme zur Beschreibung und Dokumentation von mobilen und immobilen Kulturgütern, Kunst und Architektur beinhaltet. Der AAT unterstützt hierarchische, assoziative, äquivalente Suchstrukturen und umfaßt ca. 125.000 Begriffe, die hauptsächlich der westlichen Kultur entstammen.
Kontakt: AAT@getty.edu

ADAM
The Art, Design and Media Gateway
www.adam.ac.uk
Hinter ADAM verbirgt sich ein redaktionell bearbeiteter Katalog mit über 2.500 ausgewählten Internetadressen zu bildender und angewandter Kunst, Architektur, Design, Medien, Theorie und Museologie. Das Besondere hieran sind, neben der guten Auswahl und den differenzierten Suchmöglichkeiten, die prägnanten Kommentare. Als Partner im ADAM Konsortium waren u.a. auch die Glasgow School of Art, The Tate Gallery und das Birkbeck College der University of London vertreten.
Kontakt: adam@adam.ac.uk

AHDS
Arts and Humanities Data Service
www.ahds.ac.uk
Der AHDS, ein nationaler Dienst, bietet seit 1996 eine übergreifende Plattform, in der wissenschaftliche digitale Dokumente aus der Kunst und den Geisteswissenschaften in Form von Texten, Bildern und Hyperlinks gesammelt, verwaltet und ihre Wiederverwendung unterstützt werden. Dem Dienst angeschlossen sind u.a. The Oxford Text Archive, der Performing Arts Data Service und der Visual Arts Data Service (inclusive ADAM). Für die Identifikation und Durchsetzung gemeinsamer Standards werden Richtlinien erarbeitet und veröffentlicht.
Kontakt: info@ahds.ac.uk

AKMB

Arbeitsgemeinschaft der Kunst- und Museumsbibliotheken

www.uni-duesseldorf.de/ulbd/akmb/

Die AKMB entstand 1995 als erweiterte Arbeitsgemeinschaft der AKB (Arbeitsgemeinschaft der Kunstbibliotheken) mit dem Ziel, zentrale Arbeitsbereiche der Kunst- und Museumsbibliotheken wie Erwerbung, Katalogisierung und Benutzung durch Erfahrungsaustausch und Information zu optimieren. In einzelnen Fachgruppen werden von Experten spezielle Themen des bibliothekarischen Alltags wie z. B. EDV-Einsatz, Katalogisierung, Schlagwortnormdatei und Neuerwerbung diskutiert und die Ergebnisse den Mitgliedern zur Verfügung gestellt. Bisher sind 200 Institutionen bzw. Personen Mitglied der AKMB, die über die AKMB-news regelmäßig informiert werden.

Kontakt: Christine Schaper, Historisches Museum Frankfurt/Main:
christiane.schaper@stadt-frankfurt.de

AMICO

Art Museum Image Consortium

www.amico.org

AMICO ist ein 1997 erfolgter Zusammenschluß zumeist nordamerikanischer Museen, die gemeinsam eine Non-Profit-Organisation bilden. Primäres Ziel dieses Konsortiums ist es, das vorhandene Bildmaterial über eine Datenbank zu Unterrichts- und Lehrzwecken allen Interessierten zur Verfügung zu stellen. Mehr als 50.000 Kunstwerke aus über 30 Kunstmuseen werden gegenwärtig mit ihren Kerndaten, kurzen Kommentaren und der Angabe der Nutzungsrechtinhaber verwaltet. Eine virtuelle Bibliothek rundet das Angebot ab. AMICO ist durchaus als Bildagentur für Kunstmuseen zu betrachten.

Kontakt: Jennifer Trant: jtrant@amico.org oder Samuel Sachs: sachs@frick.org

AMN

Art Museum Network

www.AMN.org

Seit 1996 verwaltet Art Museum Network Links zu den Websites von über 200 internationalen Museen. Die Linkliste ist hierbei nach den Eigennamen der Institutionen und nicht nach den Standorten sortiert. Desweiteren können Informationen über Sammlungen, Ausstellungen und Dienstleistungen mit Suchbegriffen gefunden werden.

Kontakt: webmaster@artmuseumnetwork.org

Aquarelle

http://aquarelle.inria.fr/

Im EU Projekt Aquarelle wurden in erster Linie Standards entwickelt und die notwendige Infrastruktur für den Datenaustausch kultureller Institutionen geschaffen. Hieran waren unter der Leitung des European Research Consortium for Informatics and Mathematics u.a. die Kulturministerien von Frankreich und Griechenland, Museum Documentation Association und Fratelli Alinari beteiligt.

Kontakt: Alain.Michard@inria.fr

Artcyclopedia

http://www.artcyclopedia.com/

Im ersten Eindruck scheint es sich bei der 1999 gegründeten Artcyclopedia nur um eine Suchmaschine zu handeln, die auf Kunst spezialisiert ist. Bis März 2000 wurden bereits 700

Sites aus dem Kunstbereich, sowie 24.000 direkte links zu 80.000 Werken von 7.000 Künstlern in den Index aufgenommen. Es werden nur die Künstler katalogisiert, von denen bereits Werke in eine Museumssammlung aufgenommen wurden. Doch hinter Artcyclopedia steckt ein raffiniertes Konzept zur online Vermarktung von Kunstwerken, Ausstellungen und Künstlern.
Kontakt: jmalyon@artcyclopedia.com

Artgate
www.daton.de/artgate
Artgate ist ein freies, unkommerzielles Projekt, das mit einer angenehmen graphischen Gestaltung der Vermittlung und Weiterentwicklung von künstlerischen Ausdrucksformen in den digitalen Medien dient. In Zusammenarbeit mit seinem Kooperationspartner artthing.de und unter der Schirmherrschaft des Vereins zur Förderung der Vermittlung von Kunst in digitalen Medien e.V., Köln, stellt artgate nicht nur feine links, sondern auch eine Plattform für Ausstellungen, Präsentationen und Projekten zu Verfügung.
Kontakt: info@daton.de oder artgate@daton.de

ARTWEB
http://guagua.echo.lu/info2000/en/mm-projects/artweb.html
ARTWEB könnte als europäischer Versuch, die Idee des AMICO Konsortiums aufzubauen interpretiert werden, da Giraudon (Paris), Bildarchiv Preussischer Kulturbesitz (Berlin) und The Bridgeman Art Library (London) hieran beteiligt sind. ARTWEB, ein INFO2000 Projekt der EU, ist einerseits als ›virtuelle Bildagentur‹ zu verstehen, dient aber andererseits auch als Modellfall von Intellectual Property Rights-Richtlinien.
Kontakt: Lewis Orr, The Bridgeman Art Library: Lewis@bridgeman.co.uk

AVICOM
Audiovisuel ICOM
http://mirror-us.unesco.org/webworld/avicomfaimp/avicom.htm
AVICOM ist ein 1991 gegründetes internationales Komitee von ICOM. Die Aufgabe des Komitees ist es, über die Einsatzmöglichkeiten von audiovisuellen Medien und neuen Technologien in Bereichen wie Vermittlung und Informationsmanagement zu informieren.
Kontakt: jm.humbert@wanadoo.fr

Bases du données, documentation
Toutes les bases
http://www.culture.gouv.fr/
Die Website des französischen Kulturministeriums enthält gut zusammengestellte und präsentierte Informationen und ein Verzeichnis von links zu den wichtigsten französischen Institutionen, Museen, Datenbanken und Archiven, wie z. B. Archidoc, Joconde, Arcade und Réunion des musées nationaux.
Kontakt: raphael.loison@culture.gouv.fr

CECA
Commitee for Education and cultural action
http://www.imj.org.il/ceca/
CECA ist ein Komitee von ICOM, das sich mit sämtlichen Aspekten der Kommunikation und Vermittlung in Museen auseinandersetzt, mit dem Ziel, Erfahrungen und Informatio-

nen über Themen und Ideen der Vermittlung auf internationaler Ebene auszutauschen. CECA publiziert einen Newsletter und einen Jahresbericht mit dem Titel ICOM Education. Kontakt: Nicole Gesché: apgesche@aol.com

CHIN
Canadian Heritage Information Network
www.chin.gc.ca
CHIN ermöglicht über eine Plattform Zugang zu den Sites sämtlicher Museen in Kanada und bietet zusätzlich Informationen über aktuelle Ausstellungen, Events etc. Das Angebot richtet sich sowohl an Museumskollegen, Universitäten, Lehrer und Schüler als auch an Touristen. Ein Schwerpunkt ist das Thema „Lernen mit dem (virtuellen) Museum" und beinhaltet u.a. als Computerspiel eine virtuelle Schatzsuche durch 23 Museen Kanadas. Unbedingt zu beachten ist der Collections Management Software Review, dessen 3. Auflage gegenwärtig in Vorbereitung ist.
Kontakt: service@chin.gc.ca

CHIO II
Cultural Heritage Information Online
www.cimi.org/projekts
CHIO II ist ein Nachfolgeprojekt des bereits abgeschlossenen Projekts CHIO, das zur Entwicklung von Standards für die Datenstrukturierung und Datensuche (z. B. SGML und Z39,50) von CIMI ins Leben gerufen wurde. Innerhalb des Projekts CHIO II soll eine Demoversion erarbeitet werden, in der die entwickelten Standards getestet und erweitert werden sollen.
Kontakt: info@cimi.org

CIDOC
Comité international pour la documentation
www.cidoc.icom.org
CIDOC ist eine Unterorganisation von ICOM (International Council of Museum) mit über 750 Mitgliedern in 60 Ländern. CIDOC versteht sich als die zentrale Anlaufstelle für die vielfältigen Belange der Dokumentation im Museum. Hierzu gehören sowohl Standards und Normen, Datenfeldkataloge als auch Aspekte der Vermittlung von Informationen durch die Instrumente der Multimedia- und Kommunikationstechnologie. Aufgrund der starken Bereitschaft zur Mitarbeit konnte CIDOC in vielen internationalen Projekten weltweite Anerkennung erringen.
Kontakt: Patricia Young: pyoung@chin.gc.ca

CIMI
Consortium for the Computer Interchange of Museum Information
www.cimi.org / www.cni.org/pub/CIMI
Das 1990 gegründete CIMI entwickelt Prototypen und Standards für Museumsinformationssysteme im Internet. Ziel ist es, Standards für die Strukturierung von Daten, die die Suche und den Zugriff auf Daten erleichtern, und eine anwenderfreundliche Navigation zu entwickeln.
Kontakt: John Perkins: jperkins@fox.nstn.ns.ca

DC
Dublin Core Metadata Project
www.purl.oclc.org/dc/
Zu den Projekten von CIMI zählt neben CHIO II auch das Dublin Core Metadata Project. Für das Projekt Dublin Core wurden 15 Überbegriffe zum Datenaustausch digitaler Vorlagen entwickelt. Ein Teil dieser Begriffe beschreibt die Bildvorlage durch Widergabe von Kerndaten und Schlagwörtern bestehender Regelwerke, z.b. Thesaurus of geographic names. Die anderen Begriffe sind als Metadaten zu verstehen, die der Klassifizierung und Identifizierung des digitalen Dokumentes dienen. Dies gilt sowohl für technische Normen, als auch für Urheberrechtsinformationen (IPR). Das Ziel ist die Schaffung eines global anerkannten Standards zur einheitlichen Dokumentation auch innerhalb unterschiedlicher Institutionen wie Museen, Archive oder Regierung.
Kontakt: Erin Stewart: estewart@mail.airmail.net; Klaus Bulle: Bulle@t-online.de

DHM
Deutsches Historisches Museum
www.dhm.de
Die Website des Deutschen Historischen Museums enthält, neben Informationen über das Museum selbst, eine gut sortierte Linkliste von Museen.
Kontakt: Wolfgang Röhrig: roehrig@dhm.de

DISKUS
Digitales Informationssystem für Kunst- und Sozialgeschichte
http://www.fotomr.uni-marburg.de/forA.htm
Auf Initiative des Bildarchivs Foto Marburg erarbeiten etwa 50 europäische Museen und Institutionen wie Landesdenkmäler und kunsthistorische Universitätsinstitute unter dem Namen DISKUS eine gemeinsame Datenbank zur Kunst- und Sozialgeschichte. Die Datenerfassung basiert auf dem gemeinsamen Regelwerk MIDAS. Die beteiligten Institute haben Zugriff auf die Gesamtdatenbank, die vierteljährlich aktualisiert wird. Außerdem werden die Bestandskataloge einzelner Museen auf CD-ROMs veröffentlicht.
Kontakt: Lutz Heusinger: bildarchiv@fotomr.uni-marburg.de

DMB
Deutscher Museumsbund – Fachgruppe Dokumentation
http://www.museumsbund.de/
Die Fachgruppe Dokumentation des Deutschen Museumsbundes bietet ein Forum für den Informations- und Erfahrungsaustausch über Dokumentation und Verwaltung von Sammlungen. In Arbeitsgruppen werden Themen wie Softwarevergleich, Regelwerke und Fortbildung diskutiert; die Protokolle und Ergebnisse dieser Tagungen sind im Internet veröffentlicht. Desweiteren finden sich gezielte links zu anderen Organisationen, die sich mit Dokumentation beschäftigen. Die AG Multimedia und Electronic Publishing befaßt sich mit der Entwicklung von Multimedia Anwendungen und diskutiert Fragen zur digitalen Dokumentation und Präsentation von Objekten, zum Copyright. Gegenwärtig werden Beurteilungskriterien für die Qualität von Multimedia-Anwendungen erstellt.
Kontakt: Monika Hagedorn-Saupe, Institut für Museumskunde, Berlin: m.hagedorn@smb-spk-berlin.de
Kontakt: Thilo Martini, Rheinisches Archiv- und Museumsamt Brauweiler: t.martini@mail.lvr.de

eLIB

Electronic Libraries Programme

http://ukoln.bath.ac.uk/services/elib/

eLIB besteht aus 60 Projekten, die das Ziel verfolgen, die Informationen der Bibliotheken Englands für Bibliothekare und für Nutzer optimal verfüg- und vernetzbar zu machen. Auch das bereits erwähnte Projekt ADAM und die Zeitschrift Ariadne gehören hierzu. http://www.ariadne.ac.uk/.

Kontakt: elib@jisc.ac.uk

EMII

Europäisches Museums-Informationsinstitut

http://www.emii.org

EMII, ein von der EU gefördertes Projekt, soll die Vernetzung und den Informationsaustausch europäischer Museen unterstützen. Geplant ist die Bestandsaufnahme und Weiterentwicklung technischer und struktureller Standards der Informationsspeicherung und –aufarbeitung mit dem Ziel, einen gemeinsamen Informationsaustausch zu erleichtern. Zu den Partnern gehören u.a. Bureau IMC, Museum Documentation Association und Institut für Museumskunde der Staatlichen Museen zu Berlin.

Kontakt: Christina Brown: c.brown@emii.org

EVA

Electronic and Imaging in the Visual Arts

www.vasari.co.uk/eva

Die regelmäßig stattfindenden EVA-Konferenzen dienen einerseits der Zusammenführung von Firmen und kulturellen Institutionen und andererseits der Vorstellung aktueller Projekte. Ein Schwerpunkt liegt hierbei auf den Workshops und dem EU-Tag, der es den Teilnehmern ermöglicht, Informationen über laufende EU-Projekte zu erhalten. Die EVA-Konferenzen werden seit 1990 von Vasari in Zusammenarbeit mit regionalen Partnern organisiert. Für den deutschsprachigen Raum hat sich die EVA in Berlin etabliert.

Kontakt: James Hemsley: jamesrhemsley@cix.co.uk

Kontakt für EVA Berlin: Gerd Stanke: stanke@gfai.de

Kontakt für EVA Florenz: Vito Cappellini: cappellini@ingfi1.ing.unifi.it

Evit@

Evaluation elektronischer Informationsmittel

http://www.fbi.fh-koeln.de/fachbereich/projekte/evit@/Evit@001.htm

Evit@ ist ein Projekt des Fachbereichs Bibliotheks- und Informationswesen der FH-Köln. Evit@ entwickelte ein Bewertungsinstrument zur qualitativen Bewertung elektronischer Informationsmittel wie z.B. CD-ROMs. Die Bewertungskriterien beziehen sich auf die Bereiche Benutzeroberfläche, Navigation, Retrieval, Datenaustausch, Handling, Multimediaeinsatz und Inhalt. Eine Ausweitung des Kriterienkatalogs, der auch als Checkliste zur Qualitätssicherung genutzt werden kann, ist auch für die Anwendung von Online-Diensten geplant.

Kontakt: Achim Oßwald: achim.osswald@fh-koeln.de

GII

Getty Information Institute

www.getty.edu

Der J. Paul Getty Trust ist eine privat operierende Stiftung, die den visuellen Künsten gewidmet ist. Diese Stiftung arbeitet in den Bereichen Bewahrung des kulturellen Erbes, Erziehung, Forschung und Informationstechnologie. Getty unterstützt und leitet viele Projekte in diesen Bereichen und hat seit 1984 über 2.300 Projekte in mehr als 150 Ländern unterstützt. Dazu gehören u.a.:

· Art and Architecture Thesaurus (AAT)
· Categories for the Description of Works of Art
· Union List of Artist Names (ULAN)
· Museum Educational Site Licensing Project (MESL)
· Provenance Index Databases piedi.getty.edu
· Object ID – ein internationaler Standard zur Beschreibung von Kunst und Antiquitäten (http://www.object-id.com/)

Kontakt: pubsinfo@getty.edu

ICHIM
International Cultural Heritage Informatics Meeting
http://www.archimuse.com/ichim2001/ichim2001.html
ICHIM wurde 1991 als International Conference on Hypermedia and Interactivity in Museums gegründet, um den Einsatz von interaktiven Multimedia-Anwendungen in Museen zu fördern. Die Konferenzen richten sich sowohl an Museumsmitarbeiter und Ausstellungsdesigner wie auch an Soft- und Hardwareentwickler. Begleitend werden technische, juristische sowie wirtschaftliche Fragen diskutiert und hervorhebenswerte Produkte (CD-ROMs und Websites) vorgestellt.
Kontakt: David Bearman: info@archimuse.com

ICOM
International Council of Museums
http://www.icom.org/
ICOM ist eine internationale nichtstaatliche Organisation für Museen und Museumsprofis, die 1946 gegründet wurde, um die Interessen des Museumswesens zu fördern. Mittlerweile hat ICOM 15.000 Mitglieder in 147 Ländern.
ICOM Kodex der Berufsethik http://www.musmn.de/icom/icomcode.htm
Kontakt: secretariat@icom.org

IFLA
International Federation of Library Associations and Institutions
www.ifla.org
IFLA ist die führende internationale Organisation, die die Interessen der Bibliotheken und Informationsdienste und deren Benutzer vertritt. Sie wurde 1927 in Edinburgh, Schottland, gegründet und hat 1.622 Mitglieder aus 143 verschiedenen Ländern.
Kontakt: IFLA@ifla.org

IfM
Institut für Museumskunde Berlin
http://www.smb.spk-berlin.de/ifm/db/
Das IfM gehört zu den Staatlichen Museen zu Berlin – Preußischer Kulturbesitz. Das Institut für Museumskunde verwaltet mehrere Datenbanken und ist in den vergangenen Jahren mit zahlreichen praxisnahen Publikationen an die Öffentlichkeit getreten. Derzeit in

Vorbereitung befindet sich eine Online- Datenbank, die eine Recherche zu den Themenbereichen Museumsinformatik, Dokumentation, Museumspädagogik und Besucherforschung erlaubt.
Kontakt: Monika Hagedorn-Saupe: m.hagedorn@smb-spk-berlin.de

ISTnet
Information Society Technologies Programme (IST)
http://www.cordis.lu/ist/
IST ist ein Forschungsprogramm, das auf Basis der Konvergenz von Informationsverarbeitung, Kommunikation und Medientechnologien beruht. Das Ziel dieses Projektes (Projektdauer: 1998–2002) ist es, die Vorteile des Informationszeitalters in Europa optimal auszunutzen und sicherzustellen, daß die Bedürfnisse von Unternehmen und Einzelpersonen berücksichtigt werden. Das Budget dieses Projektes beträgt 3.6 Milliarden Euro und wird von der Information Society DG der Europäischen Kommission geleitet.
Kontakt: ist@cec.eu.int

ITEM
Image Technology in Museums and art galleries
ITEM ist ein Informationsdienst, der Multimedia-Projekte, CD-ROMs sowie Publikationen über Museumsinformatik vorstellt.
Kontakt: Jeremy Rees: ivain@ecna.org

IVAIN
International Visual Arts Information Network
IVAIN ist ein internationales Netzwerk von Personen und Institutionen. Ziel ist der Austausch von Informationen zum Einsatz von EDV-gestützten Systemen und Multimediaanwendungen in Museen.
Kontakt: Jeremy Rees: ivain@ecna.org

LASSI
Larger Scale Systems Initiative
www.mdocassn.demon.co.uk/info31ag.htm
Hinter LASSI verbirgt sich ein Konsortium britischer Museen, die sich ausgehend vom gemeinsamen Standard SPECTRUM der MDA, zum Ziel gesetzt haben, das Collection Management System Multi-Mimsy einzuführen.
Kontakt: Alice Grant, Science Museum London: a.grant@nmsi.ac.uk

MAGNETS
Museums And Galleries New Technology Study
http://www.vasari.co.uk/magnets/index.htm
MAGNETS ist eine EU-Studie über die Bedürfnisse von Nutzern sowie über ausgewählte Markt- und Technologie-Aspekte, die auf den Erfahrungen von Museen basieren. Von den Ergebnissen können zukünftige EU-Projekte und „Visionen" von Museen und Galerien profitieren. Die Studie MAGNETS wurde vom Videomuseum in Paris und von der Firma Vasari erstellt.
Kontakt: James Hemsley: jamesrhemsley@cix.co.uk

MCN
Museum Computer Network
www.mcn.edu
Das MCN ist eine Organisation, deren Ziel es ist, die Aufgaben von Museen durch den gezielten Gebrauch von Computertechnologie zu unterstützen. MCN ist eine Dienstleistung für Unternehmen und Einzelpersonen, die die Entwicklung, das Management und die Vermittlung von Museumsinformation durch Automatisierung optimieren wollen.
Kontakt: webmaster@mcn.edu

MDA
Museum Documentation Association
http://www.mda.org.uk/
Die MDA ist der britische Museumsbund. Zu den Aufgaben gehören die Unterstützung und Weiterentwicklung von Standards und Datenfeldkatalogen ebenso wie umfangreiche Angebote an weiterbildenden Seminaren. Mit SPECTRUM, einem Regelwerk, ist es der MDA gelungen, in Großbritannien einen nationalen Standard zu etablieren. Der Schritt für eine nationale Kulturgüterdatenbank ist somit erfolgt.
Kontakt: lsmith@mda.org.uk

MIDAS
http://www.fotomr.uni-marburg.de
Marburger Informations-, Dokumentations- und Administrations-Systems
Das vom Fotoarchiv Marburg entwickelte Regelwerk MIDAS verbindet eine relationale Dateienstruktur mit hierarchischen Dokumentformaten und bietet so die Möglichkeit, Informationen zu Künstlern oder ikonographischen Themen getrennt zu erarbeiten und in einer Datenbank zusammenzuführen.
Kontakt: Lutz Heusinger: bildarchiv@fotomr.uni-marburg.de

MIP
Museum Informatics Project
http://www.mip.berkeley.edu/
MIP ist eine akademische Abteilung, die zum Bereich Informationssysteme und Technologie an der Universität von Kalifornien, Berkeley, gehört. MIP versucht die Anwendung von Informationstechnologie in Museen und anderen Sammlungen zu integrieren und zu koordinieren. So wurden in Zusammenarbeit schon Datenmodelle, Systemarchitekturen, Demonstrations- und Produktionssysteme entwickelt.
Kontakt: mipadmin@socrates.berkeley.edu

MoU
Memorandum of Understanding and European Charter
www.icom.org/mou.html
Das Memorandum soll Perspektiven für die Zusammenarbeit von europäischen Museen und Multimedia im Zeitalter der Informationsgesellschaft erarbeiten. Zu den Schwerpunkten zählen die Strategien einer europaweiten Kooperation von Kultur und Informationstechnologie, die Entwicklung technischer Standards und gemeinsamer Suchkriterien. Außerdem soll aufgezeigt werden, wie kulturelle Institutionen Zugang zu den Aktionen und Multimedia-Programmen der Europäischen Kommission erhalten können.
Kontakt: ege@postman.dg13.cec.be

Museumland
www.museumland.com
Museumland, 1999 gegründet, ist ein sogenanntes „gateway", ein Tor zu kulturellen Institutionen mit 6.094 Links aus 113 verschiedenen Ländern.
Kontakt: Mario Buccolo; abis@multimedialand.com

RKD
Rijksbureau voor Kunsthistorische Dokumentatie
www.rkd.nl
Neben der Verwaltung des eigenen archivalischen Materials, des Bildmaterials und der Kunstwerke ist die RKD an der Übersetzung des AAT in die niederländische Sprache beteiligt. Außerdem trägt sie maßgeblich zur Fortführung des Projektes VAN EYCK II bei. Hinter diesem Akronym verbirgt sich Visual Arts Network for the Exchange of Cultural Knowledge. Diente die erste Projektphase der Konzeption von Datenfeldern und der Entwicklung der MORELLI Software, so ist das Ziel des Folgeprojektes bis 2001 eine marktfähige Software zu entwickeln.
Kontakt: Jan van der Starre: Starre@rkd.nl

SCRAN
Scottish Cultural Resource Access Network
www.scran.ac.uk
Das Projekt SCRAN, das von der EU im Rahmen des Millenium-Projektes gesponsert wird, erarbeitet eine Datenbank mit Objekten und Dokumenten zur schottischen Kultur und Geschichte. SCRAN arbeitet eng mit Museen, Galerien, Archiven und Universitäten zusammen, um ausgewählte Teile der jeweiligen Sammlungen zu digitalisieren. Das Ziel im Jahre 2001 lautet, Zugang zu einer Million Text- und Bilddokumenten über das kulturelle Erbe Schottlands zu ermöglichen.
Kontakt: Sandy Buchanan: scran@scran.ac.uk

UKOLN
The UK Office for Library and Information Networking
www.ukoln.ac.uk
Seit 1977 ist UKOLN ein nationales Zentrum für digitales Informationsmanagement und bietet in diesem Bereich Dienstleitungen für kulturelle Institutionen in Großbritannien an.
Kontakt: web-support@ukoln.ac.uk

Universität Trier, Kunstgeschichte
http://www.uni-trier.de/uni/fb3/kunstgeschichte/pass_kg.htm
Auf der vorbildlichen Website des Kunsthistorischen Instituts der Universität Trier werden gut kommentierte links zu Bilddatenbanken, Kunst im Netz, Bibliographische Ressourcen etc. zusammengestellt.
Kontakt: Detlev W. Dörrbecker: doerrbec@uni-trier.de

24 Hour Museum
http://www.24hourmuseum.org.uk/
Das 24 Stunden Museum ist ein „gateway" für britische Museen, Galerien und andere historische Kulturgüter und zeichnet sich durch ein sehr aktuelles Angebot aus.

REGISTER

Schlagwortregister

Register der Institutionen und Projekte

Abbildungsverzeichnis

Danksagung

Vorweg gebührt mein Dank Gerhard Wolf (Universität Trier) für seine Bereitschaft und Offenheit sich dem Thema dieser Arbeit zu widmen und Hubertus Kohle (Ludwig Maximilians Universität München), der mit fachlicher Fürsprache und Vehemenz dafür sorgte, daß dies Projekt zu einem guten Ende fand.

Ohne die Mithilfe von Freunden, Kollegen und Institutionen hätte diese Publikation nicht zustande kommen können. So ist im Laufe der Jahre des Entstehens einiges an Dankesschuld zustande gekommen. Für fachlichen Rat, Kritik, Anregung und Unterstützung bedanke ich mich bei Dieter Ahrens (ehemals Städtisches Museum Simeonstift Trier), David Bearman (Archives and Museum Informatics, Pittsburgh), Christian Benedik (Graphische Sammlung Albertina, Wien), Howard Besser (University of California, Berkeley), Andreas Bienert (Staatliche Museen zu Berlin Preußischer Kulturbesitz), Samy Bill (Institut für Museologie, Universität Basel), Michael Bockemühl (Universität Witten/Herdecke), Thomas Bohlmann (Museumsstiftung Post und Telekommunikation, Bonn), Horst Bredekamp (Humboldt Universität zu Berlin), Sabine Breitwieser / Andrea Überbacher (EA Generali Foundation, Wien), Florian Brody (Brody Inc.), Markus Brüderlin (Fondation Beyerle, Basel), Klaus Bulle (Museum.HLP, Oldenburg), Anne Claudel / David Meili (ehemals Datenbank Schweizerischer Kulturgüter, Bern), Nick Crofts (Genf), Peter Donhauser / Otmar Moritsch (Technisches Museum Wien), Maria Economou (ehemals University of Glasgow), Rainald Franz / Kathrin Pokorny-Nagel / Hanna Egger † (MAK – Österreichisches Museum für angewandte Kunst, Wien), Larry Friedlaender (Stanford University), Kati Geber (CHIN, Ottawa), Regina und Johannes Geccelli (Berlin), Claudia Gemmeke (Heinz Nixdorf MuseumsForum, Paderborn), Gudrun Gersmann (Ludwig Maximilians Universität München), Alexander Geschke (Berlin), Alice Grant (Science Museum, London), Monika Hagedorn-Saupe (Institut für Museumskunde, Berlin), Roland Halfen (Stuttgart), Thomas Hamann (Wien), Georg Hanreich (Bundesdenkmalamt, Wien), Henrik Jarl Hansen (The National Museum of Denmark, Kopenhagen), Christa Hauer-Fruhmann (Schloß Lengenfeld, NÖ), Bettina Henkel (Wien), Jeanne Hogenboom (Bureau IMC, Rotterdam), Lutz Heusinger / Thomas Brandt (Bildarchiv Foto Marburg), Lutz Jahre (Stadt Flensburg), Cary Karp (Swedish Museum for Natural History, Stockholm), Sarah Kenderdine (Australian Museums On-Line, Sydney), Walter Koch (Joanneum Research, Graz), Stefan Kölmel (2-pi-r design, Karlsruhe), Stephan Koja (Österreichische Galerie Belvedere, Wien), Barbara Kopf / Hubert Szemethy (Institut für Klassische Archäologie der Universität Wien), Andreas Lindenberg (ehemals Schauplatz zeitgenössischer Kunst, Wien), Heike Lindstedt (Wien), Barbara Linz (Köln), Eleonore Louis (ehemals Kunsthalle Wien), Katja Lunau (Mainz), Maria Christina Lutter (Öst. Bundesministerium für Bildung, Wissenschaft und Kultur), John Maeda (Massachusetts Institute of Technology), Thilo Martini (Rheinisches Archiv- und Museumsamt, Brauweiler), Gerda Mraz / Hans Petschar (Österreichische Nationalbibliothek, Wien), Pia Müller-Tamm (Kunstsammlung Nordrhein-Westfalen, Düsseldorf) Christian Mehr (Image-Finder Systems, Zürich), Alex Morrison (Cognitive Applications, Brighton), Isabelle Naef Galuba (Musée d'Art et d'Histoire, Genf), Tobias Nagel (Wallraf-Richartz Museum, Köln), Joséphine Nieuwenhuis (ehemals Getty AHIP, Williamstown, Mass.), Erika Patka / Patrick Werkner (Sammlung der Universität für angewandte Kunst, Wien), John Perkins (CIMI, Nova Scotia), Xavier Perrot (Paris), Michael Ponstingl (Wien), Viktor Pröstler (Landesstelle für die Nichtstaatlichen Museen beim Bayerischen Landesamt für Denkmalpflege, München), Stefan Pusch (Wien), Christian Rapp (Wien), Jeremy Rees (International Visual Arts Information Network, Ipswich), André Reifenrath (imago media, Hamburg), Kathrin Rhomberg / Bärbel Holaus (Wiener Secession), Andrew Roberts (Museum of London), Werner Rodlauer (W.hoch.2, Wien), Doris Rothauer (Künstlerhaus, Wien), Manfred Rothenberger (Institut für moderne Kunst, Nürnberg), Robert Schaberl (Berlin), Regine Scheffel (HTWK, Leipzig), Burghart Schmidt (Hochschule für Gestaltung Offenbach/Main), Marylin Schmitt / Deborah N. Wilde (ehemals Getty AHIP), Karl Schütz (Kunsthistorisches Museum Wien), Holger Simon (Universität zu Köln), Eckhard Siepmann (Museum der Dinge, Berlin), Beat Sitter-Liver (Schweizerische Akademie der Geistes- und Sozialwissenschaften, Bern), Andreas Spiegl (Institut für Gegenwartskunst, Wien), Angela Spinazze (AtSpin & CIMI, Chicago), Herbert Starek (Wien), Jan van der Starre (Rijksbureau voor Kunsthistorische Documentatie, LK's-Gravenhage), Barbara Steiner (Kunstverein Wolfsburg), Jakob Steuerer (Viktring, Kärnten), Wolf Tegethoff (Zentralinstitut für Kunstgeschichte, München), Jennifer Trant (Archives and Museum Informatics, Pittsburgh), Heiner Treinen (Mülheim/Ruhr), Sirkka Valanto (The Finnish National Gallery, Helsinki), William Vaughan (Birkbeck College, University of London), Kim Henry Veltman (Maastricht McLuhan Institute), Oliver Vicars-Harris (The Tate Gallery, London), Friso Visser (Price Waterhouse Coopers), Friedrich Waidacher (Graz), Martin Warnke (Universität Lüneburg), Peter Weibel (ZKM, Karlsruhe), Christof Wolters (Institut für Museumskunde, Berlin), Pat Young (Canadian Heritage Information Network, Ottawa), Peter Zawrel (Wiener Filmfinanzierungsfond) und Marcel Zemp (Zetcom, Bern).

Für die Möglichkeit an der Konzeption und Durchführung von Tagungen und Seminaren mitzuarbeiten und so meinen Horizont zu erweitern danke ich Renate Goebl und Dieter Bogner (Institut für Kulturwissenschaft, Wien), Hadwig Kräutler (Österreichische Galerie Belvedere, Wien), Peter Noelke (Museumsdienst Köln), Gerd Stanke (Gesellschaft zur Förderung angewandter Informatik, Berlin) und ganz besonders James Hemsley (Vasari Enterprises, Aldershot, UK) wie auch Hartmut John (Rheinisches Archiv- und Museumsamt, Brauweiler).

Meinen langjährigen Weggefährten Margit und Josef Veber, Robert Lettner, Petra und Christoph Dahlhausen, Curtis Ratcliff und Peter Samis, Martina und Björn Stüben, Anja Weißbacher und Markus Gasser (Meta, Wien), Stefanie † und Michael Perin-Wogenburg und nicht zuletzt Norbert Kanter, meinem Kompagnon und Mitbegründer der *lockeren* Gesellschaft – Transfusionen, danke ich für die zahlreichen guten Impulse. Für ihre Unterstützung gebührt Dank meiner Großmutter Christine Roesler, meinen Eltern Christine Rose und Walter Krämer, meinen Brüdern Ralf und Bernd als auch Sophie und Adolf Kern.

Zuletzt danke ich dem WUV-Universitätsverlag, insbesondere Marie Antoinette Glaser für ihr Lektorat und Michael Huter, der mich durch sein Vertrauen ermutigte und bestärkte. Des weiteren Nicole Birtsch, Kathrin Lucht und Christina Hemsley, die in der Endphase redaktionelle Recherche- und Korrekturarbeit leisteten; Klaudia Grote für ihre kollegiale, nachbarschaftliche Hilfe.

Dem SFB/FK427 „Medien und Kulturelle Kommunikation" der Universität zu Köln, dem Österreichischen Bundesministerium für Bildung, Wissenschaft und Kultur als auch dem Board des Comité International pour la Documentation und dem Österreichischen Nationalkomitee des International Council of Museums danken Verlag und Autor für die freundliche Unterstützung.

Michaela Kern unterstützte mich all die Jahre des Entstehens dieser Arbeit. Ihr sei dieses Buch in Dankbarkeit gewidmet.

Köln, im September 2000
Harald Krämer

Harald Krämer · Museumsinformatik und Digitale Sammlung